国家出版基金项目
NATIONAL PUBLICATION FOUNDATION

“十四五”国家重点出版物出版规划项目

浙江文化艺术发展基金资助项目
PROJECTS SUPPORTED BY ZHEJIANG CULTURE AND ARTS DEVELOPMENT FUND

海洋强国战略研究
张海文 —— 主编

海洋争端解决的法律与实践

罗 刚 著

浙江教育出版社 · 杭州

图书在版编目（CIP）数据

海洋争端解决的法律与实践 / 罗刚著. -- 杭州 : 浙江教育出版社, 2023.7
（海洋强国战略研究 / 张海文主编）
ISBN 978-7-5722-5170-2

Ⅰ. ①海… Ⅱ. ①罗… Ⅲ. ①海洋法—国际争端—研究 Ⅳ. ①D993.5

中国版本图书馆CIP数据核字(2022)第258464号

海洋强国战略研究

海洋争端解决的法律与实践

HAIYANG QIANGGUO ZHANLÜE YANJIU

HAIYANG ZHENGDUAN JIEJUE DE FALÜ YU SHIJIAN

罗 刚 著

项目策划 余理阳
责任编辑 周 颖 余盈帆
美术编辑 韩 波
责任校对 操婷婷
责任印务 沈久凌
封面设计 观止堂
出版发行 浙江教育出版社
（杭州市天目山路 40 号 电话：0571-85170300-80928）
图文制作 杭州林智广告有限公司
印刷装订 浙江海虹彩色印务有限公司
开 本 710 mm×1000 mm 1/16
印 张 18.75
字 数 260 000
版 次 2023 年 7 月第 1 版
印 次 2023 年 7 月第 1 次印刷
标准书号 ISBN 978-7-5722-5170-2
定 价 68.00 元

主编

张海文

北京大学法学博士，自然资源部海洋发展战略研究所所长、研究员，享受国务院特殊津贴，武汉大学国际法研究所和厦门大学南海研究院兼职教授、博导，浙江大学海洋学院兼职教授。从事海洋法、海洋政策和海洋战略研究三十余年。主持和参加多个国家海洋专项的立项和研究工作，主持完成了数十个涉及海洋权益和法律的省部级科研项目。曾参加中国与周边国家之间的海洋划界谈判，以中国代表团团长和特邀专家等身份参加联合国及其所属机构的有关海洋法磋商。已撰写和主编数十部学术专著，如《〈联合国海洋法公约〉释义集》《〈联合国海洋法公约〉图解》《〈联合国海洋法公约〉与中国》《南海和南海诸岛》《钓鱼岛》《世界各国海洋立法汇编》《中国海洋丛书》等；发表了数十篇有关海洋法律问题的中英文论文。

作者

罗刚

罗刚，法学博士，自然资源部海洋发展战略研究所海洋法律与权益研究室副主任、研究员，研究方向为国际法、海洋法、海洋争端解决、国际海洋治理等。作为法律专家参与起草中国政府提交至国际司法机构的涉海法律文书等，参与支撑海洋、极地、生物多样性、气候变化等公约框架下的多边涉海事务以及海洋划界、海上共同开发等双边涉海事务，作为中国政府代表团成员多次参加国际涉海磋商谈判。参编《领土与海洋争端国际案例评析（1994—2019）》《中国海洋发展报告》等著作。获法国巴黎第一大学法学博士、德国萨尔大学法学硕士、法国巴黎第五大学法学硕士、中国政法大学法学硕士、北方工业大学法学学士学位以及英国伦敦大学国际公法研究生文凭。曾供职于德国马普比较公法与国际法研究所。曾获联合国（法语）国际法研究金、荷兰海牙国际法学院奖学金、法国外交部埃菲尔奖学金等。

总序

21 世纪，人类进入了开发利用海洋与保护治理海洋并重的新时期。海洋在保障国家总体安全、促进经济社会发展、加强生态文明建设等方面的战略地位更加突出。党的十八大报告中正式将海洋强国建设提高到国家发展和安全战略高度，明确提出要提高海洋资源开发能力，大力发展海洋经济，加大海洋生态保护力度，坚决维护国家海洋权益，建设海洋强国。党的十九大报告再次明确提出要坚持陆海统筹，加快建设海洋强国。党的二十大报告从更宽广的国际视野和更深远的历史视野进一步要求加快建设海洋强国。由此可见，加快建设海洋强国已成为中华民族伟大复兴路上的重要组成部分。我们在加快海洋经济发展、大力保护海洋生态、坚决维护海洋权益和保障海上安全的同时，还应深度参与全球海洋治理，努力构建海洋命运共同体，在和平发展的道路上，建设中国式现代化的海洋强国。

作为从事海洋战略研究三十余年的海洋人，我认为应当以时不我待的姿态探讨新时期加快海洋强国建设的重大战略问题，进一步提升国人对国家海洋发展战略的整体认识，提高我国学界在海洋发展领域的跨学科研究水平，丰富深化海洋强国建设理论体系，提高国家相关政策决策的可靠性和科学性。为此，我和自然资源部海洋发展战略研究所专家团队组织撰写了《海洋强国战略研究》，以期为加快建设海洋强国建言献策。

丛书共八册，包括《全球海洋治理与中国海洋发展》《中国海洋法治建设研究》《海洋争端解决的法律与实践》《中国海洋政策与管理》《中国海洋经济高质量发展研究》《中国海洋科技发展研究》《中国海洋生态文明建设研究》《中国海洋资源资产监管法律制度研究》。在百年未有之大变局的时代背景下，丛书结合当前国际国内宏观形势，立足加快建设海洋强国的新要求，聚焦全球海洋治理、海洋法治建设、海洋争端解决、海洋政策体系构建、海洋经济高质量发展、海洋科技创新、海洋生态文明建设、海洋资源资产监管等领域重大问题，开展系统阐述和研究，以期为新时期我国加快建设海洋强国提供学术参考和智力支撑。

我们真诚地希望丛书能成为加快建设海洋强国研究的引玉之砖，呼吁有更多的专家学者从地缘战略、国际关系、军队国防等角度更广泛、更深入地参与到海洋强国战略研究中来。由于内容涉及多个领域，且具较强的专业性，尽管我们竭尽所能，但仍难免有疏漏和不当之处，希望读者在阅读的同时不吝赐教。

丛书的策划和出版得益于浙江教育出版社的大力支持。在我们双方的共同努力下，丛书列入了“十四五”国家重点出版物出版规划，并成功获得国家出版基金资助，这让我们的团队深受鼓舞。最后，浙江教育出版社的领导和编辑团队对丛书的出版给予了大力支持，付出了辛勤劳动，在此谨表谢意。

张海文

2023 年 7 月 5 日于北京

前言

随着人类开发和利用海洋的能力日益增强，国家与国家之间在海上的联系与交往日益紧密，海上分歧、争端、摩擦甚至冲突有时也相伴而生。当前，海洋争端作为一种国际争端，已进入国际法律规制的视野，并形成了争端解决的诸多实践。与其他类型的国际争端相比，海洋争端属于国际争端中的“硬核”争端，涉及国家在海上的战略发展空间，事关国家的重大利益甚至核心利益，具有高度的政治敏感性。

海洋争端解决具有丰富的实践性。实践中的海洋争端，是本书的研究起点。国家实践是推动海洋争端解决不断发展的重要驱动，对争端解决的制度、方法和理论具有决定性作用。尽管 1982 年《联合国海洋法公约》(简称《海洋法公约》) 中的争端解决机制占据了本书较大的篇幅，但海洋争端解决绝不可以简化等同于《海洋法公约》的争端解决机制。海洋争端解决过程中的法律适用，本身就是一个复杂的环节，需要结合具体案情中的当事主体、裁决请求、争议事项、任择性例外声明等因素分别研究，逐案确认。实践中，有的海洋争端发生在《海洋法公约》生效前，有的海洋争端涉及《海洋法公约》非缔约国，还有的海洋争端可能更加适合通过谈判协商等非裁决或非适用法律的方式予以解决。即使在诉讼或仲裁案件中，国际法院、国际海洋法法庭等裁决机构经争端双方同意也可以依据“公允及善良”原则作出裁判。即便某个诉讼或仲裁案件恰好适用《海洋法公约》，其中的一些法律概念、原则和规范也仍留有非常宽阔的解释空间，如保护和保全海洋环境等。从某种意义上说，实践中的海洋争端解决，对包括《海洋法公约》在内的国际立法的质量客观上发挥着“探伤”的功能和效果，同时也为海洋争端解决的发展指引了新方向。本书从海洋争端出发，首先试图结合实践对海洋争端的范围、性质、形态等进行理论分析，然后讨论海洋争端解决的各类方法、各项制度及各种实践，最后提出了若干解决海洋争端的指导原则。

海洋争端解决具有很强的集成性。在实践中，有的海洋争端案件适用《海洋法公约》，有的则适用习惯国际法以及其他国际涉海条约。国际条约、国家责任、气候变化、生物多样性、核污染、领土等其他领域的国际法规则有时也参与着海洋争端案件的法律适用。英美诉讼程序的法律思维指引着争端双方的法律行动，基于海洋科学、地理学、生态学、地质学、测绘科学、环境科学等理工学科生成的科学证据关乎着争端双方的法律较量，英语和法语支撑着争端双方的诉求表达以及司法机构的裁判宣告。国家之间的政治博弈、裁判者的道德操守、国际舆情的态势发展、国际实践的潮流动向等因素也以悄无声息的方式影响着海洋争端解决的结果。

海洋争端解决具有高度的复杂性。海洋争端的解决往往过程复杂、耗时较久，甚至前途难测。在国际政治现实中，一些海洋争端已得到有效解决，一些海洋争端的解决也取得了积极进展，但还有一些海洋争端尚未开始解决甚至可能长期都得不到解决。海洋争端解决的法律程序有时会被争端当事一方用作政治工具，获取单方政治优势和谈判砝码。有的司法裁判者基于复杂的政治考虑或纯粹的私利考量，以隐秘的方式在法律赋予的神圣的自由裁量空间里滥用程序权力，以法律解释为掩护趁机进行法律创制，以花样繁多的“逻辑自洽”追求纸面上的结果，放任争端形式裁决与实质解决的鸿沟。特别是带有非涉海事项的混合型涉海争端或问题的出现，进一步加剧了海洋争端解决的复杂性。此外，海洋争端解决的方法或程序的运用，是一个具有策略性的复杂问题，其运用形态千变万化。本书在解析削足法、连环法、转场法、跨界法等策略化运用后也指出：海洋争端解决程序的策略化运用是否构成或者在多大程度上构成程序的滥用，在当前的国际法律机制以及涉海司法实践中还是一个不明确但值得讨论的问题。

美国法律语言学家梅林科夫（David Mellinkoff）在其著作《法律的语言》中指出，“法律是语言文字的职业”。[①]现代国际法、海洋法及其争端解决，肇始于西方法律世界，至今仍深受西方语言文化的影响。英文和法文仍是国际法院、国际海洋法法庭的官方语文。国际法院的判决书一般都以英文和法文同时作出，有的判决书规定以英文为作准文本，有的判决书规定以法文为作准文本。一些国际仲裁裁决书有时还会规定英文和法文都是作准文本，具有同等效力。在国际法院的庭审实践中，某些诉讼阶段（如询问当事国各方提供的证人）还遵循着英美普通法国家的司法程序。有些英文法律用语源于英美普通法文化，如“rejoinder”“estoppel”“compelling reasons”“cross-examination”等，在中文（汉语）的法律语言系统中没有对应的现成词汇，需要专门创设恰当的表达。一些含义接近的英文法律用语，如“competence”与“jurisdiction”、“marine”

① “The law is a profession of words.” 参见 MELLINKOFF D. The Language of the Law[M]. Boston: Little, Brown & Co., 1963: vi.

与“maritime”、“procedures”与“proceedings”等，似乎难以寻找到配对的现成汉语词汇，以鲜明地展现它们之间的用语差别。还有一些英文用语只有在法律语境中才能明确其具体含义，如“intervention（第三方介入或参加诉讼程序）”“discontinuance（诉讼程序的终止）”等。一些德文词汇（如“Kompetenz-Kompetenz”等）、拉丁文词汇（如“ex aequo et bono”“mutatis mutandis”“prima facie”“proprio motu”等）也直接进入了英文法律文献或条约的英文文本之中。即便是条约中的同一条款、同一术语，英文文本与法文文本有时也存在差异。例如，《联合国海洋法公约》的中文文本和英文文本在多个条款上都有“船舶（ships）”与“船只（vessels）”的用语之分，但其法文文本并没有这样的区分，统一使用法语词“navires”。又如，在《国际海洋法法庭规约》第 21 条中，英文文本使用的“all matters”在法文文本中并未对应地译为“toutes les matières”，而采用“toutes les fois que cela”的表述。尽管《联合国宪章》《联合国海洋法公约》等法律文书的中文文本也被规定为具有同等效力的法律文本，但它作为英译文，不易展现原文用语的细微用意，有时还存在漏译、费解和可商榷之处。汉语重“意合”，而英、法、德等西方语言重“形合”。在法律语境下，从“形合”语言向“意合”语言的转化，其难度大于“形合”语言内部各语种之间的转化。特别是在缺乏约定俗成的用语的情况下，如何将“他山之石”为我所用，把艰难晦涩的西方法律用语转化成短小精练且精准到位的汉语习惯表达，在原文原意与汉语习惯之间保持最佳的平衡，这一困扰一直伴随着本书的写作过程，也考验着笔者的处理能力。为尽量反映正确的意思，文中的关键表述和必要之处都标注了外文，以方便读者深入理解和全面把握。在援引国际司法判例时，笔者依据相关法律文书的作准文本，视情使用英语或法语的格式和表述。在援引《联合国宪章》《国际法院规约》《联合国海洋法公约》《国际海洋法法庭规约》等文书的相关条款时，考虑到官方中文文本中的个别表述缺乏时代性或存商榷之处，笔者在本书的正文写作时依据英文及法文文本对相关中文表述进行了调整，尽力在文本的权威性、表意的准确性与表达的时代性之间作出平衡处理。笔者在附录部分设置了重要条约及重要条款的中、英、法三语对照表，以帮助读者结合不同语言版本全面把握条款原意。考虑到文本的法律效力，对照表中的中文文本直接来源于官方的法律文本，没有进行后期优化和调整。为规范全书的相关用语，附录部分还设有国际判例、文书文件、组织机构、重要术语的参考译名表，以确保用语表述在全书中的前后一致。如果联合国、国际法院等机构的官方中文信息资料等有相关用语的中文译名，笔者则在拟定参考译名表时予以优先考虑。此外，笔者还深刻地认识到，实践及判例对海洋争端解决的研究至关重要。其中，本书所涉判例的中文名称依据国际法院、国际海洋法法庭等机构网站中案件主页赋予的案件名简称（其中有的案件名本身带有“case”一词），以及国内学界对相关判例进行描述时习惯采用的名称等因素而确立。为方便读者识别，笔者在行文时对判例名称使用了强调字体。对于外文名称本身没有“case”一词的判例，基于语境及语言通顺的需要，笔者在适当位置以普通字体的形式补充了“案”一字，敬请读者予以注意。

在本书付梓之际，笔者要衷心感谢自然资源部海洋发展战略研究所的领导和同事们，特别是所长张海文研究员、副所长吴继陆研究员、科研处副主任刘彬副研究员，他们为本书的写作和出版提供了宝贵的机会和大量的支持，给予笔者思想启迪、有益指导和无私帮助。笔者对海洋争端解决问题的持续关注、深化认识和跟踪研究，还得益于国家社会科学基金重大研究专项（编号：19VHQ008，首席专家：吴继陆）的大力支持，也离不开自然资源部国际合作司（海洋权益司）、外交部条约法律司、边界与海洋事务司等业务部门在相关工作中提供的丰富灵感、宽阔视野和宝贵舞台，在此一并表达感谢。浙江教育出版社的余理阳先生、周颖女士、余盈帆女士等编辑老师为本书的出版付出了大量心血，展现了敬业精神，令笔者十分感动和敬佩，在此深表谢意。在本书写作过程中，笔者也参考了一些中文、英文、法文和德文的相关学术论文和著作，将之列入本书的参考文献，在此向著述的前辈和同行致敬。

海洋争端解决的法律规则和实践发展高度复杂，其中还有不少问题在学术界和实务界充满争议和分歧。本书是笔者在个人能力范围内准备和完成的，书中所载观点仅代表笔者个人的学术见解，不代表任何单位或机构的看法。本书力求主题明确、内容全面、深浅适中、文风朴实，尽力强化“读者友好型”的写作思维，其所依赖的信息资料均来自公开渠道。鉴于丛书的总体规划和出版要求，书中提及的一些学术问题未作充分展开讨论，留待以后专论。本书还设有若干抛砖引玉式的专栏，为读者提供一些延伸信息。由于时间仓促、学识有限，书中难免会出现一些欠妥、疏漏和遗憾之处，恭请各位师长、同仁和读者朋友批评指正。

罗刚

2023 年 7 月

目录

第一章　国际海洋争端 /1

第一节　国际争端 /3

一、国际争端的法律界定 /3

二、国际争端的表现形态 /6

第二节　海洋争端 /16

一、海洋争端的范围界定 /16

二、海洋争端的涉海特质 /23

三、海洋争端的争议事项 /27

第二章　海洋争端解决 /39

第一节　海洋争端的和平解决 /41

一、和平解决国际争端原则的确立 /41

二、和平解决海洋争端义务的重申 /42

第二节　海洋争端解决的一般方法 /43

一、非裁决性方法 /44

二、裁决性方法 /49

三、其他机制与方法 /52

第三节《海洋法公约》框架下的争端解决 /55

一、框架体系 /55

二、比照适用 /63

第四节 《海洋法公约》框架外的争端解决 /66
一、《海洋法公约》生效前 /66
二、《海洋法公约》非缔约国 /67
三、其他国际条约 /68
四、国内司法程序 /69
第三章 谈判协商与海洋争端解决 /71
第一节 谈判协商的独立价值 /73
一、争端预防方面 /73
二、争端减缓与管控方面 /74
三、争端解决方面 /74
第二节 谈判协商的辅助作用 /77
一、程序启动前 /77
二、程序进展中 /78
三、程序终止后 /79
第四章 调解与海洋争端解决 /81
第一节 自愿调解 /83
一、基本制度与程序 /83
二、有关海洋争端解决的实践 /86
第二节 强制调解 /88
一、基本特征 /89
二、属事管辖 /94
三、有关海洋争端解决的实践 /96

第五章　国际法院与海洋争端解决 /103
第一节　基本制度与程序 /105
一、基本制度 /105
二、基本程序 /118
第二节　有关海洋法的司法实践 /124
第六章　国际海洋法法庭与海洋争端解决 /129
第一节　基本制度与程序 /131
一、基本制度 /131
二、基本程序 /143
第二节　有关海洋法的司法实践 /150
第七章　仲裁与海洋争端解决 /155
第一节　一般仲裁 /157
第二节 《海洋法公约》附件七仲裁 /162
一、双重属性 /162
二、基本制度与程序 /163
三、有关海洋法的仲裁实践 /167
第三节 《海洋法公约》附件八特别仲裁 /171
一、基本制度 /171
二、基本程序 /174
第八章　评价：何谓成功的海洋争端解决 /175
第一节　海洋争端解决的使命任务 /177
第二节　海洋争端解决的现实困境 /180
一、溢出效应 /180

二、策略运用 /183

三、滥用困境 /187

第三节 海洋争端解决的指导原则 /190

一、和平原则 /190

二、友好原则 /191

三、务实原则 /192

四、全面原则 /192

五、实质原则 /193

六、共识原则 /194

附 件 /197

一、《联合国宪章》涉及争端解决的相关条款 /199

二、《海洋法公约》涉及争端解决的相关条款 /203

三、《鱼类种群协定》涉及争端解决的相关条款 /230

四、《海洋生物多样性协定》涉及争端解决的相关条款 /235

五、其他国际条约涉及海洋争端解决的条款 /242

参考译名表 /255

参考文献 /275

专栏一览表

专栏 1 :《海洋法公约》的地位与局限 /17
专栏 2 : 卫星遥感影像的证据效力 /25
专栏 3 : 有关海洋划界争端的重要案件 /29
专栏 4 : 专家证人的使用 /32
专栏 5 : 东帝汶和澳大利亚帝汶海强制调解案 /96
专栏 6 : 国际法院发表咨询意见的属人管辖范围 /111
专栏 7 : 法语与海洋争端解决 /116
专栏 8 : 国际海洋法法庭全庭的咨询管辖问题 /140
专栏 9 : 国际海洋法法庭目前受理的案件 /150
专栏 10 : 常设仲裁法院担任书记官处的海洋争端案件 /158
专栏 11 : 提交《海洋法公约》附件七仲裁的重要案件 /167

01 第一章

国际海洋争端

海洋覆盖了地球表面近四分之三的面积，约占地球全部水资源的97%。海洋是流动的整体，是生命的摇篮，是资源的宝库。海洋作为自然流动的整体，不被主权国家设定的政治疆界所束缚，具有天然的跨界性和自带的国际性。海洋中有着富饶的天然渔场，也蕴藏着种类多、储量大、品位高的丰富矿物资源，为人类提供了衣、食、住、行等生态系统产品以及社会经济发展的支撑。随着海洋渔业资源、油气资源等经济资源的需求日益增加，以及包括《海洋法公约》在内的国际海洋法的新发展，各国围绕海洋资源的争夺不断加剧，各种分歧、争议甚至冲突时有发生。海洋争端作为一种国际争端，往往成因复杂，所涉利益重大，各方对立尖锐。海洋争端的解决往往也过程复杂、耗时较久，甚至前途难测。

本章以国际法上的争端为研究起点，首先简要介绍一般国际争端的法律界定和表现形态（第一节），然后逐步展开海洋争端的范围界定、涉海特质、争议事项问题（第二节）。

第一节 国际争端

随着国际交往的深入，国与国之间可能会在诸多领域围绕利益、权利等方面发生摩擦、矛盾甚至冲突，国际争端由此产生。在和平解决国际争端的过程中，特别是将争端提交至仲裁或司法程序时，争端本身是否存在，有时也会成为争端当事方之间的分歧。这就需要对“争端”本身作出法律界定。国际争端随着争议主体、争议性质、争议事项、争议关系等角度的不同，在实践中也呈现出复杂多样的表现形态。

一、国际争端的法律界定

国际争端的界定，往往与国际司法机构行使司法职能的问题相关联。常设国际法院、国际法院等机构曾尝试对国际法意义上的“争端”[①]作出界定。例如，常设国际法院在 1924 年希腊诉英国**马夫罗马蒂斯巴勒斯坦出租权**案中提供了“争端”的一个经典界定：“争端（【法】différend）是发生在两个当事人（【法】personnes）之间的法律或事实观点的分歧以及利益或法律见解的冲突。”[②]国际法院在**东帝汶（葡萄牙诉澳大利亚）**案中

① 汉语语境中的“争端”或“争议”，在英语语境中常对应为“dispute”，在法语语境中常对应为“différend”，并可存在复数形式。汉语语境中的“分歧”，在英语语境中常对应为“difference”，但在法语语境中却依然对应为“différend”，同样都可存在复数形式。例如，1899年签订、1907年修订的《和平解决国际争端公约》第1条提出了“和平解决国际争端”（【法】règlement pacifique des différends internationaux；【英】pacific settlement of international differences）的法律原则。其中，法语文本使用了“différends”一词（复数）表示“争端”，而英语文本在同一条款中则对应使用了“differences”一词（复数）。可见，在英语和法语的法律语境中，“争端”与“分歧”存在互换使用的语言现象。基于语境、语言习惯、行文方便等方面的考虑，笔者在后文中使用“争端”“争议”“分歧”等词时，除另有特殊说明外，一般不作严格法律意义上的区分。

② “**Un différend** est **un désaccord** sur un point de droit ou de fait, une contradiction, une opposition de thèses juridiques ou d’intérêts entre deux **personnes**.” Voir *Affaire des Concessions Mavrommatis en Palestine* [1924], Publications de la Cour permanente de Justice internationale (1922—1946), Série A (Recueil des Arrêts), Numéro 02, p.11.

更新了“争端”的定义，将其界定为“发生在当事方（parties）之间的法律或事实观点的分歧以及利益或法律见解的冲突”。[①]

在实践中，争端本身是否存在，有时也会是争端当事方之间分歧的一部分，成为国际法院等机构的裁决事项之一。例如，国际法院在**核试验（澳大利亚诉法国；新西兰诉法国）**案中指出，争端的存在是法院行使司法职能的首要条件。[②]国际法院在**西南非洲（埃塞俄比亚诉南非；利比里亚诉南非）**案中指出：“争讼案件的一方声称与另一方存在争端是不够的。仅仅声称并不足以证明争端的存在，正如仅仅否认争端存在不足以证明争端不存在一样。展现该案件当事双方存在利益冲突也是不够的。应当展现的是，一方的请求主张被另一方明确地反对（positively opposed）。”[③]在**使用武力的合法性（塞尔维亚和黑山诉比利时）**案中，时任国际法院副院长的威拉曼特里（Weeramantry）法官在反对意见中指出：“一个争端可以保持在抽象的层面上。比如，当事一方声称其拥有一项特定权利而另一方对此提出异议。另一方面，争端在大多数情况下呈现出实践的形态。比如，当事一方因某种不法行为给另一方造成损害，另一方声称其权利受到侵害并提出赔偿请求，这样便产生了一个不法行为是否成立以及损害赔偿请求权是否存在的争端。这两类争端都属于

---

① “The Court recalls that, in the sense accepted in its jurisprudence and that of its predecessor, a **dispute** is a **disagreement** on a point of law or fact, a conflict of legal views or interests between **parties**”, see *East Timor (Portugal v. Australia)*, Judgment, I.C.J. Reports 1995, p.90 at p.99.

② “Thus **the existence of a dispute** is the primary condition for the Court to exercise its judicial function”, see *Nuclear Tests (Australia v. France)*, Judgement, I.C.J. Reports 1974, p. 253, para.55.

③ “In other words it is not sufficient for one party to a contentious case to assert that a dispute exists with the other party. A mere assertion is not sufficient to prove the existence of a dispute any more than a mere denial of the existence of the dispute proves its non existence. Nor is it adequate to show that the interests of the two parties to such a case are in conflict. It must be shown that the claim of one party is **positively opposed** by the other”, see *South West Africa Cases (Ethiopia v. South Africa; Liberia v. South Africa)*, Preliminary Objections, Judgment of 21 December 1962: I.C.J. Reports 1962, p.319 at p.328.

（国际）法院判例中的公认定义。”[①]

争端的意义丧失（mootness of the dispute）问题在国际司法裁决中有时也会发生。如果一个争端在诉讼等裁决程序启动后失去了继续裁决的目的，国际法院等国际司法机构可以拒绝行使管辖权。国际法院在**北喀麦隆（喀麦隆诉英国）**案中指出：“即使法院发现其拥有管辖权，法院也不会被迫（compelled）在每个案件中都去行使管辖权。”[②]国际法院在该案中注意到相关情势的发展使案件的任何裁决都变得毫无目标（devoid of purpose），便决定不再裁决喀麦隆的实体请求。[③]在**核试验（澳大利亚诉法国；新西兰诉法国）**案中，法国于1966年至1972年间多次在太平洋上空进行核试验，澳大利亚和新西兰围绕核试验的合法性问题将法国诉至国际法院。程序启动之后，法国作出一系列单方声明，表达其将停止核试验的意图。国际法院认为，法国的单方声明达到了原告方在启动程序时所期待的解决效果，即停止核试验，这一情势的发展使得继续裁决变得毫无目标，进而认定争端不再存在。[④]然而，国际法院在2000年4

---

① “A dispute may remain at an abstract level, as where one party alleges that it has a particular right and the other party disputes it. A dispute may on the other hand, as in most instances, assume a practical form, as where one party causes damage to another by some wrongful act and that other party asserts a violation of its rights and makes a claim for compensation. There is then a dispute as to whether a wrongful act has been done and a claim to damages exists. Both types of dispute fall within the accepted definition in the Court’s jurisprudence…”, voir *Licéité de l’emploi de la force (Yougoslavie c. Belgique)*, mesures conservatoires, ordonnance du 2 juin 1999, Opinion dissidente de M. Weeramantry, vice-président (traduction), C.I.J. Recueil 1999, p.124 à p.186.

② “It is the act of the Applicant which seises the Court but even if the Court, when seised, finds that it has jurisdiction, the Court is **not compelled** in every case to exercise that jurisdiction.”, see *Case concerning the Northern Cameroons (Cameroon v. United Kingdom)*, Preliminary Objections, Judgment of 2 December 1963: I.C.J. Reports 1963, p.15 at p.29.

③ “Whether or not at the moment the Application was filed there was jurisdiction in the Court to adjudicate upon the dispute submitted to it, **circumstances that have since arisen render any adjudication devoid of purpose**”, see *Case concerning the Northern Cameroons (Cameroon v. United Kingdom)*, Preliminary Objections, Judgment of 2 December 1963: I. C. J. Reports 1963, p.15 at p.38.

④ See *Nuclear Tests (Australia v. France)*, Judgement, I.C.J. Reports 1974, p.253, paras.58-59.

月 11 日逮捕令(刚果诉比利时)案中似乎又采取了另外一种政策。[①]可见，争端本身是否持续存在，影响着国际司法职能的行使。

争端本身的存在，还可能会与国际司法或仲裁机构的属时管辖权(jurisdiction *ratione temporis*)相关联。争端最初发生的日期或者争端所来源的事实或情势发生的日期，即关键日期(critical date)，也会对司法或仲裁机构的案件审理权带来一定的影响。这就导致了一个对争端本身进行解释的问题。[②]此外，为确定某个争端是否属于属事管辖权(jurisdiction *ratione materiae*)的范围，国际司法或仲裁机构有时还需要确定争端的性质。[③]

二、国际争端的表现形态

现实中的国际争端呈现出复杂多样的表现形态。绝大多数国际争端发生在两个当事主体之间，也有一些争端发生在多个当事主体之间。有的争端可以通过法律的方法予以解决，有的争端因涉及政治敏感问题难以通过法律的方法予以解决，还有的争端仅对事实的构成发生争议。有的争端仅涉及一个争议事项，有的争端则混杂着多个不同的争议事项。

---

① 在2000年4月11日逮捕令(刚果诉比利时)案中，比利时对刚果时任外交部长发布了国际逮捕令，刚果为此将比利时诉至国际法院。程序启动时，刚果外交部长已经更换，比利时认为刚果的起诉已经毫无目标，对此提出了一系列对法院管辖权和可受理性的反对理由。刚果则认为，比利时司法当局签发的逮捕令在过去和现在一直都是违法的，请求法院认定其违法性并予以撤销，同时要求比利时提供因逮捕令所造成的“精神损害(【法】préjudice moral)”赔偿。法院驳回了比利时的反对主张，认为刚果的诉讼请求并没有失去目的，有必要对其作出裁决。参见Mandat d’arrêt du 11 avril 2000 *(République démocratique du Congo c. Belgique)*, arrêt, C.I.J. Recueil 2002, p.3, para.32.

② ROSENNE S. The Law and Practice of the International Court, 1920—1996: Volume II Jurisdiction[M]. The Hague: Martinus Nijhoff, 1997: 523-525.

③ ROSENNE S. The Law and Practice of the International Court, 1920—1996: Volume II Jurisdiction[M]. The Hague: Martinus Nijhoff, 1997: 519-521.

（一）争议主体

依据争端当事方的数量，争端可以分为双边争端和多边争端。争端当事各方主要是主权国家，也包括国际组织①。在涉及国际海底区域的投资开发争端中，当事一方还可能是自然人、法人或国营企业等②。

1. 双边争端

双边争端是指发生在两个争端当事方之间的争端。在现实中，绝大多数海洋争端都是双边争端，主要发生在两个主权国家之间。

2. 多边争端

多边争端是指发生在两个以上争端当事方之间的争端。有西方学者指出，"争端可能并不仅仅是双边的：实际上，双方对抗的模式很少能体现出争端的多层关系"。③多边争端往往高度复杂，内部可能存在多个双边关系，涉及多个争端当事方。

多边海洋争端通常具有封闭性，仅限于在特定海域发生争端的当事各方。在现实中，这些争端当事方多是特定海域的沿海国。另外，也有一些域外国家为维护特定海域的霸权利益，打着各种幌子（如"航行自由"）介入该海域的相关事务，挑战相关沿海国的主权、安全和海洋权益，但这些域外国家终究不是该海域的争端当事方。

---

① 依据《海洋法公约》第305条，国际组织也可以加入《海洋法公约》。《海洋法公约》附件九具体规定了国际组织的参加问题。例如，欧盟作为"自成一类（【拉】*sui generis*）"的国际组织于1998年4月1日加入《海洋法公约》及1994年《关于执行〈联合国海洋法公约〉第11部分的协定》（简称《1994年执行协定》），2003年12月19日加入《执行1982年12月10日〈联合国海洋法公约〉有关养护和管理跨界鱼类种群和高度洄游鱼类种群的规定的协定》（简称《鱼类种群协定》）。在实践中，欧盟也曾成为海洋争端的当事一方，如**养护和可持续开发东南太平洋剑旗鱼种群案（智利/欧盟）、大西洋鲱鱼仲裁案[丹麦（法罗群岛）诉欧盟]**。

② 参见《海洋法公约》第187条第c项。鉴于国际组织（如欧盟）以及"区域"制度中涉及的自然人、法人等其他主体，除案情或上下文需要特指国家（争端当事国）外，笔者在本书中对争端主体进行泛称时，主要使用"争端（当事）（各/双/一/另一）方"的表述。

③ CHINKIN C. Third Parties in International Law[M]. Oxford: Clarendon Press, 1993: 16.

多边争端可能还会涉及潜在第三争端方的地位问题。例如，如果多边海洋争端中的当事两方达成协议，将争端提交至国际司法或仲裁机构，或者当事一方向另一方提起强制仲裁程序，潜在的其他争端方就可能会被置于司法或仲裁程序中的第三方地位。此时，潜在的第三争端方往往对这一司法或仲裁程序的提起表示关切，根据自身利益的需要以及相关情势的发展决定是否介入司法或仲裁程序①或者作出其他回应②。特定海域的多边海洋争端可能存在着复杂的历史背景和敏感的政治因素，其最终解决往往依赖于当事各方的共同努力和智慧。

（二）争议性质

并非所有的国际争端，都可以通过法律原则、规则和标准的适用予以成功解决。这实际上涉及国际法中司法或仲裁职能的行使边界问题。理论上，国际争端依据争议性质，可以区分为法律性争端和政治性争端，还有部分争端当事各方可能仅对争议的事实真相争执不下，构成事实性争端。现实中，国际争端往往显得更加复杂，既带有某些政治色彩，也存在法律适用问题，还含有事实问题的争执。

1. 法律性争端

法律性争端，即可裁决的争端，通常是指争议事项可以通过法律原则、规则和标准的适用予以解决的争端。当然，争议事项本身是否具有可裁决性（justiciability），往往也会构成争议的一部分，一般由法院或法庭裁量决定。争议事项的可裁决性，往往与法院或法庭对案件的可受理

---

① 例如，国际法院审理的涉及第三方参与的涉海案件，主要有**陆地和海洋边界（喀麦隆诉尼日利亚：赤道几内亚参加）**案，**陆地、岛屿和海上边界争端（萨尔瓦多/洪都拉斯：尼加拉瓜参加）**案，**南极捕鲸（澳大利亚诉日本：新西兰参加）**案，等等。

② 例如，潜在的其他争端方可以向法院或法庭声称其合法权益和权利可能会受到诉讼或仲裁程序的影响，提请法院或法庭适当注意其作为第三方的立场，请求法院或法庭准许其派遣观察员代表团出席相关庭审，等等。

性（admissibility）密切相关。即使法院或法庭对案件拥有管辖权，法院或法庭也可以以争议事项不可裁决为由拒绝受理案件。

2. 政治性争端

政治性争端，即不可裁决的争端，通常是指争议事项涉及有关政治敏感利益的争端。理论上，政治性争端难以通过法律原则、规则和标准的适用予以解决。政治性争端与法律性争端的区分，在 20 世纪上半叶曾受到劳特派特（Hersch Lauterpacht）①、凯尔森（Hans Kelsen）② 等学者的批评，但国际关系学者摩根索（Hans Morgenthau）③ 等却支持这种区分。笔者认为，这种区分的思想直至今日依然以某种方式隐藏在法律制度和司法实践之中，其现实意义可能在于明确某些争端事项并不适合使用司法或仲裁裁决的方式处理。早期双边仲裁条约中的“切身利益（【英】vital interest;【法】intérêts vitaux）”条款，可能就是这一区分思想的现实运用之一。例如，1903 年《英法仲裁条约》规定，争端提交仲裁的前提是不

---

① 劳特派特在其1933年出版的《法律在国际社会中的功能》一书中专门抨击了政治性争端与法律性争端的区分理论，认为这一理论“在司法上站不住脚（juridically unsound）”。参见LAUTERPACHT H. The Function of Law in the International Community[M]. Oxford: Clarendon Press, 1933: vii.

② 凯尔森在其1944年出版的《由法律而和平》一书中指出，《凯洛格–白里安公约》（Kellogg-Briand Pact）的彻底失败已清楚表明，如果无法消灭法律上尚未解决以及难以解决的冲突，宣布任何战争为非法便毫无意义。区分法律性争端和政治性争端的真正功用，则是维持这种危险的可能性。参见KELSEN H. Peace Through Law[M]. Chapel Hill: The University of North Carolina Press, 1944: 32.

③ 摩根索在其《国家间政治：权力斗争与和平》一书中将国际争端分为“纯粹的争端（pure disputes）”“带有紧张关系内容的争端（disputes with the substance of a tension）”和“本身就代表紧张关系的争端（disputes representing a tension）”三种类型。根据他的观点，国家之间只有不存在任何紧张状态的“纯粹的争端”，才可以通过法律的方法予以解决；“带有紧张关系内容的争端”会涉及国家权力的地区性分配，难以使用法律的方法予以解决；如果以法律的方法硬要去裁决一个“本身就代表紧张关系的争端”，不仅争端本身没有得到有效解决，裁决行为的本身还会导致新一轮国家权力的地区性竞争，并互相测试底线，不断升级冲突。参见摩根索. 国家间政治：权力斗争与和平：第7版[M]. 徐昕，郝望，李保平，等，译. 北京：北京大学出版社，2006:471-477.

影响“缔约国双方的切身利益、独立或荣誉”。[①]随后，这样的仲裁排除条款，像一个固定的公式，被欧洲国家和美国的一些双边仲裁条约广泛采用。

笔者认为，《海洋法公约》的争端解决机制也暗含了对政治性争端与法律性争端的区分。例如，《海洋法公约》第 280 条允许争端各方使用自行选择的任何和平方法解决海洋争端，当然包括谈判协商、调停或斡旋等政治性或外交性争端解决方法。这实际上考虑到了解决政治性争端的问题。另外，《海洋法公约》第 298 条赋予了缔约国通过书面声明就海域划界、历史性海湾或所有权等具有较强政治敏感属性的事项排除强制性争端解决程序适用的权利。2023 年 6 月最终达成的《〈联合国海洋法公约〉下国家管辖范围以外区域海洋生物多样性的养护和可持续利用协定》（简称《海洋生物多样性协定》）新增排除国际司法机构对“关于或必然涉及同时审议国家管辖范围以内区域法律地位的任何争端”以及“关于本协定缔约方对大陆或岛屿陆地领土的主权或其他权利或有关主张的任何争端”的管辖权[②]；明确规定“不得以本协定的任何规定为依据，提出或否认对陆地或海洋区域的任何主权、主权权利或管辖权主张，包括与此有关的任何争端”[③]；在首次赋予国际海洋法法庭全庭咨询管辖权的同时，将“关于对大陆或岛屿陆地领土的主权或其他权利或有关主张或国家管

---

① Article I of *Agreement between the UK and France providing for the Settlement by Arbitration of Certain Classes of Questions which may arise between the Two Governments* (1903) reads as follows: “Differences which may arise of a legal nature, or relating to the interpretation of treaties existing between the two Contracting Parties, and which it may not have been possible to settle by diplomacy, shall be referred to the Permanent Court of Arbitration established at The Hague by the Convention of 29 July 1899, **provided, nevertheless, that they do not affect the vital interests, the independence, or the honour of the two Contracting States, and do not concern the interests of third Parties.**”

②《海洋生物多样性协定》第60条第9款。

③《海洋生物多样性协定》第60条第10款。

辖范围以内区域法律地位的任何争端”等排除在法庭咨询管辖之外[①]。这些对具有较强政治敏感属性事项的排除适用条款，折射出“切身利益”条款的影子。

3. 事实性争端

事实性争端是指有关争端当事方对事实情况或真相争执不下的争端。人类对海洋的认识仍十分有限，其科学事实的发现与证明往往离不开科学证据的展示和技术手段的运用。这使得海洋领域的事实性争端常常表现为科学性争端或技术性争端。

法律性争端和科学性争端的定性，也会成为当事各方的争议焦点。例如，在**南方蓝鳍金枪鱼临时措施案（新西兰诉日本；澳大利亚诉日本）**以及**南方蓝鳍金枪鱼仲裁案（澳大利亚／日本；新西兰／日本）**中，日本都认为，案件的首要事项与执行日本的蓝鳍金枪鱼实验性捕捞计划相关，进而认为日本与澳大利亚和新西兰的争端是科学性争端，而不是法律性争端。[②]日本认为，各方“在一般性养护义务上没有争议”，争端“只是涉

---

①《海洋生物多样性协定》第47条第7款。

② “Considering that Japan maintains that the disputes are **scientific** rather than legal.” See *Southern Bluefin Tuna Cases (New Zealand v. Japan; Australia v. Japan), Provisional Measures*, Order of 27 August 1999, para.42; “Article 16 was fashioned to deal with the kinds of disputes likely to arise under the 1993 Convention, namely, **questions of scientific judgment**. Such questions are **not justiciable**. While an ad hoc reference to arbitration such as Japan proposed within the framework of the CCSBT would have permitted the agreed identification of the precise matters over which the Parties differ, and the construction of a tribunal and a procedure specially adapted to deal with such scientific questions, that proposal was immediately rejected by Australia and New Zealand. The essentially scientific character of the instant dispute is apparent from the remedies sought. It is also shown by the reasons cited by Australia and New Zealand for contesting Japan’s experimental fishing program. All turn on matters of scientific, not legal, judgment.” See *Southern Bluefin Tuna Case between Australia and Japan and between New Zealand and Japan*, Award on Jurisdiction and Admissibility, Decision of 4 August 2000, RIAA, Vol. XXIII, pp.1-57 at p.28, para.40.

及特定科学预测和判断的准确性”。[①]在临时措施案中，国际海洋法法庭并没有认可日本的主张，认为即使争端被科学不确定性问题所笼罩，该案依然存在一个可以被裁判的法律性争端。[②]不过在仲裁案中，仲裁庭认为对该案没有管辖权，所以最后并没有对日本的这一主张作出处理。

《海洋法公约》也注意到了涉及科学和技术问题的争端。有关法院或法庭可在争端一方请求下或自己主动提出，并同争端各方协定，从按照《海洋法公约》附件八第 2 条编制的有关名单中，推选至少 2 名科学或技术专家列席，但专家无表决权。[③]《海洋法公约》附件八特别仲裁规定了事实认定问题。有关争端当事方对《海洋法公约》中关于渔业、保护和保全海洋环境、海洋科学研究或航行（包括来自船只和倾倒造成的污染）的条款在解释或适用上发生争议时，争端任何一方可向争端他方发出书面通知，将该争端提交《海洋法公约》附件八所规定的特别仲裁程序，并可以请求组建特别仲裁庭进行调查，以确定引起这一争端的事实。[④]《鱼类种群协定》同样规定了技术性争端解决的条款。如争端涉及技术性事项，有关各国可将争端提交至特设专家小组处理。该小组应与有关国家磋商，并设法在不采用具有约束力的解决争端程序的情况下迅速解决争端。[⑤]《海洋生物多样性协定》中也有类似的规定。[⑥]

---

① “There is **no controversy about general conservation duties**. The dispute is **only over the accuracy of particular scientific predictions and judgments concerning SBT**. That is why it is not susceptible of legal judgment.” See *Southern Bluefin Tuna Case between Australia and Japan and between New Zealand and Japan*, Award on Jurisdiction and Admissibility, Decision of 4 August 2000, RIAA, Vol. XXIII, pp. 1-57 at p. 28, para. 40.

② See *Southern Bluefin Tuna Cases (New Zealand v. Japan; Australia v. Japan), Provisional Measures*, Order of 27 August 1999, paras.43-44.

③《海洋法公约》第289条。

④《海洋法公约》附件八第1条、第5条。

⑤《鱼类种群协定》第29条。

⑥《海洋生物多样性协定》第59条。

（三）争议结构

依据争端内部所涉及事项领域的多少及差异，争端还可以分为简单争端和混合争端。简单争端与混合争端之分是一种理论建构和解释，具有相对性，其区分意义主要在于混合争端中部分争议事项能否为迎合司法或仲裁机构的属事管辖要求而被剥离成一个可单独提交司法或仲裁解决的简单争端。

1. 简单争端

笔者所界定的简单争端，主要是指涉及单一问题、单一事项或单一层面的争端。例如，争端当事方仅就海洋划界事项发生争议，并将其提交至法院或法庭处理。与简单争端相关联的一个实践难点问题，就是对同一请求事项的不同识别。例如，"温室气体的人为排放"本属于《气候变化框架公约》下的调整事项，但在国际海洋法法庭**小岛屿国家气候变化与国际法委员会请求咨询意见案（向法庭请求）**中，有的国家在提交的书面意见中认为它也属于《海洋法公约》第 1 条第 1 款第 4 项意义上的"海洋环境的污染"。尽管咨询意见不具有法律拘束力，也不是严格意义上的争端解决方法，但它可能会对后续的争端解决产生现实影响。笔者认为，对同一事项进行不同识别，决定着不同的法律适用方向。使用法律技巧将气候事项识别为海洋事项，意在为《海洋法公约》框架下强制性争端解决程序的适用埋下伏笔。

2. 混合争端

笔者所界定的混合争端，主要是指内部混杂多个问题、多个事项或多个层面且存在相互关联、相互缠绕、相互影响关系的争端。理论上，混合争端既可以是兼有不同涉海事项的同质争端，如兼有海洋划界事项与海洋资源开发利用事项的争端，也可以是兼有涉海与非涉海事项的异质争端，如兼有领土主权事项与海洋权利事项的争端。

处理兼有涉海与非涉海事项的混合争端，有时会成为实践中的难点问题，主要表现为争端内部的涉海事项能否与非涉海事项完全切割，以满足相关涉海裁决机构的属事管辖要求。例如，具有普遍管辖权的国际法院，可以一并审理领土主权争端和有关《海洋法公约》解释或适用的海洋争端。但是，属事管辖范围仅限于有关《海洋法公约》解释或适用争端的专门法庭，如《海洋法公约》附件七仲裁庭，无权审理领土主权争端。对于一个兼有领土主权事项与海洋权利事项的混合争端，如果争端当事一方在《海洋法公约》附件七仲裁程序中仅提交有关《海洋法公约》解释或适用的海洋争议事项，不提交领土主权争议事项，则可能突破仲裁庭的属事管辖障碍。在未与争端另一方达成协议的情况下，这种“削足适履”的法律操作是否真正有助于国际争端的成功解决，是一个值得深入讨论的问题。

笔者认为，对混合争端中内部关系的不同解释，也会影响争端的定性问题。如果争端内部不同争议事项之间彼此独立、互不牵连，则可以解释为“并列关系”。如果争端内部不同争议事项之间存在主次之分，则可以解释为“主从关系”。依据“主从关系”论，混合争端的内部可以区分为本源性争议事项和派生性争议事项。本源性争议事项是指混合争端内部具有原生性、根本性和决定性地位的争议事项。派生性争议事项是指混合争端内部从本源性争议中衍生出来的具有依附性、从属性的争议事项。例如，有的争端当事方主张国家的领土主权是其海洋权利的基础。据此，领土主权争议属于本源性争议，是第一性的问题，在混合争端内部关系中处于核心地位、发挥决定性作用，而有关《海洋法公约》解释或适用的海洋权利争议从属、依附于领土主权问题，属于派生性争议的范畴，是第二性的问题。然而，在一些强制仲裁实践中，相关仲裁庭并不支持“主从关系”论，借用美国驻德黑兰外交和领事人员（美国诉伊朗）案中的法律观点，“不能因为领土主权事项多么重要而放弃提请仲裁的事项”。相关仲裁庭倾向“并列关系”论，深层原因在于，依据“主从关系”论，领土主权事项作为本源性事项应决定着整个混合争端的性质，但这可能会摧毁仲裁庭的管辖权基础（即无权审理领土主权争端）。“并列关系”论则降低了领土主权事项在混合争端内部的地位和权重，抑制了领土主权事项对海洋权利事项的牵引作用，从而有利于“削足适履”的法律操作。

第二节　海洋争端

海洋是人类生存与发展的战略新空间，是沿海国经济和社会可持续发展的重要保障。各国围绕海洋渔业、油气等自然资源的争夺也从未停歇。作为一种国际争端，海洋争端往往成因复杂，所涉利益重大，各方对立尖锐。在下一章讨论海洋争端解决之前，先要明确海洋争端的范围界定、海洋争端的涉海特质以及海洋争端的主要争议事项。

一、海洋争端的范围界定

笔者在本书界定的海洋争端，主要是指涉及海洋事项的国际争端。《海洋法公约》作为国际海洋法的重要组成部分，与其他国际条约和习惯国际法一起搭建了现代国际海洋秩序的四梁八柱。据此，笔者认为，海洋争端的范围界定有广、狭之分。

（一）狭义的海洋争端

笔者在本书界定的狭义的海洋争端，主要是指有关《海洋法公约》及其执行协定解释或适用的争端。与此相关的争端可能涉及海洋划界、海上航行、海洋生物资源的养护和管理、海洋环境的保护和保全、海洋科学研究等。

（二）广义的海洋争端

笔者在本书界定的广义的海洋争端，不仅包括有关《海洋法公约》及其执行协定解释或适用的争端，还包括其他全部或部分涉及海洋事项的国际争端。其中，后者主要包括《海洋法公约》生效前发生或解决的海洋争端，如渔业（英国诉挪威）案、北海大陆架（联邦德国/丹麦；联邦德国/荷兰）案等；争端当事方涉及《海洋法公约》非缔约国的海洋争端，如领土和海洋争端（尼加拉瓜诉哥伦比亚）、海洋划界和领土问题（卡塔尔诉巴林)案、海洋争端(秘鲁诉智利)案等;不适用《海洋法公约》的海洋争端,如南极捕鲸(澳大利亚诉日本:新西兰参加)案、出入太平洋协谈义务案(玻利维亚诉智利)、航行权利和相关权利争端(哥斯达黎加诉尼加拉瓜)案等。另外,有关岛屿归属的领土主权争端不属于有关《海洋法公约》解释或适用的海洋争端,但它可能会与某些海洋事项发生关联,与海洋权利问题相糅合后形成混合型海洋争端,如加勒比海领土和海洋争端(尼加拉瓜诉洪都拉斯)、领土和海洋争端(尼加拉瓜诉哥伦比亚)、海洋划界和领土问题(卡塔尔诉巴林)案等。

专栏1:《海洋法公约》的地位与局限

1982年《联合国海洋法公约》的通过是践行多边主义的显著成就,是国际海洋法治发展的重要里程碑。20世纪50年代至80年代,联合国组织召开了三次海洋法会议。其中,在第三次联合国海洋法会议上,包括中国在内的160多个国家,平等磋商、互谅互让,历经1973年至1982年共9年的不懈努力,最终达成了《海洋法公约》。《海洋法公约》最终以130票赞成、4票反对、17票弃权的压倒性优势获得通过,彰显了多边外交的重大胜利。联合国法律事务厅海洋事务和海洋法司(简称“海法司”)承担《海洋法公约》秘书处职责。《海洋法公约》获得了国际社会的广泛接受,截至2023年6月已拥有169个缔约国[①]。

《海洋法公约》包括17个部分和9个附件,由320个条款(含附件共438个条款)构成,涉及领海及毗连区、用于国际航行的海

① 《海洋法公约》文本使用“缔约(各)国(States Parties)”这一用语。欧盟作为自成一类的国际组织,于1998年4月1日加入《海洋法公约》。严格意义上说,应称欧盟为缔约方,而不是缔约国。尽管如此,本书遵从《海洋法公约》原文的用语,在泛指时统一使用“缔约国”这一用语。

峡、群岛国、专属经济区、大陆架、公海、岛屿制度、闭海或半闭海、内陆国权利和自由、国际海底区域、海洋环境的保护和保全、海洋科学研究、海洋技术的发展和转让、争端解决机制等诸多方面。《海洋法公约》允许拥有特殊或独特海岸线的沿海国划设直线基线，创设了专属经济区、群岛国、“区域”等新型法律体制以及“人类共同继承财产”等新型法律原则。《海洋法公约》创设了国际海底管理局、大陆架界限委员会、国际海洋法法庭三大机构，为讨论和解决海洋问题提供了有益平台。这些制度创新的成就，进一步发展了国际海洋法。正如海法司前任司长马尔菲-曼图亚诺（Annick de Marffy-Mantuano）所言，《海洋法公约》是“一项规制内容不均衡但具有里程碑意义的法律成就（【法】une œuvre juridique monumentale au contenu inégal）”。[①]

为更好地适应国际海洋实践，各方后续在《海洋法公约》框架下又启动了多项执行协定的谈判进程。《1994年执行协定》一定程度上修改了《海洋法公约》原第十一部分的内容。1995年《鱼类种群协定》是《海洋法公约》的重要发展，将“公海捕鱼自由”置于国际公共管理之下。当前，《海洋生物多样性协定》[②]已于2023年6月最终达成，

① MARFFY-MANTUANO A d. La convention de Montego Bay[M]//FORTEAU M, THOUVENIN J-M. Traité de Droit International de la Mer. Paris: Éditions A. Pedone, 2017: 58.

② 2023年6月最终达成的《海洋生物多样性协定》是《海洋法公约》下的第三份执行协定，涵盖海洋遗传资源获取和分享、海洋保护区设立、环境影响评价、能力建设和海洋技术转让等内容。《海洋生物多样性协定》谈判始于2004年，历经联合国大会特设工作组、筹备委员会、政府间大会等阶段的深入讨论，最终以协商一致方式达成。

"国际海底资源开发规章"制定[1]等重大立法进程仍在进行之中。

《海洋法公约》是兼顾不同类型国家诉求而达成的"一揽子交易(package deal)"。妥协与平衡,是《海洋法公约》成功达成的重要精神。正如联合国副秘书长兼法律顾问苏亚雷斯(Miguel de Serpa Soares)所言,"(谈判)产生的《海洋法公约》就这样反映了各国的妥协精神,主要通过协商一致的方式运转并平衡权利与义务关系"[2]。《海洋法公约》规定的平衡性主要体现在:一是各国利益的平衡。例如,在第三次联合国海洋法会议期间,一些主要海洋强国提出了3海里的领海宽度,而另有一些国家提出50海里甚至200海里的领海宽度。为平衡各方利益并考虑到当时大多数国家的主张,《海洋法公约》最后采纳了12海里的规则。二是权利与义务的平衡。例如,《海洋法公约》列举了公海自由的六项内容,但同时也规定了行使公海自由的限制,包括适当顾及其他国家利益、和平目的等。三是原则与例外的平衡。例如,《海洋法公约》起草者在争端解决机制中雄心勃勃地引入了"导致有拘束力裁判的强制程序",但同时也设置了适用这种强制程序的限制和例外条款以及善意及禁止权利滥用条款。四

① 21世纪以来,国际海底管理局先后发布了《"区域"内多金属结核探矿和勘探规章》(2000年)、《"区域"内多金属硫化物探矿和勘探规章》(2010年)和《"区域"内富钴铁锰结壳探矿和勘探规章》(2012年)。随着国际海底事务从勘探向开发阶段的过渡,国际海底管理局于2011年启动"国际海底资源开发规章"的制定进程。2017年8月,在国际海底管理局第23届会议期间,秘书处首次公布了"开发规章"草案。2018年3月,国际海底管理局第24届会议第一期理事会会议专门讨论"开发规章"问题,标志着制定"开发规章"的国际谈判正式开启。各方正在围绕开采矿区申请基本制度、承包者缴费机制、担保国责任、资源开发惠益分享、环境保护的程序和标准制定等问题开展国际谈判。

② SOARES M d S. Statement at High-Level Commemorative Meeting of the General Assembly to mark the 40th Anniversary of the Adoption of the United Nations Convention on the Law the Sea (UNCLOS) [C/OL].(2022-04-29)[2022-09-05]. https://www.un.org/ola/sites/www.un.org.ola/files/documents/2022/05/29042022-mss-statement-40-anniversary-unclos.pdf.

是清晰与模糊的平衡。为尽快达成妥协与共识，各方及《海洋法公约》起草者在《海洋法公约》法律文本谈判期间都践行了“故意性模糊（purposeful ambiguity）”的缔约策略。例如，《海洋法公约》创设了专属经济区制度，清晰地规定了专属经济区的宽度，却笼统地规定了权利与责任的分配问题。在《海洋法公约》谈判中，美国等主要海洋国家认为，专属经济区应当仍然是公海的一部分，沿海国的特别权利应受到限制。其他国家则坚持专属经济区是沿海国的一个特殊海洋区域，航行与飞越自由应受到限制。①《海洋法公约》回避了这一争论，没有对专属经济区里的每一项海洋活动都作出十分详尽的规定。需要指出的是，“故意性模糊”虽然有助于各方在法律文本上尽快达成妥协与共识，但它也造成了一些法律规制的“灰色区域”，进而导致了一些新问题、新争论。

在 1982 年《海洋法公约》达成和开放签署之时，人们对《海洋法公约》的地位、作用和未来都抱有十分美好的期待。但实际上，如同其他许多国际条约一样，《海洋法公约》也有其局限性。正如马尔菲-曼图亚诺所言，《海洋法公约》很多规定的内容是模糊的，或者是因为国际环境不能提供解决方案，或者是因为地理条件没法提供。②《海洋法公约》并未穷尽所有的海洋法问题。《海洋法公约》在序言中清晰地载明，“未予规定的事项，应继续以一般国际法的规则和原则为准据”。例如，在海洋争端解决的实践中，领土主权与海洋权利相互

① SOHN L, JURAS K, et al. Law of the Sea in a Nutshell[M]. 2nd ed. St. Paul: West Academic Publishing, 2010: 258.

② MARFFY-MANTUANO A d. La convention de Montego Bay[M]//FORTEAU M, THOUVENIN J-M.(dir.) Traité de Droit International de la Mer. Paris: Éditions A. Pedone, 2017: 65.

缠绕的混合争端时常发生，而岛屿归属等领土主权问题不属于《海洋法公约》的调整范围，应继续适用一般国际法的规则和原则。《海洋法公约》在一些调整事项上缺乏清晰的法律定义和详尽的法律规则。为避免《海洋法公约》变得完全失灵和迅速过时，在航行、捕鱼、矿产（包括碳氢化合物）开采、科研、电缆和管道铺设等方面，《海洋法公约》并没有制定出全面而详尽的规则。[①]《海洋法公约》第74条和第83条分别规定了专属经济区和大陆架界限划定，但并没有确立海洋划界的具体方法。《海洋法公约》对“船舶”“海洋科学研究”等关键术语并未给出法律界定。此外，《海洋法公约》规定阿拉伯文、中文、英文、法文、俄文和西班牙文文本具有同等效力，但不同语言版本中一些法律用语的使用依然存在差别。[②]这些都给各方在解释、适用和履行《海洋法公约》上造成了困扰与分歧。

《海洋法公约》对新兴海洋问题提供的制度供给不足。海洋技术革新和自然环境变化为国际海洋法治提出了许多新课题，如无人船舶使用、海平面上升、海洋垃圾、海洋酸化、水下噪声等。正如有学者深刻地指出，“人类问题、技术问题、经济问题和环境问题持续涌现且必须受到管理。真正的问题是如何让海洋法律秩序适应不断变化的现实。这是一场在过去既取得了成就又遭遇了失败的探索。我们应当回顾，《海洋法公约》并没有成功地处理所有的海洋使用问

① CHURCHILL R R. The 1982 United Nations Convention on the Law of the Sea[M]//ROTHWELL D R, OUDE A G, et al. The Oxford Handbook of the Law of the Sea, Oxford: OUP, 2015: 29-30.

② 参见本书专栏7“法语与海洋争端解决”。

题”[①]。随着人工智能的发展以及无人船舶的使用，与此相关的法律地位、国家责任等一系列法律问题也随之而来，《海洋法公约》对类似的新问题没有作出具体规定。《海洋法公约》起草者们未曾设想到海平面上升、海洋垃圾、海洋酸化、水下噪声等问题也会成为今天国际社会的重大关切。在海洋争端解决上，这可能会导致“法律适用不明确（【拉】*non liquet*）”[②]的问题。

习惯国际法在国际海洋法治上依然发挥着难以替代的作用。国际条约与习惯国际法之间存在复杂的互动关系，而并非简单的取代关系。[③]《海洋法公约》在长久以来形成的国家实践基础之上编纂，公海自由等诸多制度都反映了习惯国际法。但是，《海洋法公约》不是习惯国际法规则的终结者，也不构成国际海洋法的全部内容。联合国国际法委员会委员迈克尔·伍德（Michael Wood）曾撰文：习惯国际法在处理与《海洋法公约》非缔约国关系、《海洋法公约》“未予规定的事项”、《海洋法公约》条款的解释与适用、《海洋法公约》规则的修改与补充以及制定新《海洋法公约》等方面发挥着重要作用。[④]

---

① STRATI A, GAVOUNELI M, SKOURTOS N. Introduction[M]//STRATI A, GAVOUNELI M, SKOURTOS N. Unresolved Issues And New Challenges to the Law of the Sea: Time Before And Time After. Leiden, Boston: Martinus Nijhoff Publishers, 2016: xi-xii.

② 国际法院在**武装冲突中国家使用核武器的合法性问题的咨询意见**中就曾部分地承认了“法律适用不明确”的问题。“However, in view of the current state of international law, and of the elements of fact at its disposal, the Court cannot conclude definitively whether the threat or use of nuclear weapons would be lawful or unlawful in an extreme circumstance of self-defence, in which the very survival of a State would be at stake.” See *Legality of the Threat or Use of Nuclear Weapons*, Advisory Opinion, I.C.J. Reports 1996, para. 105, p. 266.

③ 关于国际条约与习惯国际法之间存在的复杂互动关系，国际法院在**北海大陆架（联邦德国/丹麦；联邦德国/荷兰）**等案件中有很好的阐述。

④ WOOD M. La rôle contemporain du droit international coutumier[M]//FORTEAU M, THOUVENIN J-M. Traité de Droit International de la Mer. Paris: Éditions A. Pedone, 2017: 68-77.

现代海洋法是一个开放包容的体系，涵盖《海洋法公约》、其他涉海国际法律文书以及习惯国际法。我们应客观、历史、辩证地看待《海洋法公约》的地位和作用，完整、准确、善意地解释和适用《海洋法公约》，兼顾《海洋法公约》、其他涉海国际条约和习惯国际法，处理好海洋法继承与发展的关系。

二、海洋争端的涉海特质

与其他国际争端相比，海洋争端的发生往往与地理位置或地理构造相关。海洋争端的争议事项往往具有高度的政治敏感性，关乎一国的重大利益甚至核心利益。海洋争端的解决往往还高度依赖不断更新的科学认识水平，其中的调查取证离不开高科技装备和手段的运用。

（一）地理决定性

海洋争端，是一种基于海洋区域地理位置或构造的国际争端。世界各国的海洋地理条件大不相同。内陆国家没有海岸线和出海口，在获取和利用海洋资源方面遭遇了先天的自然障碍。不同的沿海国家也具有不同的海洋地缘条件，拥有的海岸线长短不一，管辖的海域面积大小有别。如果两国的陆地领土海岸相向且相距不足 400 海里，两国主张的海洋权利区域就会发生重叠，由此产生海洋划界争端。处于关键海区、拥有战略地位的岛礁，其地理位置、法律地位及法律归属还可能决定着一国海洋权利主张的延伸范围。

沿海国特殊的海洋地理构造，曾推动过国际海洋法的发展。例如，挪威的海岸线极为曲折，紧接海岸有一系列岛屿。国际法院在 1951 年**渔业（英国诉挪威）**案中凭借这一海洋地理构造作出的判决，推动了“直线基线规则”纳入国际海洋法。在海洋划界争端中，地理构造的重要性尤为突出。国际法院在**陆地和海洋边界(喀麦隆诉尼日利亚:赤道几内亚参加)**案中提到,“法院被要求划定界限的海洋区域的地理构造(【法】configuration géographique)是给定的。它并不是法院可以修改的要素,而是法院进行划界应当依赖的事实”。[①]同时,地理条件的特殊性也影响着海洋划界方法的适用。例如,通过**黑海海洋划界(罗马尼亚诉乌克兰)**案形成的基于等距离线的“三阶段法(Three-Stage Approach)”,在特殊地理条件下也存在着不恰当或不适用的情形。

(二)政治敏感性

海洋争端往往涉及相关国家的战略发展空间,事关重大利益甚至核心利益,具有高度的政治敏感性。争端当事各方妥协空间相对较小,对立性相对较强。以海洋划界争端为例,有澳大利亚学者曾指出,海洋划界在很大程度上是一个政治过程,处理的都是高度敏感的主权和主权权利问题,涉及国家的核心安全利益和主要经济利益,最终关乎相关国家的完整与合法存在。想要就海洋划界达成协议,妥协几乎是不可避免的。相关国家可能很不愿意明确透露某条特定的边界是如何划定的,担心被指责向谈判对手“出卖”了国家利益。[②]在国际政治现实中,并非所有的海洋争端都可以获得成功解决。有些海洋争端至今难以取得积极进展,甚至未来很长时间内都无法解决。

① “La **configuration géographique des espaces maritimes** que la Cour est appelée a délimiter est une donnée. Elle ne constitue pas un élément que la Cour pourrait modifier, mais un fait sur la base duquel elle doit opérer la délimitation.” Voir *Frontiére terrestre et maritime entre le Cameroun et le Nigéria (Cameroun c. Nigéria; Guinée équatoriale (intervenant))*, arrêt, C.1.J. Recueil 2002, p.303 à pp.443-445, para.295.

② 维克托·普雷斯科特,克莱夫·斯科菲尔德.世界海洋政治边界:第2版[M].吴继陆,张海文,译.北京:海洋出版社,2014:152.

（三）科技依赖性

地球上的海洋面积相当广阔，一些海域的特点尚未被人类所充分认识，现场实测数据又少。人类在海洋探索的过程中依然面临着一些科学不确定性问题。由于受到科学认知的局限，不少海洋争端的当事各方往往围绕有关海洋的科学事实、科学证据争论不休，并高度依赖科技装备和手段的运用。国际海道测量组织和国际大地测量协会出版的《1982 年〈联合国海洋法公约〉技术手册》显示，很多科学与技术方面的因素影响着《海洋法公约》的实际应用；大地测量、海道测量和地球科学等学科与《海洋法公约》的实际应用相关。[①]例如，卫星数据在国际实践中发挥出越来越重要的证据作用，已有卫星遥感影像被当作证据提交至国际法院、国际海洋法法庭、仲裁庭等机构。此外，涉及海洋环境保护等领域的海洋争端也高度依赖专家证人的使用。

专栏 2：卫星遥感影像的证据效力

近三十多年来，卫星数据在国际司法和仲裁实践中发挥越来越重要的证据作用。然而，由于卫星遥感影像在其生成过程中具有一定的主观操控空间，其可靠性和证据效力依然存在法律争议。1986 年，卫星图片在**边境争端（布基纳法索 / 马里）**案中第一次作为证据被提交至国际法院。在该案中，国际法院认为地图不能确立领土的主权，除非争端双方都同意。[②]在**卡西基里 / 塞杜杜岛（博茨瓦纳 / 纳米比亚）**案中，博茨瓦纳和纳米比亚作为争端当事双方，都试图使用卫星图片来解决边界争端，但国际法院并未采纳。在**加勒比海领**

① 国际海道测量组织，国际大地测量协会.1982年《联合国海洋法公约》技术手册：第6版[M]. 公衍芬，毕文璐，张建辉，等，译. 北京：海洋出版社，2021:1,4-6.

② *Différend frontalier* (Burkina Faso/République du Mali), mesures conservatoires, ordonnance du 10 janvier 1986, C.I.J. Recueil 1986, p.3.

土和海洋争端(尼加拉瓜诉洪都拉斯)案中,为帮助建立等距离线以设定两国的领海,洪都拉斯使用卫星图片来表明科科河(【西】Rio Coco)河口中的岛屿是由于沉积而形成的。①在**海洋划界和领土问题(卡塔尔诉巴林)**案中,当事双方都在司法程序中使用卫星数据来支撑各种对争议岛屿的主张。卫星数据被用来获得更准确的海平面信息,并以此确立"岛屿"是否应当和可能被认为是事实上的岛屿或沙滩。在**请求对1998年6月11日喀麦隆与尼日利亚陆地和海洋边界案(喀麦隆诉尼日利亚)判决的解释,初步反对(尼日利亚诉喀麦隆)**案中,为争夺村庄的领土归属,尼日利亚使用卫星影像支撑其领土主张,而喀麦隆却对同一卫星数据进行了完全不同的解读以支撑其相反的主张。在**尼加拉瓜在边界地区开展的某些活动(哥斯达黎加诉尼加拉瓜)**案中,尼加拉瓜使用1961年的卫星图片来证明水道(【西】caño)的存在,而哥斯达黎加因卫星图片中厚厚的植被质疑它的清晰性,并拿出2010年的卫星影像来排除水道存在的可能性。国际法院最后认定卫星图片不够清晰,意味着卫星图片不能用作证据来证明水道的存在。此外,卫星数据也曾在国际海洋法法庭、国际涉海仲裁案件中被使用,以展示低潮高地状态、岛礁建设活动等。尽管如此,目前的国际司法实践尚未对卫星数据及卫星遥感影像的证据效力形成统一的认识。

科学证据的偏在与不均匀分布,也是海洋争端解决的一大特征。尽管海洋争端的当事双方在法律地位上平等,但在现实中双方的举证能力

① *Territorial and Maritime Dispute between Nicaragua and Honduras in the Caribbean Sea* (Nicaragua v. Honduras), Counter-Memorial of the Republic of Honduras, 21 March 2002, List of Annexes, Plate 19 Satellite Analysis of Coastal Changes at Cape Gracias a Dios (1979—2001), I.C.J., p.136.

并不相当，双方与科学证据之间的距离并不对等。海洋科学具有鲜明的大科学特征，研究目标宏大，投资强度巨大，依赖不同学科和工程技术之间的深度交叉、渗透与融合，依赖复杂且昂贵的实验设施和装备。如果争端双方在科技水平及经济实力方面存在差距，就有可能导致双方在科学证据采集以及举证方面的能力差距。距离科学证据较近的一方往往控制着证据，进而获得较大的科学证据利益。某种意义上，争端双方围绕有关海洋科学事实的司法证据战，就是举证能力战、经济实力战，甚至是国家之间海洋科研综合实力的整体较量。

三、海洋争端的争议事项

海洋争端的争议事项主要涉及海洋划界、海洋环境保护、海洋资源利用、海洋科学研究、海洋执法、海上航行权利等。在实践中，混合型涉海争端也时常发生。

（一）有关海洋划界的争端

海洋划界争端是一种最为典型的海洋争端。《海洋法公约》第 15 条、第 74 条和第 83 条构成现代海洋划界的法律基础。有西方学者认为，这些条款反映了习惯国际法，也可适用于《海洋法公约》非缔约国。①

《海洋法公约》第 74 条第 1 款、第 83 条第 1 款对专属经济区和大陆架划界几乎确立了同样的规则，即海岸相向或相邻的国家间专属经济区和大陆架的界限，应在国际法的基础上以协议划定，以便得到公平解决。实践中，最典型的划界协议就是有关沿海国之间签订的划界条约。只有在没有协议的情况下，争端方才有可能依据《海洋法公约》第 74 条第 2 款、第 83 条第 2 款的规定将专属经济区和大陆架的划界提交至《海洋法

① FIETTA S, CLEVERLY R. Practitioner's Guide to Maritime Boundary Delimitation[M]. Oxford: Oxford University Press, 2016: 52.

公约》第十五部分规定的第三方争端解决程序。可见，以协议的方式进行海洋划界具有优先的地位。两国之间是否存在海洋划界协议通常是明确的，然而在实践中，这种协议是否存在有时也会成为海洋划界的争议问题之一。例如，在**几内亚和几内亚比绍海洋边界划界仲裁案**中，法国和葡萄牙于1886年订立的条约是否确立了两国的海洋边界，是争论的核心问题之一。在**孟加拉湾海洋边界划界争端（孟加拉国/缅甸）**案中，国际海洋法法庭认为争端双方在海洋边界谈判中产生的两套"共同确认的会议记录（agreed minutes）"不构成划界协议。**格陵兰和扬马延之间区域海洋划界（丹麦诉挪威）**案、**陆地和海洋边界（喀麦隆诉尼日利亚：赤道几内亚参加）**案、**海洋争端（秘鲁诉智利）**案等也存在类似的争论。

尽管《海洋法公约》第15条、第74条和第83条构成了现代海洋划界的法律基础，但它们并没有确立划界的具体方法。国际法院在**黑海海洋划界（罗马尼亚诉乌克兰）**案中首次系统阐述了专属经济区和大陆架单一划界的"三阶段法"①，深刻地影响着后来的海洋划界实践。不过，这种基于等距离线的所谓"标准"划界方法论在特殊地理条件下也存在着不恰当或不适用的情形。此外，根据《海洋法公约》第298条的规定，海洋划界争端可以排除相关争端解决机构的强制性管辖权。然而在实践中，这一问题本身也构成争议的主要部分。

海洋划界争端在一定条件下可以提交《海洋法公约》附件五第二节项下的强制调解程序。②涉及海洋划界事项的**东帝汶和澳大利亚帝汶海强制**

---

① 简单地说，专属经济区和大陆架单一划界"三阶段法"的基本框架包括划出临时等距离线（阶段一）、为达到"公平结果"根据"特殊"或"相关"情况调整临时等距线（阶段二）和"成比例检验"（阶段三）。参见FIETTA S, CLEVERLY R. Practitioner's Guide to Maritime Boundary Delimitation[M]. Oxford: Oxford University Press, 2016: 52-95.

②《海洋法公约》第298条第1款第a项第i目。

调解案，是《海洋法公约》强制调解制度的首次尝试和初步实践，截至目前也是唯一实践。

专栏 3：有关海洋划界争端的重要案件

海洋划界争端是一种最为典型的海洋争端。国际法院、国际海洋法法庭、仲裁庭以及调解委员会都处理过不少海洋划界案件。其中，有的案件仅涉及大陆架划界，有的案件涉及大陆架和专属经济区的单一划界，还有的案件一并处理陆地边界和海洋边界问题。

目前提交至国际法院审理的重要海洋划界案件包括：

◆北海大陆架（联邦德国 / 丹麦；联邦德国 / 荷兰）

◆大陆架（突尼斯 / 利比亚）

◆大陆架（利比亚 / 马耳他）

◆爱琴海大陆架（希腊诉土耳其）

◆海洋争端（秘鲁诉智利）

◆格陵兰和扬马延之间区域海洋划界（丹麦诉挪威）

◆黑海海洋划界（罗马尼亚诉乌克兰）

◆太平洋和加勒比海海洋划界（哥斯达黎加诉尼加拉瓜）

◆印度洋海洋划界（索马里诉肯尼亚）

◆海洋划界和领土问题（卡塔尔诉巴林）

◆陆地和海洋边界（喀麦隆诉尼日利亚：赤道几内亚参加）

◆领土和海洋争端（尼加拉瓜诉哥伦比亚）

◆加勒比海领土和海洋争端（尼加拉瓜诉洪都拉斯）

◆尼加拉瓜与哥伦比亚在尼加拉瓜海岸 200 海里以外划分大陆架的问题（尼加拉瓜诉哥伦比亚）

目前提交至国际海洋法法庭审理的重要海洋划界案件包括：

◆第 16 号案：**孟加拉湾海洋边界划界争端（孟加拉国 / 缅甸）**

◆第 23 号案：**大西洋海洋边界划界争端（加纳 / 科特迪瓦）**

◆第 28 号案：**印度洋海洋边界划界争端（毛里求斯 / 马尔代夫）**

目前提交国际仲裁的重要海洋划界案件包括：

◆**孟加拉国和印度孟加拉湾海洋边界仲裁案**

◆**厄立特里亚 / 也门 - 红海主权与海洋划界仲裁案**

◆**克罗地亚和斯洛文尼亚仲裁案**

◆**英法大陆架划界仲裁案**

◆**几内亚和几内亚比绍海洋边界划界仲裁案**

◆**几内亚比绍和塞内加尔海洋边界划界仲裁案**

◆**加拿大和法国海洋区域划界仲裁案**

此外，由常设仲裁法院担任书记官处处理的**东帝汶和澳大利亚帝汶海强制调解案**，也涉及海洋划界事项。

（二）有关海洋环境保护与资源可持续利用的争端

有关海洋环境保护与资源可持续利用的争端，既具有涉海争端的特性，也具有环境与资源争端的特性。环境保护与资源利用是一体之两翼、驱动之双轮。海洋环境保护是海洋资源可持续利用的应有之义。《海洋法公约》第 192 条规定了保护与保全海洋环境的义务，而随后的第 193 条又规定了各国有依据其环境政策和按照其保护和保全海洋环境的职责开发其自然资源的主权权利。国际海洋法法庭在**"路易莎"号商船案（圣文森特和格林纳丁斯诉西班牙）**[①]、**大西洋海洋边界划界争端（加纳 / 科特**

① "*Considering* that article 192 of the Convention imposes an obligation on States to protect and preserve the marine environment;" See M/V "*Louisa*" (Saint Vincent and the Grenadines v. Kingdom of Spain), Provisional Measures, Order of 23 December 2010, ITLOS Reports 2008—2010, at p.70, para. 76.

迪瓦)[①]等案件中反复确认了保护与保全海洋环境的一般性义务(general obligation)。国际海洋法法庭在**次区域渔业委员会请求咨询意见案(向法庭请求)**中还揭示，保护与保全海洋环境的义务属于对世义务(obligation *erga omnes*)的范畴，不仅适用于国家管辖范围以内的区域，还适用于国家管辖范围以外的区域。海洋环境保护涉及海洋污染问题，如**混合氧化物核燃料工厂仲裁案(爱尔兰诉英国)**等，但在**查戈斯海洋保护区仲裁案(毛里求斯诉英国)**中，仲裁庭指出，“尽管污染控制当然是环境保护的重要方面，但它绝不是环境保护的唯一内容”。[②]海洋生物资源的养护也被纳入到保护和保全海洋环境的内容中。例如，国际海洋法法庭在**南方蓝鳍金枪鱼临时措施案(新西兰诉日本；澳大利亚诉日本)**中明确地将海洋生物资源的养护视为保护和保全海洋环境中的一项内容。[③]其他有关海洋生物资源养护的争端还包括国际法院的**南极捕鲸(澳大利亚诉日本：新西兰参加)**案、国际海洋法法庭的**次区域渔业委员会请求咨询意见案(向法庭请求)**以及提交国际仲裁的**北大西洋沿岸渔业仲裁案(英国/美国)**、**南方蓝鳍金枪鱼仲裁案(澳大利亚/日本；新西兰/日本)**等。国际海洋法法庭的**国家担保自然人和实体在“区域”内活动的责任与义务咨询意见案(向海底争端分庭请求)**还涉及海洋矿产资源的可持续利用问题。

---

① *Dispute Concerning Delimitation of the Maritime Boundary Between Ghana and Côte D'Ivoire in the Atlantic Ocean*, Provisional Measures, Order of 25 April 2015, ITLOS Reports 2015, at p.160, para. 69.

② “In reaching this conclusion, the Tribunal rejects the suggestion that either Article 297(1)(c) or Part XII of the Convention (relating to the protection and preservation of the marine environment) are limited to measures aimed at controlling marine pollution. While the control of pollution is certainly an important aspect of environmental protection, it is by no means the only one.” See *Chagos Marine Protected Area* (Mauritius v. United Kingdom), Award of 18 March 2015, PCA, para. 320.

③ “*Considering that the conservation of the living resources of the sea* is an element in the protection and preservation of the marine environment;” See *Southern Bluefin Tuna Cases* (New Zealand v. Japan; Australia v. Japan), Provisional Measures, Order of 27 August 1999, ITLOS Reports 1999, 280, at p.295, para.70.

有关海洋环境保护与资源可持续利用的争端高度专业化、复杂化，往往与科学问题密切相关，高度依赖科学证据，通常需要借助专家证人。

专栏 4：专家证人的使用

专家证人是具有专业知识、为法院或法庭提供专家意见的人。海洋争端具有较强的专业性，参与海洋争端解决程序的专家证人通常是海洋地质、海洋生态等领域的科学专家。

有些国际司法裁决机构经常使用专家证人，而另一些机构则很少使用。在国际法院的早期实践中，**科孚海峡（英国诉阿尔巴尼亚）**、**缅因湾区域海洋边界划界（加拿大/美国）**等少数案件使用过专家证人。这些案件对于专家证人的使用，依赖于争端当事双方的特别协定条款。国际法院也曾有过拒绝使用专家证人的实践，受到了一些批评，如**乌拉圭河纸浆厂（阿根廷诉乌拉圭）**案。近年来，国际法院开始重视专家证人的使用，如**南极捕鲸（澳大利亚诉日本：新西兰参加）**案。实践中，国际法院倾向现有最佳证据（best available evidence），相关专家提供的目击证据甚至可以推翻其他证据。例如，在**海洋划界和领土问题（卡塔尔诉巴林）案**中，争端双方围绕吉塔特杰拉达的法律地位发生分歧。相关海图证据显示，吉塔特杰拉达属于低潮高地（【法】haut-fond découvrant）。巴林提交了亚历山大（Alexander）教授一份基于 1998 年 4 月至 11 月间 6 次实地考察（【法】visites des lieux）的报告，得出吉塔特杰拉达属于《海洋法公约》第 121 条界定的岛屿（【法】île）。最后依据现有最佳证据，国际法院判定吉特加拉达属于岛屿。[1]此外，专家证人及其报告在国际涉

① *Délimitation maritime et questions territoriales entre Qatar et Bahreïn,* Compte rendu 2000/9, Audience publique tenue le lundi 5 juin 2000, C.I.J., p.47, para.33.

海仲裁案件中也曾被使用。

《海洋法公约》也高度重视专家在解决涉及科学或技术事项争端方面的作用。根据《海洋法公约》第289条的规定，相关法院或法庭可以在当事一方的请求下或依据其职权自行决定，并与争端各方协商，选择科学或技术专家列席法院或法庭，部分地参与涉及科学或技术事项争端（dispute involving scientific or technical matters）的解决。根据《鱼类种群协定》第29条的规定，如争端涉及技术性事项（where a dispute concerns a matter of a technical nature），有关各国可将争端提交至特设专家小组（*ad hoc* expert panel）处理。《海洋生物多样性协定》第59条也有类似的规定。

值得注意的是，与国内证据法的发展程度相比，国际法中尚未形成一套较为成熟完备的专家证人制度，存在一系列尚未解决的问题。例如，专家证人到底是为法院或法庭服务的司法鉴定人（法官的辅助者），还是基于控辩力量均衡的目的为当事方服务的专业辅助人（当事方的辅助者）？如果专家证人是法官的辅助者，实际上发挥着类似司法鉴定的作用，那么专家证人有无从业门槛、资格标准、竞业禁止等方面的要求？如果专家证人是当事方的辅助者，为争端当事一方的利益服务，那么专家证人是否还应保持客观、公正、独立？等等。如果专家证人的使用与选择是争端当事方事前通过谈判协商而达成的共识（即基于国家同意原则），那么前述问题可能会在实践中迎刃而解。但在强制仲裁程序中，特别是在争端一方不接受、不出庭的情形下，专家证人的使用与选择丧失了国家同意的基础，专家证人及专家意见的客观性、公正性和独立性问题，就会因国际法上专家证人制度的不完备而暴露出来。

目前，《海洋生物多样性协定》作为《海洋法公约》下的第三份执行协定已于2023年6月最终达成，即将进入开放签署阶段。[①]未来协定生效后，其争端解决条款被激活，有关海洋环境保护与资源可持续利用的争端数量可能会进一步增长。另外，海洋渔业争端在一定条件下可以提交《海洋法公约》附件五第二节项下的强制调解程序。[②]

(三)有关海洋科学研究的争端

《海洋法公约》第十三部分规定了海洋科学研究制度。所有国家，不论其地理位置如何，以及各主管国际组织在《海洋法公约》所规定的其他国家的权利和义务的限制下，均有权进行海洋科学研究。[③]海洋科学研究应专为和平目的而进行，应以符合《海洋法公约》的适当科学方法和工具进行。[④]海洋科学研究活动不应构成对海洋环境任何部分或其资源的任何权利主张的法律根据。[⑤]各国和各主管国际组织有义务开展海洋科学研究的国际合作[⑥]，有义务公布和传播科研工作成果[⑦]。所有国家(不论其地理位置如何)和各主管国际组织均有权依《海洋法公约》第十一部分的规定在"区域"内进行海洋科学研究[⑧]，均有权依《海洋法公约》在专属经济区范围以外的水体内进行海洋科学研究[⑨]。其他国家在沿海国的领海、专属经济区和大陆架上开展海洋科研活动，应取得沿海国的同意;《海洋法公

---

①《海洋生物多样性协定》第65条规定：本协定应自2023年9月20日起开放供所有国家和区域经济一体化组织签署，并将在纽约联合国总部持续开放供签署，直至2025年9月20日为止。

②《海洋法公约》第297条第3款第b项。

③《海洋法公约》第238条。

④《海洋法公约》第240条。

⑤《海洋法公约》第241条。

⑥《海洋法公约》第242条、第243条。

⑦《海洋法公约》第244条。

⑧《海洋法公约》第143条、第256条。

⑨《海洋法公约》第257条。

约》也鼓励沿海国积极作出这种同意。[①]然而，《海洋法公约》对“海洋科学研究”这一术语并没有作出定义。如果一国未经沿海国同意，擅自在该国专属经济区内开展海洋调查[②]、水文测量[③]等活动，可能会导致国家间的分歧与冲突，进而引发有关海洋科学研究的争端。

值得注意的是，仅仅采集原始数据也有可能被归入广义的“科学研究”。国际法院在1946年《国际管制捕鲸公约》框架下曾考虑过“科学研究”的法律内涵。2014年**南极捕鲸（澳大利亚诉日本：新西兰参加）**案对界定“海洋科学研究”具有重要的参考意义。在该案中，澳大利亚认为，有意义的科学应当涉及寻求对世界积极意义的假设表达，而日本认为，仅仅采集原始数据就足以被认为是“好的科学”。国际法院虽然没有对“科学研究”给出法律定义，但聚焦了“出于科学研究的目的”这一表述的构成要素，认为日本的捕鲸行为在广义上可以被视为“科学研究”，而其探索科学目标所使用的方法是不合理的。[④]

此外，海洋科学研究争端在一定条件下可以提交《海洋法公约》附件五第二节项下的强制调解程序。[⑤]

---

① 《海洋法公约》第245条、第246条。

② 海洋调查的工作目标是获取海洋环境要素资料，但并非所有的海洋调查都服务于海洋科学研究。除科学目的外，海洋调查还可以服务于军事、经济、交通等其他目的，为海洋资源开发、海洋工程建设、航海安全保障、海洋环境保护、海洋防灾减灾提供基础资料和科学依据。

③ 在理论上，水文测量活动是否属于“海洋科学研究”的范畴仍存争议，但从《海洋法公约》多个条款来看，“水文测量”与“海洋科学研究”往往并列使用。例如，根据《海洋法公约》第40条，外国船舶，包括海洋科学研究和水文测量的船舶在内，在过境通行时，非经海峡沿岸国事前准许，不得进行任何研究或测量活动。这意味着“水文测量”在《海洋法公约》意义上有可能会被解释为一个独立于“海洋科学研究”的范畴。

④ *Whaling in the Antarctic (Australia v. Japan: New Zealand intervening)*, Judgment, I.C.J. Reports 2014, p.226.

⑤ 《海洋法公约》第297条第2款第b项。

（四）有关海洋执法的争端

有关海洋执法的争端，通常与船只和船员紧密联系。国际海洋法法庭审理的相关案件包括："路易莎"号商船案（圣文森特和格林纳丁斯诉西班牙）、"弗吉尼亚·G"号商船案（巴拿马/几内亚比绍）、"诺斯塔"号商船案（巴拿马诉意大利）。提交国际仲裁的相关案件包括：乌克兰军舰和军人扣押争端（乌克兰诉俄罗斯）仲裁案、北极日出号仲裁案（荷兰诉俄罗斯）、"杜兹吉特·廉正"号仲裁案（马耳他诉圣多美和普林西比）等。

不少有关海洋执法的争端，往往还与《海洋法公约》规定的船只和船员的迅速释放程序相关。如果缔约国当局扣留了一艘悬挂另一缔约国旗帜的船只，而且据指控，扣留国在被扣留国提供合理的保证书或其他财政担保后，仍然没有遵从《海洋法公约》的规定将该船只或其船员迅速释放，释放问题可向争端各方协议的任何法院或法庭提出，如从扣留时起十日内不能达成这种协议，则除争端各方另有协议外，可向扣留国根据《海洋法公约》第287条接受的法院或法庭，或向国际海洋法法庭提出。[①] 这种释放的申请，仅可由船旗国或以该国名义提出。[②] 法院或法庭应不迟延地处理关于释放的申请，并且应仅处理释放问题，而不影响在主管的国内法庭对该船只、其船主或船员的任何案件的是非曲直。扣留国当局应仍有权随时释放该船只或其船员。[③] 在获得法院或法庭裁定的保证书或其他财政担保后，扣留国当局应迅速遵从法院或法庭关于释放船只或其船员的裁定。[④] 目前，国际海洋法法庭受理了相当数量的迅速释放案件。

---

① 《海洋法公约》第292条第1款。

② 《海洋法公约》第292条第2款。

③ 《海洋法公约》第292条第3款。

④ 《海洋法公约》第292条第4款。

（五）有关海上航行权利的争端

海上航行权利也会成为海洋争端的主要争议事项。在实践中，国际法院曾审理过一些有关海上航行权利的争端，包括**出入太平洋协谈义务案（玻利维亚诉智利）**、**大贝尔特海峡通行权（芬兰诉丹麦）**案、**航行权利和相关权利争端（哥斯达黎加诉尼加拉瓜）**案等。其中，**大贝尔特海峡通行权（芬兰诉丹麦）**案提出了石油钻井平台（oil rigs）和钻井船（drill ships）是否可以作为“船舶”享有通行权的问题。在该案中，丹麦提出要在大贝尔特海峡修建65米高的固定悬索桥，遭到芬兰反对。芬兰认为，石油钻井平台和钻井船属于船舶，而海峡大桥的修建影响了芬兰的过境通行权。1991年5月，芬兰将丹麦诉至国际法院。后来，由于芬兰与丹麦两国进行友好协商解决了相关争议，国际法院应芬兰方面的通知终止了案件审理。①

（六）混合型涉海争端

在海洋争端的实践中，通常会出现以下两种类型的混合争端。

一是不同涉海事项的混合，通常表现为海洋边界事项与海洋油气资源事项的混合。例如，在**东帝汶和澳大利亚帝汶海强制调解案**中，东帝汶对澳大利亚提起强制调解程序，请求调解委员会“协助东帝汶和澳大利亚以友好的方式解决帝汶海关于划定永久性海洋边界的争端”。②后来随着调解程序的进展，两国达成新协议，请求调解委员会继续处理一些帝汶海油气资源治理的事项。③两国最后达成的《海洋边界条约》既涉及

---

① *Passage through the Great Belt (Finland v. Denmark)*, Order of 10 September 1992, I.C.J. Reports 1992, p.348.

② *Timor Sea Conciliation between Timor-Leste and Australia*, PCA, Notice of Conciliation, Annex 3 to Report and Recommendations, para.5; Commission Report and Recommendations, para.62.

③ *Timor Sea Conciliation between Timor-Leste and Australia*, PCA, Commission Report and Recommendations, para.62.

澳大利亚和东帝汶之间大陆架和专属经济区的划界问题，也涉及一些帝汶海油气资源治理的事项。[①]

二是涉海事项与非涉海事项的混合，通常表现为岛屿归属事项与海洋权利事项的混合。岛屿归属事项属于领土主权的问题，双方主张的对立色彩往往更强，争端解决的难度往往也更大。正如詹宁斯（Robert Jennings）指出的，领土的变动并不只是意味着地球表面的一部分土地及其资源从一个政权向另一个政权转移；或许更重要的是，它通常涉及全部居民的国籍、效忠对象和生活方式的决定性变更。[②]国际法院以及仲裁庭曾审理过一些岛屿归属的争端案件。[③]对于岛屿归属与海洋权利混合的争端，国际法院因拥有普遍性属事管辖权，可以一并处理，如**加勒比海领土和海洋争端（尼加拉瓜诉洪都拉斯）**、**领土和海洋争端（尼加拉瓜诉哥伦比亚）**、**海洋划界和领土问题（卡塔尔诉巴林）**案等。争端当事国还可以签订仲裁协定（Arbitration Agreement），将领土和海洋争端一并提交国际仲裁，如**克罗地亚和斯洛文尼亚仲裁案**、**厄立特里亚/也门–红海主权与海洋划界仲裁案**等。但是，属事管辖范围或授权范围仅限有关《海洋法公约》解释或适用的法庭，无权处理混合争端中的岛屿归属事项。

---

① 例如，《海洋边界条约》第7条涉及“大日升特别体制”。在这个“特别体制区域”内，两国应在资源枯竭前依据《海洋法公约》第77条共同行使作为沿海国的权利。当特别体制停止生效时，两国将依据《海洋法公约》第77条并基于《海洋边界条约》所划定的大陆架界限，各自行使作为沿海国的权利。关于大日升油气田的开发，如果借助通往澳大利亚的管道，东帝汶可以获得80%的上游收益；如果借助通往东帝汶的管道，东帝汶可以获得70%的上游收益。《海洋边界条约》附件B详细规定了“大日升特别体制”，包括目标、产权与收益分成、税收、机构设置、争端解决、开发计划、油气管道、石油开采规章、合作与协调、海关与移民、刑事管辖等诸多事项；附件C列出了“特别体制区域”的具体坐标和示意图。

② JENNINGS R. Y. The Acquisition of Territory in International Law[M]. Manchester: Manchester University Press, 1963: 3.

③ 国际法院审理的岛屿归属案件主要包括：**明基埃和埃克荷斯群岛（法国/英国）**案，**利吉丹岛和西巴丹岛的主权归属（印度尼西亚/马来西亚）**案，**卡西基里/塞杜杜岛（博茨瓦纳/纳米比亚）**案，**白礁岛、中岩礁和南礁的主权归属（马来西亚/新加坡）**案等。还有一些岛屿归属问题是通过国际仲裁解决的，如**克利伯顿岛仲裁案（墨西哥诉法国）**、**帕尔马斯岛（或米昂阿斯岛）（荷兰/美国）仲裁案**、**阿根廷和智利比格尔海峡争端仲裁案**等。

02

第二章

海洋争端解决

国家之间的海洋争端若持续存在，可能会危及海上和平与安全。如今，和平解决国际争端的法律原则已深入人心，也延伸到了海洋争端解决领域。《联合国宪章》规定了和平解决国际争端的一般方法，包括谈判、调查、调停、调解等具有较强政治属性的非裁决性方法以及仲裁、司法解决等具有较强法律属性的裁决性方法。此外，还有其他一些国际涉海机制与方法，或者具有争端解决的类似功能，或者虽不具有法定的争端解决功能，但会对争端解决产生“隔墙”影响。《海洋法公约》确认了和平解决海洋争端的义务，并允许各缔约国在任何时候使用自行选择的任何和平方法解决有关《海洋法公约》解释或适用的争端。尽管《海洋法公约》当前拥有169个缔约国，获得了国际社会的广泛接受，但现实中发生的海洋争端并不总是有关《海洋法公约》解释或适用的争端。

在上一章讨论国际海洋争端之后，本章主要聚焦海洋争端解决的一般方面，包括海洋争端解决的基本原则（第一节）及基本方法（第二节）、《海洋法公约》框架下的争端解决（第三节）和《海洋法公约》框架外的争端解决（第四节）。

第一节 海洋争端的和平解决

战争作为推行国家政策的工具，在西方的历史进程中曾受过国际法的肯定。直到19世纪末第一次海牙和平会议召开，国际社会对以非和平（武力）方式解决国际争端的法律评价开始转向负面。经历1899年和1907年的两次海牙和平会议，和平解决国际争端逐渐成为国际社会的主流价值。二战结束后，《联合国宪章》对各国规定了禁止使用武力及和平解决国际争端的义务。《海洋法公约》及其后续的执行协定也对此予以呼应，重申了和平解决海洋争端的国际法义务。

一、和平解决国际争端原则的确立

1899年和1907年两次海牙和平会议所缔结的《和平解决国际争端公约》提出了和平解决国际争端的原则。[①]一战后，国际联盟成立，《国际联盟盟约》被赋予了实现“和平与安全”的使命，强调了“不诉诸战争的义务（【法】obligations de ne pas recourir à la guerre）”。[②]1928年通过的《凯洛格－白里安公约》明确规定放弃以战争作为推行国家政策的工具，并确立了以和平的方法解决国际争端或冲突的原则。[③]在这些努力下，国际联盟早期取得了一些成功，但仍未能阻止第二次世界大战的爆发。

二战后，联合国取代国际联盟，成为当今最大的由主权国家组成的政府间国际组织。联合国的宗旨之一，是“以和平方法且依正义及国际法之原则，调整或解决足以破坏和平之国际争端或情势”。[④]为落实这一宗旨，各会员国应以和平方法解决其国际争端，俾免危及国际和

---

① 1899年《和平解决国际争端公约》第1条、1907年《和平解决国际争端公约》第1条。

②《国际联盟盟约》序言。

③《凯洛格－白里安公约》第1条、第2条。

④《联合国宪章》第1条第1项。

平、安全及正义。[①]《联合国宪章》规定了禁止使用武力及和平解决国际争端的义务，还规定了和平解决国际争端的相关方法，包括“谈判（negotiation）、调查（enquiry）、调停（mediation）、和解（conciliation）、公断（arbitration）、司法解决（judicial settlement）、区域机关或区域办法之利用（resort to regional agencies or arrangements），或各该国自行选择之其他和平方法（other peaceful means of their own choice）”。[②]

二、和平解决海洋争端义务的重申

《海洋法公约》在序言中载明：各缔约国应本着以互相谅解和合作的精神解决与海洋法有关的一切问题的愿望，并且认识到本公约对于维护和平、正义和全世界人民的进步作出重要贡献的历史意义。[③]《海洋法公约》第十五部分“争端的解决”结合《联合国宪章》重申了用和平方法解决争端的义务：各缔约国应按照《联合国宪章》第 2 条第 3 项以和平方法解决它们之间有关本公约解释或适用的任何争端，并应为此目的以《联合国宪章》第 33 条第 1 项所指的方法求得解决。[④]《鱼类种群协定》和《海洋生物多样性协定》也重申了和平解决海洋争端的义务。[⑤]

---

①《联合国宪章》第2条第3项。

②《联合国宪章》第33条第1项。

③《海洋法公约》序言。

④《海洋法公约》第279条。

⑤《鱼类种群协定》第27条，《海洋生物多样性协定》第57条。

第二节 海洋争端解决的一般方法

美国法学家路易斯·亨金（Louis Henkin）曾指出："在国际关系中，文明的演进表现为从武力走向外交，从外交走向法律。"[①]《海洋法公约》充分肯定《联合国宪章》所指的争端解决方法：争端当事方有义务通过谈判（或协商）[②]、调查[③]、调停（或斡旋）[④]、和解（或调解）[⑤]、公断（或仲裁）[⑥]、司

① HENKIN L. How Nations Behave: Law and Foreign Policy[M]. 2nd ed. New York: Columbia University Press, 1979: 1.

②《联合国宪章》英文文本使用的是"negotiation"，法文文本使用的是"négociation"，中文文本对应的是"谈判"。笔者注意到，我国的相关对外政策文件中常使用"谈判"（英译本使用"negotiation"）、"双边谈判"、"谈判（与）协商"（英译本使用"negotiation and consultation"）等多种表述。据此，笔者认为，汉语中"谈判"与"协商"两个词在语义或语用上可能存在细微差别，但在我国目前的对外政策文件中，这种差别可能尚未构成具有法律意义或法律效果上的实质性差别。基于政策文件、语言习惯、行文方便等方面的考虑，笔者在后文中使用"谈判""谈判协商""谈判与协商"等词时，除另有特殊说明外，一般不作严格法律意义上的区分。

③《联合国宪章》英文文本使用的是"enquiry"，法文文本使用的是"enquête"，中文文本对应的是"调查"。

④《联合国宪章》英文文本使用的是"mediation"，法文文本使用的是"médiation"，中文文本对应的是"调停"。实践中，斡旋（good offices）与调停存在某些类似之处，二者的区别参见本章第二节。

⑤《联合国宪章》英文文本使用的是"conciliation"，法文文本使用的是"conciliation"，中文文本对应的是"和解"。值得注意的是，《海洋法公约》中文文本使用"调解"一词，如第284条。基于语言习惯、行文方便等方面的考虑，笔者在后文中采用《联合国海洋法公约》中的译法，使用"调解"这一表述。

⑥《联合国宪章》英文文本使用的是"arbitration"，法文文本使用的是"arbitrage"，中文文本对应的是"公断"。值得注意的是，《海洋法公约》中文文本（如第287条）以及当今的语言实践使用"仲裁"一词。基于语言习惯、行文方便等方面的考虑，笔者在后文中使用"仲裁"这一表述。

法解决[1]、区域机关或区域办法之利用[2]，或各方自行选择之其他和平方式解决争端。[3]《海洋法公约》允许各缔约国在任何时候使用协议自行选择任何和平方法，解决有关《海洋法公约》解释或适用的争端。[4]海洋争端解决的一般方法，理论上可以分为非裁决性方法（政治或外交方法）和裁决性方法（法律方法），也可以分为自愿性（voluntary）方法和强制性（compulsory）方法[5]。此外，一些国际涉海审议机制虽然不是严格意义上的争端解决机制，但它有时确实会对相关争端的发展走向和解决进程施加某些影响。

一、非裁决性方法

和平解决海洋争端的非裁决性（non-adjudicatory）方法，是指用第三方裁决性方法（法律方法）之外的政治或外交方法来解决海洋争端，主要包括谈判协商、调查、调停（或斡旋）、和解（或调解）等。非裁决性方法适用于各种不同类型的海洋争端解决。与裁决性方法相比，非裁决性方法让争端当事各方保留了更多的主动权和控制权。依据第三方是否介入，非裁决性方法在理论上还可以分为当事方自主解决的方法和第三方

---

① 《联合国宪章》英文文本使用的是"judicial settlement"，法文文本使用的是"règlement judiciaire"，中文文本对应的是"司法解决"。值得注意的是，尽管"公断（或仲裁）"与国际法院等机构的司法裁判在运行机制等方面存在某些类似之处，在理论上也可以被纳入广义的司法解决的范畴，但在《联合国宪章》第33条第1项的意义上，作为和平解决国际争端的方法，"公断（或仲裁）"与"司法解决"相并列，并不属于"司法解决"的范畴。

② 《联合国宪章》英文文本使用的是"resort to regional agencies or arrangements"，法文文本使用的是"recours aux organismes ou accords régionaux"，中文文本对应的是"区域机关或区域办法之利用"。

③ 《联合国宪章》第33条第1项。

④ 《海洋法公约》第280条。

⑤ 需要注意的是，自愿性方法可以产生具有法律拘束力的争端解决结果（如自愿仲裁、司法解决），强制性方法也可以产生不具有法律拘束力的争端解决结果（如《海洋法公约》框架下的强制调解）。

介入解决的方法。

（一）当事方自主解决：谈判协商

当事方自主解决的非裁决性方法，主要是谈判协商。谈判协商是两个或两个以上争端当事方为预防、减缓与管控和解决有关冲突、矛盾或争端而进行的直接对话和交换意见，包括澄清事实、阐明观点、消除隔阂和误会，以寻求当事各方都能接受的解决方法。谈判协商属于《联合国宪章》规定的和平解决国际争端的一般方法之一。一些国际条约也把谈判协商列为解决国际争端的主要手段。谈判协商作为一种争端解决与管理工具，在《海洋法公约》的多个条款中有所体现。例如，《海洋法公约》规定了交换意见的义务。①

谈判协商是各国在解决国际争端中最为常用的手段，也是最为灵活的争端处理手段。除解决争端外，谈判协商在争端预防、争端减缓与管控以及司法判决或仲裁裁决执行等方面也发挥着重要作用。例如，争端当事方可以通过事先的谈判协商，达成化解争端的协议。在争端最终解决前，当事方还可以通过谈判协商达成一些临时措施。②司法判决或仲裁裁决作出后，争端当事方有时还得就如何具体执行和落实判决或裁决的内容进行谈判协商。本书第三章将重点聚焦谈判协商在海洋争端解决中发挥的作用。

（二）第三方介入解决

调查、调停或斡旋、调解等都属于第三方介入解决的非裁决性方法。与第三方裁决性方法（仲裁和诉讼）相比，调查、调停或斡旋、调解等方法更加尊重争端当事双方的自主性和控制权，更注重缓和当事双方的对

① 《海洋法公约》第283条。

② 《海洋法公约》第74条、第83条。

立气氛，旨在促成当事双方就争端解决达成协议。

1. 调查

调查，或实况调查（fact-finding），是争端当事方因对构成争端解决基础的事实情况（factual circumstances）或技术事项（technical matters）发生争议或分歧而通过第三方机构或专家组（如调查委员会）查明争议事实（disputed facts）的争端解决方法。第三方主要对争端进行客观评估，帮助争端双方达成全面的解决办法。一旦第三方查明了争端的事实情况或技术事项，调查结果将作为争端双方通过进一步谈判达成和解的基础。

一些国际条约的争端解决条款中也有关于调查的规定。例如，《国际水道非航行使用法公约》规定，如果争端当事双方无法通过谈判协商等方式在6个月内解决争端，任何一方都可以将争端提交至“公正的实况调查（impartial fact-finding）”[①]。该公约还规定了实况调查委员会（fact-finding Commission）的组成、程序、工作方法、费用等。[②]

《海洋法公约》附件八特别仲裁同样有关于调查的规定。有关争端方对《海洋法公约》关于渔业、保护和保全海洋环境、海洋科学研究和航行（包括来自船只和倾倒造成的污染）的条款在解释或适用上发生争议时，争端各方可以请求特别仲裁庭进行调查，帮助确定引起争端的事实。除非争端各方另有协议，特别仲裁庭对事实的认定在争端各方之间应视为具备确定性。如经所有争端方请求，特别仲裁庭还可以拟具建议，但这种建议并无裁决的效力，只构成有关各方对引起争端的问题进行审查的基础。[③]《鱼类种群协定》也规定了如涉及技术性事项，有关各国可将争

---

①《国际水道非航行使用法公约》第33条第3款。

②《国际水道非航行使用法公约》第33条第4款至第9款。

③《海洋法公约》附件八第5条。

端提交至特设专家小组处理。该小组应与有关国家磋商，并设法在不采用具有约束力的解决争端程序的情况下迅速解决争端。[①]《海洋生物多样性协定》中也写入了类似的技术性争端解决的条款。[②]

海洋争端时常伴随事实分歧，其解决依赖科学或技术性事实的查明。在新加坡在柔佛海峡及其附近填海造地临时措施案（马来西亚诉新加坡）中，马来西亚认为新加坡的填海造地活动侵犯其在柔佛海峡及其附近的权利，依据《海洋法公约》附件七对新加坡提起强制仲裁。在仲裁庭组建期间，马来西亚声称新加坡的活动造成了海洋环境不可逆转的严重损害，严重侵犯了马来西亚的权利，向国际海洋法法庭请求对新加坡采取临时措施。然而，法庭并不认为马来西亚声称的事态已紧急到需要规定临时措施的程度，便组建一个独立的专家组研究填海造地活动并要求专家组提出建议措施。两国最后在专家组报告基础上就争端解决事项达成协议。

2. 调停或斡旋

调停或斡旋是指争端当事双方借助第三方的力量促成直接谈判以解决国际争端。第三方发挥积极协助当事双方解决争端的职能，可以主动提出对争端进行调停或斡旋，由争端当事双方决定是否接受，也可以在争端当事双方的邀请下介入争端进行调停或斡旋，由第三方决定是否接受邀请。调停或斡旋是一种推动当事双方进行谈判协商的争端解决方法，但不是第三方意见或建议的强加，对争端当事双方也不产生法律后果。

调停与斡旋的区别在于第三方是否介入争端双方的谈判并提出非正式的建议或方案。如果第三方以中间人身份介入争端双方的谈判，并基于当事双方提供的信息提出有利于双方达成妥协的非正式建议或方案，

①《鱼类种群协定》第29条。

②《海洋生物多样性协定》第59条。

就是调停。此时，第三方一般与争端双方交换意见，澄清事实和问题，提出非正式的争端解决建议或方案，作出临时安排等。如果第三方本身不参加争端双方的谈判，仅促成双方的直接谈判，就是斡旋。此时，第三方一般与争端每一方分别举行非正式会议，取得联系，了解立场，然后向争端中的另一方转达立场和关切，促使争端双方坐到谈判桌前。

一些国际条约的争端解决条款中也有关于调停或斡旋的规定，如《国际水道非航行使用法公约》[①]。实践中，联合国秘书长曾发挥过促进国际司法裁决履行的调停职能。例如，在**陆地和海洋边界（喀麦隆诉尼日利亚：赤道几内亚参加）**案中，联合国秘书长成立了一个混合委员会来推动国际法院相关裁决的履行。此外，联合国秘书长还发挥过作出有拘束力裁判的争端解决职能。例如，在**彩虹勇士号仲裁案（新西兰诉法国）**中，联合国秘书长曾被请求作出一个具有拘束力的裁判。

目前，当事双方通过第三方调停或斡旋的方法寻求海洋争端解决的实践尚不多见。伯利兹和危地马拉曾就两国边界划定问题诉诸第三方调停，但没有取得成功。后来，两国将争端提交至国际法院。截至 2022 年 10 月，**危地马拉领土、岛屿与海洋主张（危地马拉 / 伯利兹）**案仍在国际法院待审（pending）。

3. 调解

调解，是调解人（conciliator）或调解委员会（conciliation commission）作为第三方，对争端当事双方通过条约或协议提交的特定争端进行审查，协助双方确定争端解决的条件和方法，提出详细和正式的争端解决建议，供争端当事方考虑和采纳。调解委员会一般有固定的组织、工作方法和程序等，不仅调查争端的事实，还提出争端解决的具体建议，设法使争

---

①《国际水道非航行使用法公约》第 33 条第 2 款。

端当事方就解决争端达成协议。调解结果对争端当事方仅有道义上的拘束力。

《海洋法公约》争端解决机制中也有诉诸调解的规定。除自愿调解外,《海洋法公约》还规定了强制调解。《海洋法公约》附件五对这两种调解程序分别作出了规定。**1981 年冰岛与挪威关于扬马延岛大陆架争端**是为数不多的诉诸调解的海洋争端解决实践。**东帝汶和澳大利亚帝汶海强制调解案**是《海洋法公约》框架下强制调解的首次尝试和初步实践,也是目前唯一的实践。本书第四章将重点聚焦《海洋法公约》框架下的两种调解程序。

二、裁决性方法

和平解决国际争端的裁决性(adjudicatory)方法,又称法律方法,是指用仲裁或司法诉讼的方法来解决国际争端。与调查、调停或斡旋、调解等第三方非裁决性方法相比,第三方裁决性方法有相对完善的组织机构和比较固定的程序规则,仲裁裁决和司法判决对争端当事方有法律拘束力。第三方裁决性方法可追溯至 18 世纪的国际仲裁。到了 20 世纪,随着常设国际法院、国际法院、国际海洋法法庭等司法机构的建立,通过司法诉讼解决国际争端也兴盛起来。

(一)仲裁

仲裁,是争端当事方依据仲裁条款或协议将争端提交至通过选任仲裁员而组建的仲裁庭来裁决并承诺接受裁决结果约束的争端解决方法。[1]与诉讼程序相比,争端当事各方在仲裁程序中拥有相对较多的自主性和私密性。国家之间的现代国际仲裁可追溯至 1794 年英国与美国缔结

① 仲裁或类似仲裁的做法古已有之。古印度、古希腊、早期伊斯兰世界以及中世纪欧洲等都有仲裁的做法。我国自古也有类似“仲裁”的方式来处理邻里乡间发生的争议。

的《友好通商航海条约》[①]，推动了19世纪国际仲裁在西方世界的发展。1872年美国与英国的**阿亚拉巴玛号索赔仲裁**（Alabama Claims Arbitration 1872）[②]标志着国际仲裁发展到另一个决定性阶段。到了19世纪末，使用特设仲裁庭来解决国际争端已经成为西方世界广泛使用的国际习惯。根据1899年第一次海牙和平会议通过的《和平解决国际争端公约》，常设仲裁法院（Permanent Court of Arbitration）于1900年在荷兰海牙成立。

在长期的历史实践中，国际仲裁都是基于国家同意的自愿管辖。只有争端当事双方订立仲裁协定或者接受国际条约中的仲裁条款，相关争端才能提交至仲裁解决。值得注意的是，国际仲裁的管辖权是否应该具有强制性，从19世纪末以来就争议不断。在1899年第一次海牙和平会议期间，俄国代表就指出，“在把国际仲裁引入到国家的国际交往生活时，我们对此必须保持极大的注意，避免不合理地扩大其适用范围，导致从中所激发出来的信心受到动摇，或者导致仲裁在各国政府与人民眼中丧失信誉”。[③]德国代表也认为，“从国家之间的和平角度来看，在国际

① 《友好通商航海条约》（The Treaty of Amity, Commerce, and Navigation），简称《杰伊条约》（Jay Treaty），由英美两国于1794年签署。尽管英美两国已在1783年签署了《巴黎条约》（Treaty of Paris），英国承认了美国的独立，但两国当时并未实现真正的和平。后在《杰伊条约》的框架下，英美两国采用国际仲裁的方法，以解决相关争端，缓和双边关系，避免出现战争。根据该条约，两国选取人数相同的国民组成混合委员会，解决几个悬而未决的问题。

② 1861年至1865年美国南北战争期间，英国宣布对这场战争保持中立。后来，美国发现南方邦联海军在内战中使用了许多来自英国的军舰，要求英国对提供船只的英国公司采取行动，但英国未予理会。美国认为英国违反了中立协议，要求英国赔偿。此案仲裁的焦点问题是：英国在中立协议下是否保持了中立？英国是否应向美国承担赔偿责任？仲裁庭认为，一国不能用国内法来规避国际责任，每个国家都有责任保护国内法，但不应逃避国际责任。仲裁庭最后裁定，英国未能遵守中立协议，需向美国以黄金的形式赔偿1550万美元。

③ Explanatory Note concerning Article 10 of the Russian draft[M]//SCOTT J B. The reports to the Hague Conferences of 1899 and 1907, Oxford: Clarendon Press,1917: 99.

法中过快地引入强制仲裁，可能带来的危险多于优点”。[1]在国际仲裁随后的发展进程中，强制仲裁虽被少数国际公约所引入，但并未在国际仲裁制度中取得主流地位。毕竟，强制仲裁没有充分尊重争端当事一方的意愿，有可能造成裁决结果不被接受，进而导致国际争端解决的失败。

《海洋法公约》也把仲裁列为一种争端解决方法，包括一般仲裁、附件七仲裁和附件八特别仲裁，旨在裁决有关《海洋法公约》解释或适用的争端。尽管将附件七仲裁设置为具有强制性的保底选项是《海洋法公约》最具特色的制度设计之一，但《海洋法公约》争端解决机制是一个兼具雄心与务实，自愿与强制、原则与例外相平衡的复杂机制，不应将其简化为强制仲裁。本书第七章将重点聚焦《海洋法公约》框架下的一般仲裁、附件七仲裁和附件八特别仲裁。

（二）司法解决

司法解决是指由国际法院、国际海洋法法庭等司法机构审理争端当事方提交的争端，并作出具有法律拘束力的判决。与仲裁相比，司法解决的法院或法庭是事先成立的固定组织，不是因案临时组成的。法院或法庭的法官由定期选举产生，不由争端当事方逐案选任。法院或法庭的管辖权限、程序与制度也通常是事先规定的。

二战后由联合国创设的国际法院（International Court of Justice），取代了之前的常设国际法院（Permanent Court of International Justice），成为联合国最主要的司法机关。随着《海洋法公约》的通过和生效，国际海洋法法庭（International Tribunal for the Law of the Sea）成立。国际法院一般被认为具有普遍管辖权，理论上可以审理争端当事方提交的任何案件，

---

① Report to the Conference from the Third Commission on Pacific Settlement of International Disputes [M]// ROSENNE S. The Hague Peace Conferences of 1899 and 1907 and International Arbitration:Reports and Documents, The Hague: T.M.C. Asser Press, 2001: 48.

既包括海洋争端（如海洋划界），也包括领土主权争端（如岛屿归属）。国际海洋法法庭则是依据《海洋法公约》创设的专门国际法庭，通常被认为授权裁决有关《海洋法公约》解释或适用的海洋争端。国际法院具有争端解决和咨询两项主要职能，依据国际法解决各国向其提交的法律争端，对获得正当授权的联合国机关和联合国系统内的其他机构提交的法律问题发表咨询意见。国际海洋法法庭也具有争端解决和咨询两项职能，但《海洋法公约》仅明示授予其海底争端分庭咨询管辖的职能，没有明示授予法庭全庭（full tribunal）这一职能。然而，国际海洋法法庭在**次区域渔业委员会请求咨询意见案（向法庭请求）**中不顾一些《海洋法公约》缔约国的反对，强行"捍卫"法庭全庭的咨询管辖职能。新近达成的《海洋生物多样性协定》首次赋予了国际海洋法法庭全庭咨询管辖权，并明确了咨询管辖的属事范围。[①]本书第五章、第六章将分别聚焦国际法院、国际海洋法法庭在海洋争端解决中的作用和实践。

三、其他机制与方法

这里所指的其他机制与方法，是指具有争端解决类似功能或者虽不具有法定的争端解决功能但会对争端解决产生"隔墙"影响的机制与方法。这些机制与方法类型多样，其中不少都与第三方机构（如专家组、委员会等）审查或审议事项相关。例如，依据《南太平洋公海渔业资源养护和管理公约》第 17 条第 5 款及其附件二设立的专家审议组（Review Panel）程序就是其中的典型例子。实践中，由常设仲裁法院担任该专家审议组程序的书记官处。截至目前，该程序已审议处理了 2 个案件，即 2013 年**依据《南太平洋公海渔业资源养护和管理公约》建立的专家审议**

① 《海洋生物多样性协定》第47条第7款。

组（俄罗斯反对竹筴鱼养护与管理措施）案以及 2018 年依据《南太平洋公海渔业资源养护和管理公约》建立的专家审议组（厄瓜多尔反对竹筴鱼养护与管理措施）案。

国际司法机构的咨询程序在严格意义上并不属于争端解决的范畴，但它可能会演变成争端解决宏观进程中的战略支点，为有关国家在未来启动特定的争端解决程序、解决潜在的涉海争端埋下伏笔。一些国际法义务，特别是一般性义务（general obligation），通常具有宽阔的解释空间（broad scope for interpretation），例如《海洋法公约》第 192 条规定的保护和保全海洋环境的义务。由此便产生了通过咨询程序向国际司法机构请求阐明具体义务内容的机会。一些国家通过串联、组团等方式积极策动国际法院、国际海洋法法庭等司法机构对特定问题发表咨询意见。实践中，提交咨询的问题往往在表述上经过精心设计并暗藏玄机，呈现出高度的复杂性、诱导性，还可能与潜在的争端相关联。这就使得各国都高度重视国际司法机构的咨询程序，基于自身利益的考量以及潜在争端的评估，积极提交书面意见，参加口头陈述。尽管国际法院、国际海洋法法庭等司法机构发表的咨询意见并不具有法律拘束力，但它仍具有重要的政治和舆论影响力，并可能会影响着争端解决的宏观进程。

此外，有的国家还曾利用大陆架界限委员会的审议机制，试图影响相关争端的发展走向与解决进程。大陆架界限委员会（简称委员会）是《海洋法公约》创设的三大机构之一，旨在确定从领海基线量起 200 海里以外大陆架的外部界限。委员会应就有关划定大陆架外部界限的事项向沿海国提出建议（recommendations），沿海国在这些建议的基础上划定的大陆架界限应有确定性和拘束力。[1]截至 2023 年 6 月，委员会已收到

①《海洋法公约》第 76 条第 8 款。

103 个外大陆架划界案（含 10 个修正划界案）。其中，有的国家通过拆分单一国家划界案、反复提交修正划界案等方式，试图维护或拓展自身的海洋利益，并牵动着相关海洋争端的发展走向。委员会现有的议事规则确立了“有争议、不审议”的原则。如果已存在陆地或海洋争端，委员会不应审议和认定争端任一当事国提出的划界案。[①] 在实践中，仍有一些争端当事方向委员会提交涉及相关海洋争议的外大陆架划界案，如 2009 年 5 月马来西亚和越南联合提交的外大陆架划界案、2019 年 12 月马来西亚提交的外大陆架划界案等，意在影响相关争端的发展走向与解决进程。

① 《大陆架界限委员会议事规则》附件一第 5 条第 a 项。

第三节 《海洋法公约》框架下的争端解决

争端解决机制条款，往往是国际条约的重要组成部分。尽管强制性争端解决程序（特别是强制仲裁）是《海洋法公约》最具特色也是国际法上较为少见的制度设计之一，但《海洋法公约》争端解决机制不应被简化为强制性争端解决程序。在《海洋法公约》的缔约谈判期间，一些国家坚持认为解决争端的最好方法是国家之间直接谈判协商，原则上都反对具有法律拘束力的第三方裁决性方法；然而，另有一些国家鉴于谈判协商的失败教训以及一些争端长期得不到解决的历史情形，坚持认为各国在缔约时愿意接受司法机构裁决的法律约束是和平解决争端的唯一可靠机会。于是，《海洋法公约》的缔约谈判就产生了综合各种方法的新机制。

《海洋法公约》的争端解决机制主要集中在第十五部分。在结构上，《海洋法公约》第十五部分共设置了三节，涵盖 21 个条款（第 279 条至第 299 条）。《海洋法公约》附件五、附件六、附件七和附件八则涉及更为具体的争端解决程序。《海洋法公约》的其他部分也存在一些与争端解决相关的条款，如《海洋法公约》第十一部分（“区域”）第五节（争端的解决和咨询意见）。作为《海洋法公约》的执行协定，《鱼类种群协定》和《海洋生物多样性协定》也都包含争端解决条款。

一、框架体系

《海洋法公约》第十五部分规定的争端解决程序，意在平衡争端解决方式的自由选择与强制性争端解决程序的必要使用。其中，第一节为一般规定，主要是自愿性方法和程序的相关规定，第二节主要是强制性争端解决程序的相关规定，第三节主要规定了强制程序的限制与例外。此外，《海洋法公约》附件五（调解）、附件六（国际海洋法法庭规约）、附件七（仲裁）和附件八（特别仲裁）也涉及争端解决程序。

（一）自愿性争端解决程序

《海洋法公约》第十五部分第一节为一般规定，其中对自愿性方法和程序作出了一些规定。使用和平手段解决海洋争端，是《海洋法公约》规定的一项基本义务。各缔约国应按照《联合国宪章》第 2 条第 3 项以和平方法解决它们之间有关《海洋法公约》解释或适用的任何争端，并以《联合国宪章》第 33 条第 1 项所指的方法求得解决。[①]《海洋法公约》允许各缔约国在任何时候使用协议自行选择任何和平方法，解决有关《海洋法公约》解释或适用的争端。[②]据此，国家依然掌控着如何解决争端的权力。

作为有关《海洋法公约》解释或适用的争端各方的缔约各国，如已协议用自行选择的和平方法来谋求解决争端，则只有在诉诸这种方法而仍未得到解决以及争端各方间的协议并不排除任何其他程序的情形下，才适用第十五部分所规定的程序。[③]换言之，《海洋法公约》第十五部分相关程序的适用必须满足两个条件：一是争端当事各方须用尽所有基于共同协议的争端解决程序；二是共同协议须没有排除《海洋法公约》下的其他程序。另外，倘若争端当事各方就时限（time-limit）问题也达成了协议，只有该时限届满时前述规定才能适用。[④]

《海洋法公约》第十五部分第一节对来自一般性、区域性或双边协定的义务也作出了安排。作为有关《海洋法公约》解释或适用的争端各方的缔约各国，如已通过一般性、区域性或双边协定，或以其他方式协议，经争端任何一方请示，应将这种争端提交至导致有拘束力裁判的程序，

---

①《海洋法公约》第 279 条。

②《海洋法公约》第 280 条。

③《海洋法公约》第 281 条第 1 款。

④《海洋法公约》第 281 条第 2 款。

该程序应代替《海洋法公约》第十五部分规定的程序而适用，除非争端各方另有协议。①

此外，《海洋法公约》第十五部分第一节还规定了交换意见的义务（obligation to exchange views）②、自愿调解（voluntary conciliations）③等。

（二）强制性争端解决程序

《海洋法公约》第十五部分第二节规定了导致有拘束力裁判的强制程序。如果有关《海洋法公约》解释或适用的争端在诉诸《海洋法公约》第十五部分第一节规定的一般方法后仍未得到解决且在第三节（适用第二节的限制和例外）的限制下，争端一方可以在签署、批准或加入《海洋法公约》之时或在其后任何时间，以书面声明的方式选择根据第二节具有管辖权的法院或法庭解决有关争端。这里供争端当事方备选的争端解决机构包括：按照《海洋法公约》附件六设立的国际海洋法法庭、国际法院、按照《海洋法公约》附件七组成的仲裁庭以及按照《海洋法公约》附件八组成的特别仲裁庭。④未被生效声明所覆盖的争端一方，应视为已接受《海洋法公约》附件七所规定的仲裁。⑤如果争端各方已接受同一争端解决程序，除各方另有协议外，争端仅可提交该程序。⑥如果争端各方未接受同一争端解决程序，除各方另有协议外，争端仅可提交《海洋法公约》附件七所规定的仲裁。⑦实践中，《海洋法公约》部分缔约国依据《海洋法公约》第287条提交了相关声明，在按照《海洋法公约》附件六设立

①《海洋法公约》第282条。

②《海洋法公约》第283条。

③《海洋法公约》第284条。

④《海洋法公约》第286条、第287条第1款。

⑤《海洋法公约》第287条第3款。

⑥《海洋法公约》第287条第4款。

⑦《海洋法公约》第287条第5款。

的国际海洋法法庭、国际法院、按照《海洋法公约》附件七组成的仲裁庭、按照《海洋法公约》附件八组成的特别仲裁庭之间，对程序及其顺位作出了选择。

即使《海洋法公约》缔约国没有依据第 287 条提交相关声明，除争端当事方另有协议，国际海洋法法庭对临时措施（provisional measures）的请求[①]以及船只和船员迅速释放（prompt release）的请求[②]也拥有强制管辖权。在实践中，国际海洋法法庭受理的相当数量的案件都是临时措施案和迅速释放案。

《海洋法公约》还对有关法院或法庭的管辖权作出了规定，包括自裁管辖权。相关法院或法庭对向其提交的有关《海洋法公约》解释或适用的任何争端，应具有管辖权[③]，对按照与《海洋法公约》目的有关的国际协定向其提交的有关该协议解释或适用的任何争端，也应具有管辖权。[④]国际海洋法法庭海底争端分庭和《海洋法公约》第十一部分第五节所指的任何其他分庭或仲裁庭对按照《海洋法公约》第十五部分第二节向其提出的任何事项，应具有管辖权。[⑤]如果争端当事各方对法院或法庭是否具有管辖权发生争议，这一问题应由该法院或法庭以裁定解决。[⑥]

对于涉及科学或技术问题的争端，相关法院或法庭可以在当事一方的请求下或依据其职权自行决定（【拉】*proprio motu*）并与争端各方协商后，选择科学或技术专家列席法院或法庭。[⑦]

---

①《海洋法公约》第290条第5款。
②《海洋法公约》第292条第1款。
③《海洋法公约》第288条第1款。
④《海洋法公约》第288条第2款。
⑤《海洋法公约》第288条第3款。
⑥《海洋法公约》第288条第4款。
⑦《海洋法公约》第289条。

关于法律适用，《海洋法公约》规定相关法院或法庭应适用本公约和其他与本公约不相抵触的国际法规则（other rules of international law not incompatible with this Convention）。如经当事各方同意，相关法院或法庭还可以按照“公允及善良”原则（【拉】*ex aequo et bono*）对案件作出裁判。

此外，《海洋法公约》第十五部分第二节还规定了使用程序的机会（access）①、初步程序（preliminary proceedings）②、用尽当地补救办法（exhaustion of local remedies）③以及裁判的确定性和拘束力（finality and binding force of decisions）④等。

（三）强制程序的限制和例外

《海洋法公约》第十五部分第三节规定了强制程序的限制和例外，主要包括自动性例外（automatic exceptions）和任择性例外（optional exceptions）。第三节首先在第297条重申了《海洋法公约》强制性管辖权的法律体制⑤，旨在强调《海洋法公约》第十五部分作为一个整体的综合性。

《海洋法公约》框架下争端解决的强制性程序具有两个重要的自动性例外。其一，涉及海洋科学研究（marine scientific research）的有关《海洋法公约》条款解释或适用的争端，原则上应依据《海洋法公约》第十五部分第二节解决，但对两种特定情形所引起的争端，沿海国没有义务同意将其提交至强制性争端解决程序。这两种特定情形包括：一是沿海国依据《海洋法公约》第246条行使权利或斟酌决定权；二是沿海国依据《海

①《海洋法公约》第291条。
②《海洋法公约》第294条。
③《海洋法公约》第295条。
④《海洋法公约》第296条。
⑤《海洋法公约》第297条第1款。

洋法公约》第 253 条决定暂停或停止一项研究计划。[①]其二，涉及渔业（fisheries）的有关《海洋法公约》条款解释或适用的争端，原则上应依据《海洋法公约》第十五部分第二节解决，但对任何有关专属经济区内生物资源主权权利或其行使（包括确定可捕量、捕捞能力、其他国家的剩余量分配以及资源养护和管理的法律和规章中所订条款和条件的斟酌决定权）的争端，沿海国没有义务同意将其提交至强制性争端解决程序。[②]这种自动性例外的设置，折射出在专属经济区开展海洋科学研究活动以及渔业活动的特别敏感性。沿海国在这些事项上拥有较大的斟酌裁量权。有关沿海国在其专属经济区对海洋科学研究以及渔业事项行使斟酌裁量权的争端，不适用于强制性争端解决程序。此外，《海洋法公约》在海洋科学研究以及渔业事项上还设置了强制调解制度（即《海洋法公约》附件五第二节调解）。[③]实践中，自动性例外的适用也遇到了一些挑战。例如，**渔业管辖权（西班牙诉加拿大）**案表明，渔业争端也可能会涉及专属经济区与公海的跨界鱼类种群。公海渔业事项受制于《海洋法公约》强制性争端解决程序，而在专属经济区的鱼类种群管理则不易受到强制程序的影响。尽管区分公海渔业与专属经济区渔业很有必要，但在实践中对跨界鱼类种群进行这种分离较难实现。这就提出了强制程序的自动性例外是否应予适用的问题。

在《海洋法公约》框架下，争端解决的强制程序还有一些任择性例外。《海洋法公约》缔约国可以选择提交声明，对四类特定争端不接受强制性争端解决程序。这四类争端包括：一是关于海洋划界的争端；二是涉

---

①《海洋法公约》第 297 条第 2 款第 a 项。

②《海洋法公约》第 297 条第 3 款第 a 项。

③《海洋法公约》第 297 条第 2 款第 b 项、第 3 款第 b 项。

及历史性海湾或所有权（title）的争端；三是关于军事活动的争端及关于行使主权权利或管辖权的法律执行活动的争端；四是正由联合国安理会执行《联合国宪章》所赋予的职务的争端。[①]其中，关于海洋划界的争端以及涉及历史性海湾或所有权的争端作为任择性例外，可以摆脱《海洋法公约》第十五部分第二节下的强制性争端解决程序；然而，如果争端各方在合理期间内仍无法达成协议，这些争端就会受制于《海洋法公约》附件五第二节下的强制调解制度。不过，如果争端必然涉及对有关大陆或岛屿陆地领土主权或其他权利的任何未决争端的并行考虑，则该争端不应提交强制调解程序。[②]另外，如一个缔约国已作出任择性例外的声明，其他缔约国可针对该国，把属于例外范围之内的任何争端（any dispute falling within an excepted category）提交至声明中指明的程序。[③]在实践中，《海洋法公约》部分缔约国依据《海洋法公约》第 298 条提交了任择性例外声明，阐明不接受《海洋法公约》第十五部分第二节强制程序的争端类型。

东帝汶和澳大利亚帝汶海强制调解案以及**北极日出号仲裁案**（**荷兰诉俄罗斯**）对任择性例外进行了一些阐述。**扣留三艘乌克兰海军船只临时措施案**（**乌克兰诉俄罗斯**）提出了“军事活动”的认定问题，争端双方争议的核心是俄罗斯的行动是否构成“依据《海洋法公约》第 298 条下的声明可以豁免管辖的军事活动”。法庭认为，围绕无害通过的对抗应被视为航行事项而非有关军事活动的事项，故俄罗斯的行动不属于军事活动。法庭还认为，俄罗斯暂时中止无害通过属于执法活动而非军事活动。

---

①《海洋法公约》第298条第1款。

②《海洋法公约》第298条第1款第a项第i目。

③《海洋法公约》第298条第4款。

《海洋法公约》还规定了争端各方议定程序的权利。依据《海洋法公约》第 297 条自动性例外或依据《海洋法公约》第 298 条任择性例外范围之内的争端，可以提交至争端当事各方议定同意的程序。[①]

此外，《海洋法公约》第十五部分第一节框架下的第 281 条（争端各方在争端未得到解决时所适用的程序）以及第 282 条（来自一般性、区域性或双边协定的义务），也可能成为第二节框架下强制程序的“间接”例外。例如，在**南方蓝鳍金枪鱼仲裁案（澳大利亚／日本；新西兰／日本）**中，仲裁庭认为，澳大利亚、日本和新西兰于 1993 年缔结的《南方蓝鳍金枪鱼养护公约》（Convention for the Conservation of Southern Bluefin Tuna）第 16 条[②]排除了《海洋法公约》第 281 条第 1 款意义上的“任何其他程序（any further procedure）”。[③]然而在另外一些案件中，仲裁庭却得出相反的结论。

（四）《海洋法公约》中其他涉及争端解决的条款

《海洋法公约》中有关争端解决的条款主要集中在第十五部分，但其他部分的条款也会涉及争端解决的一些方面。

---

① 《海洋法公约》第 299 条第 1 款。

② Article 16 of Convention for the Conservation of Southern Bluefin Tuna (1993) reads as follows: "1. If any dispute arises between two or more of the Parties concerning the interpretation or implementation of this Convention, those Parties shall consult among themselves with a view to having the dispute resolved by negotiation, inquiry, mediation, conciliation, arbitration, judicial settlement or other peaceful means of their own choice.
2. Any dispute of this character not so resolved shall, with the consent in each case of all parties to the dispute, be referred for settlement to the International Court of Justice or to arbitration; but failure to reach agreement on reference to the International Court of Justice or to arbitration shall not absolve parties to the dispute from the responsibility of continuing to seek to resolve it by any of the various peaceful means referred to in paragraph 1 above.
3. In cases where the dispute is referred to arbitration, the arbitral tribunal shall be constituted as provided in the Annex to this Convention. The Annex forms an integral part of this Convention

③ *Southern Bluefin Tuna Case between Australia and Japan and between New Zealand and Japan*, Award on Jurisdiction and Admissibility, Decision of 4 August 2000, RIAA, Vol. XXIII, pp.1-57 at p.44, para.59.

《海洋法公约》第十一部分第五节涉及"区域"制度下的争端解决与咨询意见，包括国际海洋法法庭海底争端分庭的设立及其行使管辖权的方式[①]、海底争端分庭的管辖权[②]、争端提交国际海洋法法庭特别分庭或海底争端分庭专案分庭或提交有拘束力的商业仲裁[③]、在国际管理局所作决定方面管辖权的限制[④]、担保缔约国的参加程序与出庭[⑤]和咨询意见[⑥]。

《海洋法公约》还讨论了争端管理方面的内容。例如，在减缓与管控争端方面，《海洋法公约》规定海岸相向或相邻的国家间专属经济区、大陆架的界限，应在国际法的基础上以协议划定，以便得到公平解决。在此协议达成之前，有关各国应基于谅解和合作精神，尽一切努力作出实际性的临时安排，并在此过渡期间内，不危害或阻碍最后协议的达成。这种安排应不妨害最后界限的划定。[⑦]

《海洋法公约》第300条还有关于善意（good faith）履行义务与禁止权利滥用的规定。[⑧]这一规定也适用于禁止争端解决程序的滥用。然而在实践中，特别是在强制仲裁程序中，这一原则并没有得到仲裁庭的足够重视。

二、比照适用

《海洋法公约》及其附件在多处提出了程序的比照（【拉】*mutatis*

---

①《海洋法公约》第186条。

②《海洋法公约》第187条。

③《海洋法公约》第188条。

④《海洋法公约》第189条。

⑤《海洋法公约》第190条。

⑥《海洋法公约》第191条。

⑦《海洋法公约》第74条第1款、第3款；第83条第1款、第3款。

⑧《海洋法公约》第300条。

mutandis）[①]适用。例如，《海洋法公约》第十五部分第一节适用于依据第十一部分第五节（“区域”框架下的争端解决和咨询意见）应按照本部分规定的程序解决的任何争端。缔约国以外的实体（entities other than states Parties）如为这种争端的一方，第十五部分第一节比照适用。[②]《海洋法公约》附件七的规定应比照适用于涉及缔约国以外的实体的任何争端。[③]《海洋法公约》附件七第 4 条至第 13 条比照适用于按照《海洋法公约》附件八的特别仲裁程序。[④]《海洋法公约》第十五部分比照适用于争端一方或多方是国际组织的本公约缔约各方间的任何争端。[⑤]

《海洋法公约》执行协定也规定了争端解决程序的比照适用。例如，根据《鱼类种群协定》，《海洋法公约》第十五部分就解决争端订立的各项规定比照适用于《鱼类种群协定》缔约国之间有关本协定的解释或适用的一切争端，不论它们是否为《海洋法公约》的缔约国。[⑥]《海洋法公约》第十五部分就解决争端订立的各项规定比照适用于《鱼类种群协定》缔约国之间有关它们为当事方的有关跨界鱼类种群和高度洄游鱼类种群的分区域、区域或全球渔业协定的解释或适用的一切争端，包括有关养护和管理这些种群的任何争端，不论它们是否为《海洋法公约》的缔约国。[⑦]

其他国际涉海公约也有争端解决程序比照适用的条款。例如，《南太平洋公海渔业资源养护和管理公约》第 34 条规定了争端解决。缔约方应为避免争端进行合作，并应尽最大努力通过友好方式解决争端，包括当

① 在有的国际条约中也被译为“经必要修改后”。
②《海洋法公约》第285条。
③《海洋法公约》附件七第13条。
④《海洋法公约》附件八第4条。
⑤《海洋法公约》附件九第7条第2款。
⑥《鱼类种群协定》第30条第1款。
⑦《鱼类种群协定》第30条第2款。

争端为技术性事项时，将该争端提交给特别专家小组。若争端仍未解决，《鱼类种群协定》第八部分（和平解决争端）应比照适用于缔约方之间的任何争端。[①]《〈防止倾倒废物及其他物质污染海洋的公约〉1996年议定书》《保护水下文化遗产公约》等也有争端解决程序比照适用的规定。[②]

国际司法实践中也有程序的比照适用情形。例如，在**"杜兹吉特·廉正"号仲裁案（马耳他诉圣多美和普林西比）**中，马耳他依据《海洋法公约》第287条对圣多美和普林西比提起仲裁。争端当事双方随后达成协议，仲裁庭由仲裁员3人[③]组成，《海洋法公约》附件七第3条比照适用。

程序的比照适用似乎暗含了程序可以经必要修改后再适用之意，但比照适用可以容纳多大程度的程序修改，在实践中仍是一个尚未明确的问题。值得注意的是，与《鱼类种群协定》不同，新近达成的《海洋生物多样性协定》在争端解决部分取消了程序的比照适用，明确规定"应按照（in accordance with）《公约》第十五部分规定的争端解决条款，解决关于本协定解释或适用的争端。"[④]

---

① 《南太平洋公海渔业资源养护和管理公约》第34条第1款、第2款。

② 《〈防止倾倒废物及其他物质污染海洋的公约〉1996年议定书》第16条第3款、《保护水下文化遗产公约》第25条第3款。

③ 《海洋法公约》附件七第3条原则上要求仲裁庭由仲裁员5人组成，当事双方另有协议除外。

④ 《海洋生物多样性协定》第60条第1款。

第四节 《海洋法公约》框架外的争端解决

如今,《海洋法公约》拥有 169 个缔约国,获得了国际社会的广泛接受,但现实中发生的海洋争端并不总是与《海洋法公约》的解释或适用相关。《海洋法公约》也提及了“一般国际法的规则和原则”,并尊重其他国际组织及其他法律文书。本节所指的“《海洋法公约》框架外”,主要涉及习惯国际法在《海洋法公约》生效前以及《海洋法公约》非缔约国情形下的适用、其他国际公约的适用,以及国内司法程序的关联。[①]

一、《海洋法公约》生效前

《海洋法公约》生效前,国际涉海司法实践所反映出的习惯国际法对海洋争端解决发挥着重要作用。国际法院自 1946 年成立以来,审理了不少涉及海洋争端和海洋法问题的案件,形成了丰富的司法实践。例如,国际法院在 1951 年**渔业(英国诉挪威)**案中推动了“直线基线规则”纳入国际海洋法。国际法院在 1969 年**北海大陆架(联邦德国/丹麦;联邦德国/荷兰)**案中指出,“陆地是一国对其领土向海延伸部分行使权力的法律来源”。[②]这条法律原则被概括为“陆地统治海洋原则”,后被国际司法或仲裁机构在海洋划界案件中反复提及。[③]1958 年《领海及毗连区公约》以及 1982 年《海洋法公约》的起草者都借鉴了国际法院的判例。这里需

---

① 值得强调的是,习惯国际法的适用并不以《海洋法公约》的不适用为条件。即使某个争端案件适用《海洋法公约》,习惯国际法依然会发挥难以替代的作用。

② “This is one of the reasons why the Court does not consider that markedly pronounced configurations can be ignored; for, since **the land is the legal source of the power which a State may exercise over territorial extensions to seaward**, it must first be clearly established what features do in fact constitute such extensions. ” *See North Sea Continental Shelf*, Judgment, I.C.J. Reports 1969, p. 3. at p. 51, para. 96.

③ FIETTA S, CLEVERLY R. Practitioner’s Guide to Maritime Boundary Delimitation[M]. Oxford: Oxford University Press, 2016: 27.

要指出的是，在《海洋法公约》生效后，国际法院作为《海洋法公约》争端解决程序中的备选争端解决机构之一，并没有停止海洋争端解决的司法实践，习惯国际法也继续发挥着难以替代的作用。

二、《海洋法公约》非缔约国

尽管《海洋法公约》获得了国际社会的普遍接受，但仍有一些国家游离于《海洋法公约》之外。[①]实践中，国际法院曾审理过争端当事一方不是《海洋法公约》缔约国的海洋法案件。在这些案件中，国际法院通常把《海洋法公约》和习惯国际法进行关联，声称适用符合《海洋法公约》精神的习惯国际法。例如，国际法院在**领土和海洋争端（尼加拉瓜诉哥伦比亚）**案中指出，哥伦比亚不是《海洋法公约》缔约国，因此本案适用的法律是习惯国际法。[②]其他类似案件还包括**海洋划界和领土问题（卡塔尔诉巴林）**案[③]、**海洋争端（秘鲁诉智利）**案[④]等。国际仲裁中也有一些涉及《海洋法公约》非缔约国的实践。在**厄立特里亚/也门-红海主权与海洋划界仲裁案**中，虽然厄立特里亚不是《海洋法公约》的缔约国，但仲裁庭认为，许多习惯国际法的相关要素已经融入《海洋法公约》的相应规定中。

---

① 例如，美国将《海洋法公约》视为国际习惯法的表达，至今也未批准加入。1983年里根政府《美国海洋政策》宣称，美国将“在世界范围内以与《海洋法公约》所反映的利益平衡相一致的方式”行使和宣示航行与飞越权利与自由。

② “The Parties agree that, since **Colombia is not a party to UNCLOS**, only customary international law may apply in respect to the maritime delimitation requested by Nicaragua. The Parties further agree that the applicable law in the present case is **customary international law reflected in the case law of this Court, the International Tribunal for the Law of the Sea (ITLOS) and international arbitral courts and tribunals**.” *See Territorial and Maritime Dispute (Nicaragua v. Colombia)*, Judgment, I.C.J. Reports 2012, p.624 at p.666, para.14.

③ 本案中，卡塔尔不是《海洋法公约》缔约国。

④ 本案中，秘鲁不是《海洋法公约》缔约国。

三、其他国际条约

现代海洋法是一个开放包容的体系，涵盖《海洋法公约》、其他涉海国际法律文书以及习惯国际法。《海洋法公约》是国际海洋法治发展的重要里程碑，但并不构成国际海洋法的全部。《海洋法公约》在序言中清晰地载明："未予规定的事项，应继续以一般国际法的规则和原则为准据。"《海洋法公约》多次提及"通过主管国际组织"采取行动，要求"符合一般接受的国际规章"，也显示《海洋法公约》对其他国际组织及其他法律文书的尊重。《海洋法公约》第282条关于来自一般性、区域性或双边协定规定的义务，实际上也涉及《海洋法公约》之外其他国际条约的适用。

与海洋争端解决相关的其他国际条约主要包括《国际捕鲸公约》《防止倾倒废物及其他物质污染海洋的公约》《〈防止倾倒废物及其他物质污染海洋的公约〉1996年议定书》《南极海洋生物资源养护公约》《生物多样性公约》①《保护水下文化遗产公约》《南太平洋公海渔业资源养护和管理公约》等。《国际捕鲸公约》《防止倾倒废物及其他物质污染海洋的公约》《南极海洋生物资源养护公约》等国际条约的缔结早于《海洋法公约》的达成，其中的相关条款（包括争端解决）便没有涉及《海洋法公约》相关问题。相比之下，《〈防止倾倒废物及其他物质污染海洋的公约〉1996年议定书》《生物多样性公约》《保护水下文化遗产公约》《南太平洋公海渔业资源养护和管理公约》等国际条约的缔结晚于《海洋法公约》的达

① 《生物多样性公约》于1992年6月通过，1993年12月生效。我国于1992年6月签署，1993年1月批准加入，1993年12月生效。《生物多样性公约》作为一项生物多样性保护的综合性条约，既适用于陆地部分，也适用于海洋部分。目前各方的分歧点在于，《生物多样性公约》是否适用于"国家管辖范围以外区域（area beyond the limits of national jurisdiction）"。笔者于2022年3月在瑞士日内瓦参加《生物多样性公约》"2020年后全球生物多样性框架"不限成员名额工作组第3次会议以及科学、技术和工艺咨询事务附属机构第24次会议（SBSTTA 24）的磋商进程中注意到，有关缔约国对《生物多样性公约》第4条（管辖范围）的解释存在分歧。

成，其中的相关条款（包括争端解决）专门考虑到了与海洋法以及《海洋法公约》相衔接的问题。[①]

国际法院也曾审理过不涉及《海洋法公约》适用的海洋法案件。例如，国际法院2014年判决的**南极捕鲸（澳大利亚诉日本：新西兰参加）**案主要涉及1946年《国际捕鲸公约》相关条款。其他类似案件还包括**出入太平洋协谈义务案（玻利维亚诉智利）**、**航行权利和相关权利争端（哥斯达黎加诉尼加拉瓜）**案等。

四、国内司法程序

海洋争端的解决在某些情形下还可能涉及国内司法程序。例如，在沿海国法律和规章的执行方面，沿海国行使其勘探、开发、养护和管理在专属经济区内的生物资源的主权权利时，可采取为确保其依照《海洋法公约》制定的法律和规章得到遵守所必要的措施，包括登临、检查、逮捕和进行司法程序。[②]《海洋法公约》关于“用尽当地补救办法”的规定，实际上也隐含着用尽国内司法程序的要求。缔约国间有关《海洋法公约》解释或适用的任何争端，仅在依照国际法的要求用尽当地补救办法后，才可提交《海洋法公约》第十五部分第二节规定的程序。[③]

---

① 具体如《〈防止倾倒废物及其他物质污染海洋的公约〉1996年议定书》第16条第2款，《生物多样性公约》第22条第2款，《保护水下文化遗产公约》第3条及第25条第3款，《南太平洋公海渔业资源养护和管理公约》第33条第1款及第34条第2款、第3款。

②《海洋法公约》第73条第1款。

③《海洋法公约》第295条。

03 第三章

谈判协商与海洋争端解决

谈判（negotiation）或协商（consultation）是两个或两个以上争端当事方为预防、减缓与管控和解决有关冲突、矛盾或争端而进行的直接对话和交换意见，包括澄清事实、阐明观点、消除隔阂和误会，以寻求当事各方都能接受的解决方法。谈判协商由争端当事各方直接接触并掌控整个争端管理与解决过程，没有第三方的参与或介入，突出了当事各方的自主性和控制权，保密性强。这种解决方法有利于增进争端当事各方彼此理解，缓和紧张气氛，强化沟通合作，维持友好关系，有效地保障争端解决成果获得各方的尊重、遵守和执行。在实践中，一些海洋争端正是通过直接谈判协商的方式得以有效解决的。实际上，谈判协商是一种贯穿全阶段、全过程的争端管理与解决工具：作为一种独立的争端管理与解决工具，谈判协商不仅发挥着争端解决的功能，还在争端预防、争端减缓与管控等方面发挥着重要作用；作为一种辅助的争端管理与解决工具，谈判协商也在调解、仲裁、诉讼等第三方程序中发挥着不可替代的作用。谈判协商属于《联合国宪章》规定的和平解决国际争端的一般方法之一，在《海洋法公约》的多个条款中也有所体现。

本章主要聚焦作为海洋争端管理与解决工具的谈判协商，首先探讨谈判协商在海洋争端管理与解决中的独立价值，包括它在争端预防、争端减缓与管控以及争端解决过程中所发挥的功能（第一节），然后讨论谈判协商在海洋争端管理与解决中的辅助地位，包括它在调解、仲裁、诉讼等第三方程序中的作用（第二节）。

第一节 谈判协商的独立价值

谈判协商是各国解决海洋争端最为常用的手段，也是最为灵活的争端管理工具。谈判协商本身是一种海洋争端解决的方法，在海洋争端管理与解决的不同阶段发挥不同的作用。作为一种独立工具，谈判协商不仅发挥着争端解决的功能，还在争端预防、争端减缓与管控等方面也发挥着重要作用。

一、争端预防方面

争端预防是争端管理的一个重要方面。及时化解海上分歧，抑制海洋争端向负面发展，有利于维护海上的和平与安宁。争端当事各方可以通过事先的谈判协商消除分歧，达成化解与预防争端的协议。许多国际涉海条约都为缔约各国（各方）设置了预防争端（prevent disputes）的合作义务。例如，《鱼类种群协定》要求缔约各国为预防争端开展合作。为此，各国应在分区域和区域渔业管理组织和安排内议定（agree on）迅速而有效地作出决定的程序，并应视需要加强现有的作出决定的程序。①这里的“议定”一词，显示出谈判协商在争端预防方面发挥的作用。《海洋生物多样性协定》同样要求缔约各方开展合作，以防止争端。②《南太平洋公海渔业资源养护和管理公约》也要求缔约各方应为避免争端进行合作，并应尽最大努力通过友好方式解决争端。③而这种为预防争端而开展合作的义务，通常都离不开争端当事各方之间的谈判协商。

---

①《鱼类种群协定》第28条。

②《海洋生物多样性协定》第56条。

③《南太平洋公海渔业资源养护和管理公约》第34条第1款、第2款。

二、争端减缓与管控方面

在争端最终解决前，当事各方可以通过谈判协商达成临时性方案或措施，使争端得到最大程度的减缓和管控。即使争端无法通过谈判协商获得充分解决，争端当事各方也可以通过谈判协商达成一个部分的或临时的争端解决方案。例如，在专属经济区和大陆架划界协议达成之前，有关各国应基于谅解和合作精神，尽一切努力作出实际性的临时安排（provisional arrangements of a practical nature），并在此过渡期间内，不危害或阻碍最后协议的达成。[①]《鱼类种群协定》也规定，争端各方在争端解决之前应尽量达成切实可行的临时安排。[②]《海洋生物多样性协定》中也有类似的规定。[③]这种临时安排，有利于管控分歧、减缓争端。例如，在东帝汶与澳大利亚海洋划界争端解决之前，两国就曾缔结《帝汶海特定海上安排条约》。

此外，争端当事各方还可以通过谈判协商在争议海域达成海洋环境保护、海洋科学研究、海上航行与交通安全、海上搜寻与救助、打击海上犯罪、油气资源共同开发等方面的合作协议，或者通过谈判协商承诺当事各方共同保持自我克制，不采取使争议复杂化、扩大化和影响和平与稳定的行动等。这些通过谈判协商达成的措施与安排，都有助于海洋争端的减缓与管控。

三、争端解决方面

谈判协商是各国解决海洋争端最为常用的手段。一些国际条约明确

---

①《海洋法公约》第74条第1款、第3款；第83条第1款、第3款。

②《鱼类种群协定》第31条。

③《海洋生物多样性协定》第61条。

把谈判协商列为独立解决国际争端或海洋争端的重要手段之一。[1]有的国际条约允许各缔约国(缔约方)在任何时候使用协议自行选择任何和平方法(any peaceful means)解决相关海洋争端[2]，或要求各缔约国(缔约方)尽最大努力通过友好方式(amicable means)解决争端[3]。这里的“任何和平方法”“友好方式”的表述虽然比较笼统，但理论上也应包括谈判协商。《海洋法公约》还规定了交换意见的义务。如果缔约国之间对《海洋法公约》的解释或适用发生争端，争端各方应迅速就以谈判或其他和平方法解决争端一事交换意见。如果解决这种争端的程序已经终止，而争端仍未得到解决，或已达成解决办法，而情况要求就解决办法的实施方式进行协商时，争端各方也应迅速着手交换意见。[4]另外，《海洋法公约》还对来自一般性、区域性或双边协定(general, regional or bilateral agreement)的义务作出了安排。作为有关《海洋法公约》解释或适用的争端各方的缔约各国如已通过一般性、区域性或双边协定，或以其他方式协议，经争端任何一方请求，应将这种争端提交导致有拘束力裁判的程序，该程序应代替《海洋法公约》第十五部分规定的程序而适用，除非争端各方另有协议。[5]这种“一般性、区域性或双边协定”，本身也是争端当事各方事先谈判协商的结果。

通过谈判协商解决海洋争端的国际实践有很多。例如，经过多年的

---

①《联合国宪章》第33条第1项、《海洋法公约》第279条、《鱼类种群协定》第27条、《〈防止倾倒废物及其他物质污染海洋的公约〉1996年议定书》第16条第1款、《南极海洋生物资源养护公约》第25条第1款、《保护水下文化遗产公约》第25条第1款、《生物多样性公约》第27条第1款等。

②《海洋法公约》第280条。

③《南太平洋公海渔业资源养护和管理公约》第34条第1款。

④《海洋法公约》第283条。

⑤《海洋法公约》第282条。

和平谈判，马来西亚和文莱于 2009 年成功达成协议，解决了两国长期存在的陆地和海洋争端。

谈判协商对海洋划界具有特别重要的意义。《海洋法公约》第 15 条、第 74 条和第 83 条，结合习惯国际法都将协议划界置于了优先地位。谈判协商使争端当事各国对划界相关事项的处理保留一定的控制权，包括已划定界限的精确位置、界限的定义方式、达成协议的时机和条件等。因此，在处理海洋划界问题时，首要问题就是是否存在有效的划界协议。只有当不存在有效的划界协议时，其他争端解决方法（如第三方裁决程序或方法）才适用。实践中，争端当事各国之间是否存在有效的划界协议，有时也会成为争议的焦点，如几内亚和几内亚比绍海洋边界划界仲裁案、孟加拉湾海洋边界划界争端（孟加拉国／缅甸）案、格陵兰和扬马延之间区域海洋划界（丹麦诉挪威）案、陆地和海洋边界（喀麦隆诉尼日利亚：赤道几内亚参加）案、海洋争端（秘鲁诉智利）案等。

第二节 谈判协商的辅助作用

即使在调解、仲裁、诉讼等第三方程序中，谈判协商也发挥着不可替代的辅助作用，以协助争端当事各方推进或终止第三方争端解决程序，具体包括程序启动前的谈判协商、程序进展中的谈判协商以及程序终止后的谈判协商。

一、程序启动前

如果争端当事方无法通过谈判协商全面解决争端，它们还可以就设法解决争端的适当方法进行谈判协商。例如，当事各方同意诉诸调解、仲裁或司法解决等第三方介入的争端解决程序。此时，当事各方可以进行谈判协商，确定争端解决的适当机构或程序，明确争端的性质以及提交第三方机构的事项。谈判协商的结果，往往是争端当事各方达成的、启动第三方程序的特别协议（special agreement/【法】compromis）。

《海洋法公约》规定了争端各方在争端未得到解决时所适用的程序。争端当事各方可以通过谈判协商自行达成协议，选择任何和平方法谋求争端解决。如果使用双方选择的方法仍未解决争端且自行达成的协议没有排除任何其他程序，《海洋法公约》第十五部分相关程序才可以适用。[①]另外，争端当事各方还可以就“仍未解决争端”的时限问题进行谈判协商，达成协议。只有双方协议规定的时限届满时，《海洋法公约》第十五部分相关程序才可以适用。[②]

①《海洋法公约》第281条第1款。
②《海洋法公约》第281条第2款。

二、程序进展中

第三方程序启动后，争端当事各方还可以继续通过谈判协商推进或终止这一程序。例如，在强制仲裁的程序进程中，仲裁庭的组建以及仲裁员的任命，仍需要争端当事双方的谈判协商。原则上，《海洋法公约》附件七仲裁庭应由仲裁员5人组成。不过，争端当事双方可以就仲裁员的人数问题进行谈判协商，另行达成协议。[①]在**“杜兹吉特·廉正”号仲裁案（马耳他诉圣多美和普林西比）**中，马耳他与圣多美和普林西比就通过谈判协商达成了协议，组建了由3名仲裁员组成的仲裁庭。在**新加坡在柔佛海峡及其附近填海造地仲裁案（马来西亚诉新加坡）**中，马来西亚与新加坡在仲裁程序进行过程中达成了“解决协议”。后来，附件七仲裁庭依据“解决协议”作出双方议定的仲裁裁决，并将“解决协议”附在仲裁裁决之后。在强制调解的程序进程中，争端当事双方仍可以通过谈判协商达成争端解决方案。在**东帝汶和澳大利亚帝汶海强制调解案**中，东帝汶一开始请求调解委员会解决“涉及《海洋法公约》第74条和第83条关于划定东帝汶与澳大利亚之间专属经济区和大陆架（包括设立两国永久性海洋边界）解释和运用的争端”。随着调解程序的发展，两国通过谈判协商达成新协议，请求调解委员会再处理一些海洋资源治理的事项。两国在调解委员会最终发布“报告和建议”之前，还达成了《海洋边界条约》，加速了有关海洋争端的解决进程。在国际法院的程序进程中，争端当事双方还可以通过谈判协商终止法院程序。在**几内亚比绍和塞内加尔间海洋划界（几内亚比绍诉塞内加尔）**案中，几内亚比绍和塞内加尔在案件审理期间通过谈判协商达成了争议海域渔业和大陆架资源的共同开发协议，并同意终止国际法院的程序。

---

①《海洋法公约》附件七第3条。

三、程序终止后

第三方程序终止后，争端当事各方有时还得就如何具体执行和落实判决或仲裁裁决的内容进行谈判协商。这一点在海洋划界争端中体现得最为明显。海洋划界的判决或仲裁裁决不仅涉及法律问题，还会涉及具体的技术事项。在有关海洋划界的司法判决或仲裁裁决作出后，技术专家（technical experts）有必要对判决或仲裁裁决的解释和执行提供协助。在海洋争端（秘鲁诉智利）案中，国际法院没有给出两国海上边界的具体坐标，仅给出了计算边界的详细说明以及供争端双方参考的草图，希望两国秉持睦邻友好的精神根据判决确定具体坐标。这就需要两国技术专家通力合作，展开技术性磋商，以确定海上边界的具体坐标。

04

第四章

调解与海洋争端解决

调解（conciliation）是调解人或调解委员会对争端当事双方提交的争端进行事实调查，提出争端解决的具体建议，设法使当事双方就争端解决达成协议的争端解决方法。调解与仲裁或司法程序，都属于第三方介入的争端解决方法。但相比之下，调解更加尊重争端当事双方的自主性和控制权，更加缓和当事双方的对立气氛，旨在促成当事双方就争端解决达成协议。调解结果对争端当事双方没有法律上的拘束力，仅有道义上的拘束力。调解（和解）属于《联合国宪章》规定的和平解决国际争端的一般方法之一。《海洋法公约》《生物多样性公约》等国际法律文书在争端解决部分都有关于调解的规定。除自愿调解外，《海洋法公约》还规定了强制调解。《海洋法公约》附件五提供了一个现成的自愿调解程序，对强制调解程序也作出了规定。在实践中，一些海洋争端通过调解的方式得到了解决，其中包括强制调解程序的运用。

本章主要聚焦《海洋法公约》意义上的调解，包括自愿调解（第一节）和强制调解（第二节）。

第一节　自愿调解

自愿调解属于传统意义上的调解。争端另一方的明示同意，是构成自愿调解的关键。《海洋法公约》第 284 条主要规定了自愿调解。《海洋法公约》附件五第一节规定的调解程序，可以视为一个现成的（ready-made）自愿调解程序，供争端当事各方选择使用。

一、基本制度与程序

（一）基本制度

为解决有关《海洋法公约》解释或适用的争端，当事一方可以邀请另一方按照《海洋法公约》附件五第一节规定的程序或另外的调解程序，将争端提交调解。[①]如果争端当事另一方同意接受调解的邀请，当事各方应继续对适用的调解程序达成协议；如果协议成功达成，争端便可提交调解。[②]如果争端当事另一方不接受调解的邀请，或者当事各方未能就调解的程序达成协议，调解应被视为终止。[③]争端一旦提交调解后，调解仅能依据调解协议规定的程序终止，除非争端各方另有协议。[④]

（二）《海洋法公约》附件五第一节规定的程序

如果争端当事另一方同意接受调解的邀请，当事各方可以就适用的调解程序达成任何协议。为便于调解的进行，《海洋法公约》附件五第一节提供了一个现成的自愿调解程序，供争端当事各方选择使用。换言之，《海洋法公约》附件五第一节规定的自愿调解程序不是唯一的程序；争端当事各方还可以通过协议选择或达成其他的自愿调解程序。这意味

① 《海洋法公约》第 284 条第 1 款。
② 《海洋法公约》第 284 条第 2 款。
③ 《海洋法公约》第 284 条第 3 款。
④ 《海洋法公约》第 284 条第 4 款。

着，争端当事各方既可以选择《海洋法公约》附件五第一节提供的现成程序，也可以达成通过协议选择或达成其他程序。《海洋法公约》附件五第一节还赋予了争端各方修改程序的权利，围绕特定争端量身定做一个调解程序。[①]

需要指出的是，《海洋法公约》附件五第一节提供的调解程序，可以用于自愿调解，但这并不意味着它仅对自愿调解作出了规定。根据《海洋法公约》附件五第 14 条，《海洋法公约》附件五第一节中的若干条款，也为第二节的强制调解程序提供规则支撑。

如果争端各方同意按照《海洋法公约》第 284 条将争端提交《海洋法公约》附件五第一节规定的调解程序，其任何一方可向争端另一方发出提起程序的“书面通知”。[②]在调解委员会组建以前，缔约国首先应提名调解员。每名调解员应拥有公平、才干和正直的最高声誉。联合国秘书长应编制并存有一份“调解员名单（list of conciliators）”。每一缔约国有权提名最多 4 名调解员，列入“调解员名单”。如果某一缔约国提名的调解员在“调解员名单”中少于 4 名，该缔约国有权按需增补。如果缔约国决定撤回对某一调解员的提名，只要被撤回的调解员在调解程序完毕前继续在其被指派服务的调解委员会中工作，该调解员在撤回前仍应列入“调解员名单”。[③]

调解委员会一般应由调解员 5 人组成，但涉及多方调解（multiparty conciliation）的情形除外。[④]提起程序的争端当事一方应指派 2 名调解员，并且最好从“调解员名单”中选派，其中 1 名可为其本国国民，除非争端

①《海洋法公约》附件五第10条。

②《海洋法公约》附件五第1条。

③《海洋法公约》附件五第2条。

④《海洋法公约》附件五第3条第a项。

各方另有协议。这种指派应列入提起调解程序的“书面通知”。①争端另一方在收到“书面通知”后的21日内应指派2名调解员。若在该期限内未予指派，在自愿调解的情况下，提起程序的一方可在该期限届满后的一周内向对方发出终止调解程序的通知；在强制调解的情况下，提起程序的一方可请联合国秘书长指派。②在4名调解员被全部被指派完毕之日起的30日内，应从“调解员名单”中指派第5名调解员，由其担任主席。如果在该期限内未予指派，争端任何一方可在该期限届满后的一周内请联合国秘书长指派。③联合国秘书长应在收到前述两种情况的指派请求后的30日内，同争端各方协商，从“调解员名单”中作出必要的指派。④如果调解员出现任何空缺，应以最初指派所规定的方式补缺。⑤此外，以协议确定拥有同一利益（same interest）的两个或两个以上的争端方，应共同指派2名调解员。若它们拥有彼此独立利益（separate interests）或者对是否拥有同一利益发生分歧，则应分别指派调解员。⑥

调解委员会一旦组建，便有权确定调解程序，如会面、听证等。经争端各方同意，调解委员会可邀请任何缔约国向该委员会提出口头或书面意见。调解委员会关于程序问题、报告和建议的决定，应以调解员的过半数票作出。⑦调解委员会可提请争端各方注意便于友好（amicable）解决争端的任何措施。⑧调解委员会应听取争端各方的陈述，审查其权利

①《海洋法公约》附件五第3条第b项。

②《海洋法公约》附件五第3条第c项。

③《海洋法公约》附件五第3条第d项。

④《海洋法公约》附件五第3条第e项。

⑤《海洋法公约》附件五第3条第f项。

⑥《海洋法公约》附件五第3条第g项。

⑦《海洋法公约》附件五第4条。

⑧《海洋法公约》附件五第5条。

主张和反对意见，并向争端各方提出建议，以便达成友好解决。[①]实践中，信任建设措施（confidence-building measures）对调解的成功往往发挥着重要作用。

调解委员会应于成立后12个月内提出报告（report）。报告应载明所达成的任何协议；若不能达成协议，则应载明调解委员会对有关争端事项的一切事实问题或法律问题的结论及其可能认为适当的友好解决建议。报告应交存于联合国秘书长，并应由其立即分送争端各方。[②]调解委员会的报告，包括其结论或建议，对争端各方应无拘束力。[③]调解委员会的费用和开支应由争端各方负担。[④]

在争端已经得到解决，或争端各方已书面通知联合国秘书长接受报告的建议，或一方已通知联合国秘书长拒绝接受报告的建议，或从报告送交争端各方之日起3个月期限届满时，调解程序即告终止。[⑤]

二、有关海洋争端解决的实践

尽管《海洋法公约》第284条规定了自愿调解程序，但在实践中这一条款并没有被正式地启动过。[⑥]在《海洋法公约》达成之前，**1981年冰岛与挪威关于扬马延岛大陆架争端**是为数不多的诉诸自愿调解的海洋争端解决实践。1980年，冰岛和挪威设立调解委员会，为冰岛与扬马延岛之间的大陆架划界提供建议。为作出结论，调解委员会考虑了国际法院

①《海洋法公约》附件五第6条。

②《海洋法公约》附件五第7条第1款。

③《海洋法公约》附件五第7条第2款。

④《海洋法公约》附件五第9条。

⑤《海洋法公约》附件五第8条。

⑥ 笔者认为，原因可能在于《海洋法公约》第284条意义上的调解是完全自愿的，有关争端当事各方也可以依据《联合国宪章》或习惯国际法在《海洋法公约》框架之外自由地选择调解作为海洋争端解决的方法，而没有必要一定依赖《海洋法公约》第284条的规定。

1969 年北海大陆架（联邦德国 / 丹麦；联邦德国 / 荷兰）案、当时《海洋法公约》草案中的规定以及关于划定边界线和共同开发与合作协议的国际实践。两国随后接受了调解委员会的建议，缔结条约结束争端。[①]

① *Conciliation Commission on the Continental Shelf Area Between Iceland and Jan Mayen: Report and Recommendations to the Governments of Iceland and Norway*, Decision of June 1981, RIAA, Vol. XXVII, 1981, pp.22-24; MERRILLS J G. International Dispute Settlement[M]. 5th ed. Cambridge: Cambridge University Press, 2011: 65.

第二节　强制调解

与自愿调解相比，强制调解可以由争端当事一方单方启动。收到强制调解通知的争端另一方有义务接受这一程序。[①]《海洋法公约》第 297 条和第 298 条规定了强制调解的属事管辖范围，包括特定条件下的海洋科学研究争端、海洋渔业争端以及关于海洋划界的争端和涉及历史性海湾或所有权的争端。《海洋法公约》附件五第二节规定了强制调解程序。不过，《海洋法公约》附件五第一节（自愿调解）下的若干条款也被第二节（强制调解）所共享。[②]换言之，《海洋法公约》意义上的强制调解，既是一种强制性的争端解决方法，也是一种与传统的自愿调解存在某种制度共享的特殊调解。《海洋法公约》附件五第一节不仅提供了一个现成的自愿调解程序，还对第二节的强制调解程序发挥重要的规则支撑作用。一旦强制调解程序被启动，它就将遵循《海洋法公约》附件五规定的程序进行，但争端当事各方也有权依据《海洋法公约》附件五第 14 条并结合第 10 条另行商议强制调解的程序。强制调解的强制性，主要体现在争端各方参与程序的义务性上。**东帝汶和澳大利亚帝汶海强制调解案**[③]是《海洋法公约》强制调解制度的首次尝试和初步实践，目前也是唯一实践，

---

①《海洋法公约》附件五第11条第2款。

②《海洋法公约》附件五第14条。

③ 本案由常设仲裁法院担任调解程序的书记官处。常设仲裁法院网站的案件主页（pca-cpa.org/en/cases/132/）使用“东帝汶诉澳大利亚（Timor-Leste v. Australia）”，而常设仲裁法院正式发布的文件，如“Decision on Australia’s Objections to Competence”“Commission Report and Recommendations”等，则使用“东帝汶和澳大利亚（Timor-Leste and Australia）”。笔者认为，“东帝汶诉澳大利亚”与“东帝汶和澳大利亚”展现了强制调解程序的不同面向，前者侧重争端双方启动程序的主动与被动关系，后者侧重争端双方在程序进展中的平等地位。本书主要聚焦强制调解的过程，在涉及案件名称时依据常设仲裁法院正式发布的文件使用“东帝汶和澳大利亚（Timor-Leste and Australia）”，如“Timor Sea Conciliation between Timor-Leste and Australia”。

受到国际社会的关注。

一、基本特征

（一）制度特性

东帝汶和澳大利亚帝汶海强制调解案在一定程度上展示了强制调解的制度特性。调解委员会在该案中指出，强制调解程序“建立了一个中立的（neutral）委员会，听取当事方的声音，审查当事方的主张和异议，向当事方提议，或以其他方式协助当事方友好地（amicable）解决争端。调解并不是一项裁决程序（not an adjudicatory proceeding），调解委员会也无权对当事方施加一个具有法律约束力的解决方案（nor ... a legally binding solution）；相反，调解委员会可以向当事方提出建议（recommendations）”①，“……在程序上，调解试图把调停人（mediator）的职能与调查（inquiry）委员会更加主动、更加客观的角色相结合”②。据此，强制调解的制度特性可以归纳为如下五点：

1. 中立性

与自愿调解程序相同，强制调解程序也需要建立一个中立的调解委员会。值得注意的是，在仲裁或司法裁决程序中，当判决或仲裁裁决内容的全部或部分不能反映出全体法官或仲裁员的一致意见时，相关法官或仲裁员有权发表个别意见（separate opinion）或反对意见（dissenting opinion）。相比之下，调解程序没有为调解员公开反对其他调解委员会成员的意见提供程序空间。因此，调解委员会中各方所指派的调解员能否

---

① *Timor Sea Conciliation between Timor-Leste and Australia*, PCA, Commission Report and Recommendations, para.51.

② *Timor Sea Conciliation between Timor-Leste and Australia*, PCA, Commission Report and Recommendations, para.52.

在一起和谐地工作并形成统一意见，是一个值得关注的问题。

2. 非对抗性

与对抗性较强的强制仲裁或司法解决相比，强制调解程序意在协助争端当事方友好地解决争端。调解的非对抗性（non-adversarial）有助于争端各方走到一起，促进彼此之间的理解，形成一个相互受益、彼此接受的争端解决结果。

3. 非裁决性

虽然强制调解程序也属于第三方争端解决方法，但它不属于裁决性程序。各方在调解委员会以及调解程序中促进彼此信任的努力、调解事项申请范围的灵活调整、调解委员会提出观点并指导程序进展的积极努力，以及争端各方代表与顾问在不同工作层面持续性、非正式性接触等因素，都促成了争端解决的建设性成果，而这些因素在国际法院、国际海洋法法庭或附件七仲裁等裁决性程序中难以出现。

4. 非拘束性

调解委员会在强制调解程序中提出的解决方案不具有法律拘束力，仅具有建议性质。[①]

5. 混合性

强制调解程序既吸收了调停的部分职能，也借鉴了调查委员会的部分角色。

（二）程序特征

《海洋法公约》附件五第二节的相关规定以及**东帝汶和澳大利亚帝汶海强制调解案**展示出，强制性与灵活性的统一是强制调解最为突出的程序特征。在**东帝汶和澳大利亚帝汶海强制调解案**中，调解委员会主

① 《海洋法公约》附件五第7条第2款。

席 2016 年 9 月 21 日致信争端当事双方时指出："我认为，（调解）程序成功的关键，是当事双方不受诉讼式（litigation-style）立场和声明的束缚。我将尽最大努力向前推动一个灵活（flexible）且开明（open-minded）的（沟通）方式，使当事双方能随心所欲地探索可能的道路，可以不用担心这样的灵活以后会让自己受限。调解委员会在发挥作用时同样也会在程序的组织上保持灵活，尽力满足当事方的愿望，尽量听取当事方的建议。"①尽管《海洋法公约》附件五第二节为强制调解设置了一个僵硬的程序框架，但是《海洋法公约》附件五第 5 条授权调解委员会可以"提请争端各方注意任何便于友好解决争端的措施"，象征着处于调解核心地位的"灵活的务实主义（flexible pragmatism）"②。

1. 强制性

强制调解的强制性主要体现在：

一是强制参与。收到强制调解通知的争端一方有义务接受这一程序。③这一特征与《海洋法公约》附件七仲裁的程序相类似。④

二是强行推进。即使争端一方或数方对提起程序的通知不予答复或不接受强制调解程序，也不阻碍程序的继续推进。⑤这一特征也与《海洋法公约》附件七仲裁程序中关于不到案的处理相类似。⑥另外，争端另一方在收到强制调解通知后应指派 2 名调解员。如果争端另一方没有在规

---

① *Timor Sea Conciliation between Timor-Leste and Australia*, PCA, Commission Report and Recommendations, para.90.

② *Timor Sea Conciliation between Timor-Leste and Australia*, PCA, Commission Report and Recommendations, para.62.

③《海洋法公约》附件五第 11 条第 2 款。

④《海洋法公约》第 287 条第 3 款。

⑤《海洋法公约》附件五第 12 条。

⑥《海洋法公约》附件七第 9 条。

定的期限内指派，提起程序的一方可请联合国秘书长指派。[①]

三是设定时限。除当事双方同意延长外，调解委员会原则上应于成立后（或管辖权决定作出后）的 12 个月内提出报告。[②]与此相对，《海洋法公约》并没有对附件七仲裁设定程序的完成时限。在**东帝汶和澳大利亚帝汶海强制调解案**中，12 个月起算的确切日期，被调解委员会设定为作出管辖权决定之日。对调解程序施加时间压力，会使调解员采取更加积极主动（proactive）的方法处理争端。争端当事各方也会意识到，如果不能在 12 个月内达成协议，可能会面对一份不利的调解报告与建议。

四是自裁管辖。对调解委员会的管辖权异议依然由委员会自己加以解决。[③]这一特征也与《海洋法公约》第十五部分第二节“导致有拘束力裁判的强制程序”中关于自裁管辖权（Competence-Competence/【德】Kompetenz-Kompetenz）的规定相类似。[④]

2. 灵活性

强制调解的灵活性主要体现在：

一是灵活处理信息披露。在**东帝汶和澳大利亚帝汶海强制调解案**中，为推动争端当事双方充分参与程序，调解委员会通过的《程序规则》设置了一些保密条款[⑤]，让当事方掌控信息与文件的披露。同时，委员会也意识到公众以及利益攸关方的知情权很重要，采取一些措施向公众通报调解程序的进展，例如，委员会对公开的听证会进行网络直播，定期发布

①《海洋法公约》附件五第3条第c项。

②《海洋法公约》附件五第7条、第14条；*Timor Sea Conciliation between Timor-Leste and Australia*, PCA, Commission Report and Recommendations, paras.4 and 110.

③《海洋法公约》附件五第13条。

④《海洋法公约》第288条第4款。

⑤ *Timor Sea Conciliation between Timor-Leste and Australia*, PCA, Rules of Procedure, Annex 8 to Report and Recommendations, Articles 16 and 18(6).

新闻通稿，确保一定程度的信息透明。[①]

二是灵活安排沟通方式。在东帝汶和澳大利亚帝汶海强制调解案中，当事双方商定，调解委员会可以与任何一方单独会晤。在实践中，委员会与当事方的会晤几乎都是单独的。委员会还指出，与当事各方进行的最重要的讨论，似乎都是在没有双方在场的环境下举行的。[②]当事双方还商定，不仅委员会可以与任何一方会晤，委员会成员个人也可以这样做，并向委员会作汇报。委员会认为，这样的灵活安排，不仅能使委员会利用两次会议的间隙，与当事方通过电话或电子邮件举行定期、非正式的讨论，还方便了委员会与各方领导人进行小规模、非正式的零散讨论。[③]

三是灵活把握法律问题。在东帝汶和澳大利亚帝汶海强制调解案中，调解委员会在程序中遇到的一个问题，就是应在多大程度上处理国际法的相关问题。考虑到《海洋法公约》第 74 条、第 83 条及其附件五第 7 条的规定，委员会认为，与当事方就海洋划界的法律观点进行交流，不可能是不妥的。[④]同时，委员会还认为，与当事方沟通法律立场也不是理所当然的，但可以在促成争端友好解决的意义上沟通这些事项。另外，委员会还附带说明，它不鼓励当事方之间达成一个与《海洋法公约》或其他国际法规定不相符合的协议。[⑤]

---

① *Timor Sea Conciliation between Timor-Leste and Australia*, PCA, Commission Report and Recommendations, paras.60-61.

② *Timor Sea Conciliation between Timor-Leste and Australia*, PCA, Commission Report and Recommendations, para.57.

③ *Timor Sea Conciliation between Timor-Leste and Australia*, PCA, Commission Report and Recommendations, para.58.

④ *Timor Sea Conciliation between Timor-Leste and Australia*, PCA, Commission Report and Recommendations, para.69.

⑤ *Timor Sea Conciliation between Timor-Leste and Australia*, PCA, Commission Report and Recommendations, para.70.

四是灵活增加调解事项。东帝汶和澳大利亚帝汶海强制调解案在强制调解框架下的解决，一定程度上仍高度依赖于当事双方的意愿。实际上，在《海洋法公约》第 298 条第 1 款第 a 项第 i 目的框架下，海洋划界是强制调解程序的启动事由之一，而油气资源治理事项本身并不能单独地导致强制调解程序的启动。但是，委员会考虑到案情的特殊性，在当事双方的同意下把海洋划界问题与油气资源治理问题紧密地捆绑在一起，以此方法期待海洋划界争端的最后解决。笔者认为，这在某种意义上其实意味着，当事双方在强制调解框架下又插入了一个围绕油气资源治理问题的自愿调解程序。调解委员会 2017 年 8 月 31 日提出的一份关于大日升油气资源开发的非正式文件（non-paper），在某种意义上也可以视为委员会对这种内嵌的自愿调解的响应。

二、属事管辖

《海洋法公约》第 297 条和第 298 条规定了强制调解的属事管辖范围，条款表述十分复杂。简单地说，有三类海洋争端可以诉诸强制调解，包括特定条件下的海洋科学研究争端、海洋渔业争端以及关于海洋划界的争端和涉及历史性海湾或所有权的争端。

（一）特定的海洋科学研究争端

有关海洋科学研究的争端，一般应适用《海洋法公约》第十五部分第二节规定的强制性争端解决程序，但在特定条件下可以请求诉诸强制调解程序。具体而言，在专属经济区内和大陆架上进行海洋科学研究，应经沿海国同意。[①]《海洋法公约》鼓励沿海国积极作出这种同意，沿海国

① 《海洋法公约》第 246 条第 2 款。

在正常情形下也应予以同意。[①]但是，如果研究计划触及了《海洋法公约》第 246 条规定的相关情形，沿海国便拥有自由裁量权且有权不予同意；如果研究活动的进行触及了《海洋法公约》第 253 条规定的相关情形，沿海国应有权决定暂停或停止海洋科学研究活动。在这两种情形下，沿海国没有义务接受《海洋法公约》第十五部分第二节规定的强制性争端解决程序。此时，如果进行海洋科学研究的其他国家质疑沿海国依据《海洋法公约》第 246 条和第 253 条行使权利的方式（manner）不符合《海洋法公约》的规定，且不涉及《海洋法公约》第 246 条第 5 款和第 6 款意义上的例外事项，可请求将此种类型的海洋科学研究争端诉诸强制调解。[②]

（二）特定的渔业争端

诉诸强制调解程序的渔业争端与海洋科学研究争端的情形相类似。有关渔业的争端，一般应适用《海洋法公约》第十五部分第二节规定的强制性争端解决程序，但在特定条件下可以请求诉诸强制调解程序。具体而言，三种类型的渔业争端可以提交强制调解：一是沿海国明显没有履行其义务，通过适当的养护和管理措施，以确保专属经济区内生物资源的维持不致受到严重危害；二是沿海国经另一国请求，对该另一国有意捕捞的种群，专断地拒绝决定可捕量及沿海国捕捞生物资源的能力；三是沿海国专断地拒绝将其已宣布存在的剩余量的全部或一部分分配给任何国家。[③]

（三）特定的海洋划界争端和历史性海湾或所有权争端

对关于海洋划界的争端以及涉及历史性海湾或所有权的争端，《海洋

---

①《海洋法公约》第 246 条第 3 款。

②《海洋法公约》第 297 条第 2 款第 b 项。

③《海洋法公约》第 297 条第 3 款第 b 项。

法公约》缔约国可以选择提交声明，摆脱《海洋法公约》第十五部分第二节下的强制性争端解决程序。尽管如此，这两类争端在特定条件下仍可以提交强制调解程序：一是争端发生在《海洋法公约》生效之后；二是争端经各方谈判协商后在合理期间内仍无法达成协议；三是争端不必然涉及同时审议与大陆或岛屿陆地领土的主权或其他权利有关的任何尚未解决的争端。①

三、有关海洋争端解决的实践

很长时间以来，《海洋法公约》意义上的强制调解都停留在纸面上。**东帝汶和澳大利亚帝汶海强制调解案**是《海洋法公约》强制调解制度的首次尝试和初步实践，截至目前也是唯一实践，具有里程碑的意义。正如东帝汶首席谈判代表曾言，在决定采取这一做法时，“东帝汶不得不大胆行动，因为这种机制以前从未被启动过，没有可供遵循的先例，成功的前景也难以预料”。②

专栏 5：东帝汶和澳大利亚帝汶海强制调解案

东帝汶与澳大利亚两国隔帝汶海相望，距离不足400海里，其海洋划界及油气开发争议由来已久。帝汶岛是东南亚努沙登加拉群岛（Nusa Tenggara）中最大、最东边的岛屿，南隔帝汶海与澳大利亚相望。帝汶海位于帝汶岛的东南方向、澳大利亚的西北方向，西连印度洋，东接阿拉弗拉海（Arafura Sea），除帝汶海槽（Timor Trough）外，总体水深较浅。16世纪以后，帝汶岛东部成为葡萄牙的殖民

① 《海洋法公约》第298条第1款第a项第i目。

② Maritime Boundary Office. New Frontiers: Timor-Leste’s Historic Conciliation on Maritime Boundaries in the Timor Sea by Council for the Final Delimitation of Maritime Boundaries [R/OL].(2018-08-30)[2022-12-05]. http://www.gfm.tl/wp-content/uploads/2021/01/16592-Maritime-Boundary-Conciliation-PP2_v13-FINAL.pdf.

地。1975 年 11 月，东帝汶人民宣布独立。此后不久，印度尼西亚武力占领东帝汶直到 1999 年。[①]1972 年 10 月，澳大利亚和印度尼西亚缔结了《帝汶海和阿拉弗拉海地区设立特定海底边界协定》(简称《1972 年海底条约》)[②]，大致沿着帝汶海槽的南部边缘线，划定了两国海底边界。1989 年 12 月，澳大利亚和印度尼西亚缔结了《印度尼西亚东帝汶省和北澳大利亚之间地区合作区域条约》(简称《帝汶缺口条约》)。[③]《帝汶缺口条约》没有划定海洋边界，但建立了一个共同勘探和开发大陆架资源的合作区域(简称A区)[④]。在A区内，澳大利亚和印度尼西亚通过一个联合机构共同控制石油企业，平分石油收益。1997 年 3 月，澳大利亚和印度尼西亚缔结了《设立专属经济区边界和特定海底边界条约》(简称《珀斯条约》)[⑤]，大致沿着中间线，对两国在帝汶海的水体部分进行划界。[⑥]1999 年 8 月，东帝汶人民进行全

① 当时的国际社会并不承认印度尼西亚占领的合法性，但澳大利亚承认东帝汶是印度尼西亚事实上的(【拉】*de facto*)一部分。

②《1972年海底条约》并未打算对邻近今天东帝汶的海底区域部分进行划界，试图把该问题交由澳大利亚与葡萄牙以后缔结的条约处理。《1972年海底条约》的英文全称为“Agreement between the Government of the Commonwealth of Australia and the Government of the Republic of Indonesia establishing Certain Seabed Boundaries in the Area of the Timor and Arafura Seas”，简称“1972 Seabed Treaty”。

③ 1972年澳大利亚与印度尼西亚进行划界谈判时，东帝汶尚为葡萄牙的殖民地，因此，帝汶岛东部南侧海域没有划界，形成一个空档，被习惯地称为“帝汶缺口(Timor Gap)”。《帝汶缺口条约》的缔结受到了葡萄牙的反对，随后发展成国际法院的**东帝汶(葡萄牙诉澳大利亚)**案。《帝汶缺口条约》的英文全称为“Treaty between Australia and the Republic of Indonesia on the Zone of Cooperation in an Area between the Indonesian Province of East Timor and Northern Australia”，简称“Timor Gap Treaty”。

④《帝汶缺口条约》由北至南划定了C区、A区和B区三个不同的合作区域。其中，B区位于南端，由澳大利亚管理；C区位于北端，由印度尼西亚管理；A区面积最大，位于B区与C区之间，由《帝汶缺口条约》创建的联合机构共同管理。

⑤ 该协定的英文全称为“Treaty between the Government of Australia and the Government of the Republic of Indonesia establishing an Exclusive Economic Zone Boundary and Certain Seabed Boundaries”，简称“Perth Treaty”。

⑥《珀斯条约》在法律上并未实际生效，但它实际上仍被澳大利亚和印度尼西亚遵守。

民公决，决定脱离印度尼西亚而独立。1999 年 10 月，联合国在东帝汶成立了“东帝汶过渡行政当局”(简称UNTAET)①，暂时管理东帝汶。2001 年 7 月，UNTAET代表东帝汶，与澳大利亚缔结了《帝汶海安排谅解备忘录》(简称《帝汶海安排》)②，建立一个“共同石油开发区”(简称JPDA)③，其边界与《帝汶缺口条约》所确立的A区相对应。与《帝汶缺口条约》不同，《帝汶海安排》把 90% 的收益归于东帝汶。2002 年 5 月，东帝汶恢复独立，与澳大利亚缔结了《帝汶海条约》④，明确在永久性海洋边界划定之前两国继续适用《帝汶海安排》。东帝汶与澳大利亚的海洋划界谈判始于 2003 年 11 月，后来谈判的焦点发生了变化。2006 年 1 月，两国缔结了《帝汶海特定海上安排条约》(简称CMATS)⑤。CMATS把《帝汶海条约》的适用延长至 50 年，并冻结(moratorium)永久性海洋边界争端的解决⑥。值得注意的是，在东帝汶恢复独立前的两个月(即 2002 年 3 月)，澳大利亚依据《海洋法公约》第 298 条第 1 款第a项作出声明，对海洋划界争端排除适用《海洋法公约》第十五部分第二节下导致拘束力裁决的强制程序。2013 年 1 月，东帝汶加入《海洋法公约》。2013 年至 2016 年间，东帝汶对澳大利亚提起了各种争端解决程序。2013 年 4 月，东帝汶在

① “东帝汶过渡行政当局”的英文全称为“United Nations Transitional Administration in East Timor”，简称“UNTAET”。

②《帝汶海安排》的英文全称为“Memorandum of Understanding of Timor Sea Arrangement”，简称“Timor Sea Arrangement”。

③ “共同石油开发区”的英文全称为“Joint Petroleum Development Area”，简称“JPDA”。

④《帝汶海条约》的英文全称为“Timor Sea Treaty between the Government of East Timor and the Government of Australia”，简称“Timor Sea Treaty”。

⑤《帝汶海特定海上安排条约》的英文全称为“Treaty between Australia and the Democratic Republic of Timor-Leste on Certain Maritime Arrangements in the Timor Sea”，简称“CMATS”。

⑥《帝汶海特定海上安排条约》第4条。

《帝汶海条约》框架下以间谍活动为由主张CMATS无效，对澳大利亚提起仲裁程序（简称“《帝汶海条约》仲裁”），即**常设仲裁法院第2013-16号帝汶海条约仲裁案（东帝汶诉澳大利亚）**。2013年12月，东帝汶向国际法院提起诉讼程序，指控澳大利亚没收和扣留某些文件和数据的行动，包括东帝汶与其法律顾问之间的往来通信，即**收缴和扣押某些文件和数据的问题（东帝汶诉澳大利亚）**案。后来，国际法院发布临时措施命令，澳大利亚才向东帝汶归还了这些文件和数据。2015年9月，东帝汶在《帝汶海条约》框架下就输油管道管辖权的一些问题对澳大利亚进一步提起仲裁程序（简称“《帝汶海条约》第8条第b项仲裁”），即**常设仲裁法院第2015-42号帝汶海条约仲裁案（东帝汶诉澳大利亚）**。

由于未能说服澳大利亚就海洋边界问题进行谈判，2016年4月11日，东帝汶依据《海洋法公约》第298条第1款第a项第i目及其附件五第二节向澳大利亚发出调解通知[①]，提起强制调解程序，即**东帝汶和澳大利亚帝汶海强制调解案**。此外，随着调解程序的进展，当事双方还达成新协议，请求调解委员会处理一些海洋资源治理的事项。2016年6月25日，由5名成员组成的强制调解委员会（以下简称委员会）成立。2016年8月22日，委员会通过了《程序规则》（Rules of Procedure）[②]。东帝汶请求委员会解决“涉及《海洋法公约》第74条和第83条关于划定东帝汶与澳大利亚之间专属经济区和大陆架

① 该通知的英文正式名称为“Notification Instituting Conciliation under Section 2 of Annex V of UNCLOS”，简称“Notice of Conciliation”，参见*Timor Sea Conciliation between Timor-Leste and Australia*, PCA, Commission Report and Recommendations, Annex 3.

② *Timor Sea Conciliation between Timor-Leste and Australia*, PCA, Commission Report and Recommendations, Annex 8.

（包括设立两国永久性海洋边界）解释和运用的争端”。[①]澳大利亚同意参加程序，并提出六大理据对委员会的管辖权（competence）提出异议，包括对请求调解事项可受理性（admissibility）的质疑。2016年8月29日至31日，委员会召集两国举行了关于程序启动的公开听证会以及关于管辖权的闭门听证会。2016年9月19日，委员会作出了“关于澳大利亚管辖权异议的决定”，宣布“对东帝汶‘2016年4月11日依据《海洋法公约》附件五第二节调解通知’中列明的强制调解事项拥有管辖权”，认为“不存在阻止委员会继续这些程序的可受理性事项或礼让事项”，决定“《海洋法公约》附件五第7条规定12个月的时限，应从本决定之日起计算”。[②]2016年10月至2018年2月间，委员会与两国在堪培拉、哥本哈根、帝力、新加坡、海牙等地举行了数轮秘密会议。为促进当事双方互相的信任，2016年10月13日，委员会还提出了一些信任建设措施（confidence-building measures），包括终止CMATS、承诺举行海洋边界谈判、撤回平行的仲裁请求等建议。2017年1月9日，委员会与两国发布了“三方联合声明”，表示同意终止CMATS。2017年1月20日，东帝汶撤回了此前启动的**常设仲裁法院第2013-16号帝汶海条约仲裁案（东帝汶诉澳大利亚）**和**常设仲裁法院第2015-42号帝汶海条约仲裁案（东帝汶诉澳大利亚）**中的仲裁请求。在秘密磋商的基础上，2017年8月30日，委员会提出了一份关于“全面一揽子协议”的非文件（Non-Paper on a

---

① *Timor Sea Conciliation between Timor-Leste and Australia*, PCA, Commission Report and Recommendations, Annex 3, para.5; Commission Report and Recommendations, para.62.

② *Timor Sea Conciliation between Timor-Leste and Australia*, PCA, Decision on Australia's Objections to Competence, 19 September 2016, para.111.

Comprehensive Package Agreement)，概括了委员会认为两国都可接受且与《海洋法公约》框架下海洋划界公平原则相符合的要素。次日，委员会又提出了一份关于大日升油气资源开发的非文件，并附有相关行动计划。随后，澳大利亚和东帝汶同意委员会的提议，迅速达成了“全面一揽子协议”(简称“8月30日协议”)①。在“8月30日协议”基础上，2017年10月13日，两国就海洋边界条约的草案文本达成一致。2018年3月6日，澳大利亚和东帝汶正式签署了《海洋边界条约》②。2018年5月9日，委员会发布了“报告和建议(Report and Recommendations)”，强制调解程序由此结束。

需要指出的是，**东帝汶和澳大利亚帝汶海强制调解案**是《海洋法公约》下强制调解制度的初步实践，其实践探索仍然是十分有限的。在该案中，调解委员会指出，在“报告和建议”的发布之时(即2018年5月9日)，当事双方已经就帝汶海的海洋边界达成了一个综合性协议(即《海洋边界条约》)，意味着争端的圆满解决，而继续提供争端解决的建议就毫无必要了。③**东帝汶和澳大利亚帝汶海强制调解案**没有呈现出的另一种情况是，倘若当事双方在调解程序的存续期间没有达成任何协议，委员会则会在“报告和建议”中载明对有关争端事项的一切事实问题或法律问题的结论及争端解决建议。委员会把“报告和建议”交存于联合国秘书

① 该协议的英文全称为“Comprehensive Package Agreement of 30 August 2017”，简称“Agreement of 30 August”。

②《海洋边界条约》的英文全称为“Treaty between the Democratic Republic of Timor-Leste and Australia Establishing Their Maritime Boundaries in the Timor Sea”，简称“Treaty on Maritime Boundaries”。

③ *Timor Sea Conciliation between Timor-Leste and Australia*, PCA, Commission Report and Recommendations, para.6.

长，最后由联合国秘书长分送给当事双方。[①] 如果当事双方在强制调解后仍没有达成协议或解决争端，是否还可以将争端继续提交至《海洋法公约》第十五部分第二节规定的强制性争端解决程序？《海洋法公约》似乎没有明确回答这一问题。此外，**东帝汶和澳大利亚帝汶海强制调解案**主要涉及的是海洋划界争端，而《海洋法公约》意义上的强制调解制度还可能适用于特定的海洋科研争端、渔业资源争端以及历史性海湾或所有权争端。对于这些特定争端，截至目前尚未有强制调解制度的实践。

① 《海洋法公约》附件五第7条。

05

第五章

国际法院与海洋争端解决

国际法院（简称法院）是联合国的主要司法机关（principal judicial organ），坐落于荷兰海牙和平宫，其前身是1920年在国际联盟主持下设立的常设国际法院。法院根据1945年6月签署的《联合国宪章》设立，1946年4月开始运转，以实现“以和平方法且依正义及国际法之原则，调整或解决足以破坏和平之国际争端或情势”的宗旨[①]。《海洋法公约》第十五部分关于争端解决的规定中明确把国际法院列为备选争端解决机构之一。如果有关《海洋法公约》解释或适用的争端在诉诸《海洋法公约》第十五部分第一节规定的一般方法后仍未得到解决且在第三节（适用第二节的限制和例外）的限制下，争端当事一方可以在签署、批准或加入《海洋法公约》之时或在其后任何时间以书面声明的方式选择国际法院解决有关争端。[②]与国际海洋法法庭等专门国际法庭相比，国际法院的属事管辖范围具有普遍性、一般性，既可以审理海洋法案件，也可以审理领土主权等其他类型案件。实践中，国际法院审理了不少有关海洋法的案件，也通过案件的审理确立了一些有关海洋法的原则和规则。

本章主要聚焦国际法院在海洋争端解决中的作用，首先介绍国际法院的基本制度与程序（第一节），然后阐述国际法院有关海洋法的司法实践（第二节）。

①《联合国宪章》第1条第1项。

②《海洋法公约》第286条、第287条第1款。

第一节　基本制度与程序

国际法院依照《联合国宪章》《国际法院规约》《法院规则》[①]等文书运作。《联合国宪章》第十四章是有关国际法院的规定。《国际法院规约》是《联合国宪章》不可分割的一部分[②]，联合国会员国是《国际法院规约》的当然当事国（*ipso facto* parties）[③]。非联合国会员国也能成为《国际法院规约》当事国，但其加入条件由联合国大会基于安全理事会的建议依据各自情形决定。[④]国际法院的经费由联合国负担，其负担方法由联合国大会决定。[⑤]尽管国际法院是联合国的主要司法机关，但《联合国宪章》允许联合国会员国依据现有或以后缔结的协定将争端提交至其他法庭解决。[⑥]需要明确的是，国际法院不是一国国内法院的上诉法院，不是个人可以提出诉求的申诉法院，不是任何国际法庭的上诉法院，但在其具有管辖权的案件中，国际法院有权裁定仲裁裁决的效力。

一、基本制度

（一）组织制度

1. 法官

国际法院由 15 名法官组成，其中不得有 2 名法官为同一国家的国

---

① 根据《国际法院规约》第30条第1款，法院应订立规则，以执行其职务，尤应订立关于程序之规则。国际法院《法院规则》最初于1978年4月14日通过，1978年7月1日生效，后历经多次修订，包括2001年2月1日、2005年4月14日、2005年9月29日、2019年10月21日、2020年6月25日的五次修订。

②《联合国宪章》第92条。

③《联合国宪章》第93条第1项。

④《联合国宪章》第93条第2项。

⑤《国际法院规约》第33条。

⑥《联合国宪章》第95条。

民。[①]法官不论国籍，从品格高尚并在本国具有最高司法职位的任命资格或公认的国际法学家中选出。[②]实践中，国际法院的很多法官在当选之前曾任本国外交部法律顾问、国际法教授、大使或最高法院法官。法院法官由联合国大会和安全理事会分别独立选举产生，由得绝对多数票者当选。[③]法官任期为 9 年，每 3 年举行一次选举，改选法官人数的 1/3，可以连选连任。[④]法官作为整体，应代表世界各大文化和主要法系。[⑤]

法官不得担任任何政治或行政职务，也不得从事任何其他职业性工作。[⑥]法官不得在任何案件中充当代理人、顾问或律师。[⑦]对于曾以代理人、顾问或律师等任何身份参与的案件，法官不得参与作出判决。[⑧]法官不得被免职，除非其他法官一致认为其不再符合法官任职的必要条件。[⑨]法官在执行职务时享有外交特权和豁免。[⑩]

法院审理案件一般应由全体法官出席开庭。在有法官缺席的情况下，9 名法官出席可以构成开庭的法定人数。[⑪]属于争端任何一方国籍的法院法官，应保有其作为法院法官参与的权利。[⑫]

争端当事方在特定条件下还可以选派专案法官（judges *ad hoc*）参与案件的审理。法院在受理案件时，如果法院有属于当事一方国籍的法官，

---

①《国际法院规约》第 3 条第 1 款。
②《国际法院规约》第 2 条。
③《国际法院规约》第 4 条第 1 款，第 8 条，第 10 条第 1 款。
④《国际法院规约》第 13 条第 1 款。
⑤《国际法院规约》第 9 条。
⑥《国际法院规约》第 16 条第 1 款。
⑦《国际法院规约》第 17 条第 1 款。
⑧《国际法院规约》第 17 条第 2 款。
⑨《国际法院规约》第 18 条第 1 款。
⑩《国际法院规约》第 19 条。
⑪《国际法院规约》第 25 条。
⑫《国际法院规约》第 31 条第 1 款。

争端另一方可选派 1 名专案法官；如果法院没有属于当事各方国籍的法官，当事各方均可选派 1 名专案法官。[①]《法院规则》对专案法官也作出了详细的规定。[②]

2. 法院院长

法院应选举院长（President）和副院长（Vice-President），任期 3 年，可连选连任。[③]法院院长应主持法院的会议，指导法院的工作，监督法院的行政事务。院长职位出缺或院长不能执行职务时，应由副院长代行职务。《法院规则》对法院院长、副院长作出了详细的规定。[④]

3. 书记官处

法院应委派书记官长（Registrar），并酌派其他必要的职员。[⑤]书记官处（Registry）是国际法院的常设行政机关，既为国际法院作为审判机构提供管理服务，也为国际法院作为国际组织充当秘书处。书记官处由书记官长在副书记官长（Deputy-Registrar）的协助下领导。书记官长不在时，书记官处的工作由副书记官长代行职务。书记官长和副书记官长由法院选举产生，任期 7 年，可连选连任。《法院规则》对书记官处及书记官长、副书记官长作出了详细的规定。[⑥]

4. 分庭

国际法院在履行职务时还可以设立分庭。分庭作出的判决应视为法院的判决。[⑦]依据《国际法院规约》，国际法院的分庭有三种类型：

---

①《国际法院规约》第31条第2款、第3款。

② 国际法院《法院规则》第7条、第8条。

③《国际法院规约》第21条第1款。

④ 国际法院《法院规则》第10条至第14条。

⑤《国际法院规约》第21条第2款。

⑥ 国际法院《法院规则》第22条至第29条。

⑦《国际法院规约》第27条。

一是简易程序分庭（Chamber of Summary Procedure）。该分庭由法院每年组织 5 名法官（包括院长和副院长）和 2 名候补法官参加，帮助迅速处理事务（speedy dispatch of business）。该分庭只有经当事国请求，才能适用简易程序审理及裁判案件。①

二是特种案件分庭。该分庭不是常设性的，法院可以随时设立，3 名或 3 名以上法官参加，主要审理劳工案件、过境与交通案件等。②国际法院于 1993 年成立了一个由 7 名法官组成的环境问题分庭（Chamber for Environmental Matters）。在该分庭存续期间，没有争端当事国请求它处理案件。2006 年，该分庭被撤销。

三是特设（专案）分庭（*ad hoc* chambers）。经争端当事国请求或同意，法院还可以设立特设（专案）分庭处理特定案件。③

（二）管辖制度

国际法院具有争端解决（诉讼）和咨询两项主要职能或权限④。

1. 诉讼管辖权限

属人管辖权主要涉及谁可以成为国际法院的诉讼当事方。只有国家才能在国际法院成为诉讼当事方。⑤联合国会员国是《国际法院规约》的当然当事方。非联合国会员国在一定条件下也可以成为《国际法院规约》

---

①《国际法院规约》第 29 条。

②《国际法院规约》第 26 条第 1 款。

③《国际法院规约》第 26 条第 2 款。

④ 笔者在这里区分管辖权限（jurisdictional competence）与管辖权（jurisdiction）。管辖权限侧重法院对作为案件主体的人或物（财产）行使管辖权的法律“能力（ability）”，而具有管辖权限的法院（competent court）所行使的管辖权侧重审理和决定案件的权力（power）。管辖权依据不同的标准，还可以分为属事管辖权（jurisdiction *ratione materiae*）、属人管辖权（jurisdiction *ratione personae*）、属时管辖权（jurisdiction *ratione temporis*）等方面。

⑤《国际法院规约》第 34 条第 1 款。

的当事方。[①]联合国、联合国专门机构和其他国际组织不能成为国际法院的诉讼当事方，个人也不能成为国际法院的诉讼当事方。

属事管辖权主要涉及国际法院审理国际争端的类型范围。与国际海洋法法庭等专门国际法庭不同，国际法院在理论上可以审理争端当事方提交的任何案件。依据《国际法院规约》，国际法院的属事管辖权包括当事各国提交的一切案件（all cases）以及《联合国宪章》或现行有效条约和公约专门规定的一切事项（all matters）。[②]尽管如此，国际法院也不是凌驾于主权国家之上的超国家机构，其诉讼管辖权建立在国家同意（consent）基础之上。依据《国际法院规约》，法院的属事管辖权有三类：一是自愿管辖（jurisdiction *ratione voluntatis*）。只有在国家明确表示同意接受法院管辖时，法院才能行使诉讼管辖权。争端当事国订立特别协议，将法律争端提交至国际法院解决，法院因此获得对该案的管辖权。二是协定管辖。国际条约中通常订有争端解决条款（dispute settlement provisions in treaties），负责处理缔约国之间关于条约解释或适用的争端，如《海洋法公约》第十五部分（争端的解决）、《生物多样性公约》第 33 条等。这些争端解决条款，通常既包括争端解决的外交方法，也包括仲裁和司法解决。在争端解决条款中，国际法院往往会成为备选的争端解决机构之一，如《海洋法公约》第 287 条第 1 款、《生物多样性公约》第 33 条第 3 款。争端当事国利用条约中的争端解决条款，将法律争端提交至国际法院解决，法院因此获得对该案的管辖权。三是任择性强制管辖。《国际法院规约》当事国还可以事先作出单方声明，表示愿意接受国际法

---

①《联合国宪章》第93条第2项。

②《国际法院规约》第36条第1款。

院对其所涉的一切法律争端行使强制管辖权。[①] 在实践中，一些国家作出了这样的声明，但其中相当一部分声明对此带有保留，将特定种类的争端排除在外。

国际法院对某案件的管辖权可能会被提出异议或挑战，这在理论上就遇到了自裁管辖[②]的问题。在国际法院对某一诉讼案件是否具有管辖权的问题上，国际法院自己有决定权。根据《国际法院规约》，如果争端当事国对国际法院是否拥有诉讼管辖权存在争议，由国际法院自己来裁决确认其是否具有管辖权。[③]《海洋法公约》也有类似的规定。[④]

在长期的司法实践中，应诉管辖或默示管辖（【拉】*forum prorogatum*）也被争端当事国和国际法院所认可。在没有管辖权依据的情况下，如果争端原告国单方将争端提交至国际法院，被告国可以选择是否接受法院的管辖权。如果被告国的回应行为以明示或者默示的方式显示它接受了法院的管辖权，国际法院有权限（competence）决定其是否对特定案件拥有管辖权。

2. 咨询管辖权限

国际法院还可以依据《联合国宪章》和《国际法院规约》，对获得正当授权的联合国机关和联合国系统内的其他机构提交的法律问题发表咨询意见。只有公立国际组织（public international organizations）能够在国际法院启动咨询程序。国家不能请求国际法院发表咨询意见，也不得阻

①《国际法院规约》第36条第2款。

②“自裁管辖（Competence-Competence）”理论主要在国际商事仲裁（如投资仲裁）领域讨论较多，但在《国际法院规约》《海洋法公约》等国际法律文书中也有类似的规定，故此概念在这里予以借用。它起源于德语文献（German origin），而德语表达“Kompetenz-Kompetenz”有时也直接用于英语文献，对应的法语表达一般为“compétence de la compétence”。

③《国际法院规约》第36条第6款。

④《联合国海洋法公约》第288条第4款。

止国际法院发表咨询意见。任何个人，包括联合国秘书长，都无权要求国际法院发表咨询意见。①

专栏 6：国际法院发表咨询意见的属人管辖范围

联合国大会和安全理事会有权请求国际法院就“任何法律问题”发表咨询意见。②

联合国其他机关和专门机构有权请求国际法院就“其活动范围内产生的法律问题”发表咨询意见③。

有权请求国际法院发表咨询意见的联合国其他机关包括：

◆经济及社会理事会

◆托管理事会

◆联合国大会临时委员会

有权请求国际法院发表咨询意见的联合国系统专门机构包括：

◆国际劳工组织

◆联合国粮食及农业组织

◆联合国教育、科学及文化组织

◆世界卫生组织

◆国际复兴开发银行

◆国际金融公司

◆国际开发协会

◆国际货币基金组织

① 在实践中，联合国秘书长通常会代表联合国大会，向国际法院致函请求发表咨询意见，如**气候变化方面各国义务咨询意见案**。这里请求发表咨询意见的主体是联合国大会，而非联合国秘书长个人。

②《联合国宪章》第96条第1项。

③《联合国宪章》第96条第2项。

- ◆国际民用航空组织
- ◆国际电信联盟
- ◆世界气象组织
- ◆国际海事组织
- ◆世界知识产权组织
- ◆国际农业发展基金
- ◆联合国工业发展组织
- ◆国际原子能机构

国际法院在收到请求后，“可以（may）”发表咨询意见。[①]这意味着，国际法院拥有是否发表咨询意见的自由裁量权，有权拒绝发表咨询意见。不过，作为联合国主要司法机关，国际法院表示只有存在“迫不得已的理由（compelling reasons）”时才会拒绝发表咨询意见。在实践中，国际法院面对发表咨询意见的请求，并不会“已读不回”。国际法院曾于1996年拒绝了世界卫生组织请求其就**武装冲突中国家使用核武器的合法性**问题发表咨询意见，理由是缺乏管辖权。

与判决不同，国际法院的咨询意见没有法律约束力。提出请求的联合国机关或专门机构对于咨询意见可以执行，也可以不执行。尽管如此，咨询意见对国际组织和各国实践还是会发挥重要的影响力。此外，咨询意见还有助于国际法的阐明与发展。

（三）法律适用制度

根据《国际法院规约》，国际法院审理案件时可适用的法律包括：

①《国际法院规约》第65条第1款。

（1）国际公约和条约；（2）国际习惯；（3）普遍承认的一般法律原则；（4）作为辅助资料的司法判例和各国具有最高权威国际法学家的学说。[①]实践中，国际条约和国际习惯通常发挥最为重要的作用。此外，经诉讼当事国同意，国际法院还可以依照“公允及善良”原则裁定案件，不局限于现行国际法规则。[②]

《海洋法公约》缔约国作为争端当事国，可以依据《海洋法公约》第287条作出声明，选择国际法院解决有关《海洋法公约》解释或适用的争端。《海洋法公约》第293条规定了在导致有拘束力裁判的强制程序中的法律适用。如果国际法院对案件具有管辖权，应适用《海洋法公约》和其他与《海洋法公约》不相抵触的国际法规则。[③]另外，如经当事各方同意，法院在管辖权确立后也可以按照“公允及善良”原则对案件作出裁判。[④]

（四）司法证据制度

国际法院的诉讼程序和咨询程序都涉及证据问题，包括事实认定、证据来源等。与国内法较为系统的成文证据规则不同，国际法院迄今尚未形成较为系统、全面的证据规则。《国际法院规约》《法院规则》等文书对证据制度的规定十分有限，仅涉及一些零星的证据规定。例如，法院对证据搜集应尽其可能作出一切安排。[⑤]有关证明责任、证据可采性（admissibility）等方面的证据规则，是国际法院在长期的司法实践中逐步发展起来的。

证明责任方面，一般由争端各方对自身提供的事实承担证明责任。

---

①《国际法院规约》第38条第1款。

②《国际法院规约》第38条第2款。

③《海洋法公约》第293条第1款。

④《海洋法公约》第293条第2款。

⑤《国际法院规约》第48条。

国际法院在**柏威夏寺（柬埔寨诉泰国）**案中阐明了这一原则。[①]争端请求国应提出证据，证明其主张的事实成立，否则将承担其主张不能成立的诉讼风险。如果请求国完成其证明责任，被告国就必须以反证推翻请求国的举证；如果被告国提出抗辩，则该抗辩也须进行举证。实践中，有的争端当事国还会对证据的真实性提出质疑。例如，在**海洋划界和领土问题（卡塔尔诉巴林）**案中，巴林就质疑卡塔尔所递交的证据材料的真实性。

证据可采性方面，国际法院通常采取非常灵活的方式，倾向于接收所有向其提交的证据材料。争端当事国享有一定程度的证据自由，可以提交它们认为合适的任何证据材料，甚至是不相关的证据（irrelevant evidence）。2007 年 11 月，时任国际法院院长希金斯（Rosalyn Higgins）法官在联合国大会的演讲中曾指出，争端双方有权期待国际法院会审核它们每一件提交上来的证据材料，国际法院也会这样做。[②]不过，国际法院原则上不接收迟交的证据（late-filed evidence）。[③]

国际法院可以选定任何个人或机构，委托它们进行调查或鉴定。[④]如果争端当事国依据《海洋法公约》选择将争端提交至国际法院，面对涉及科学和技术问题的任何争端，法院可在争端一方请求下或自己主动提出，并同争端各方协定，最好是从按照《海洋法公约》附件八第 2 条编制的有关名单中，推选至少 2 名科学或技术专家列席法院，但专家无表决

① *"Both Cambodia and Thailand base their respective claims on a series of facts and contentions which are asserted or put forward by one Party or the other. The burden of proof in respect of these will of course lie on* ***the Party asserting or putting them forward****."* See *Case concerning the Temple of Preah Vihear (Cambodia/Thailand)*, Merits, Judgment of 15 June 1962, I.C.J. Reports 1962, p.16.

② HIGGINS R. Speech to the General Assembly of the United Nations [C/OL].(2007-11-01)[2022-10-12]. https://www.icj-cij.org/public/files/press-releases/3/14113.pdf.

③《国际法院规约》第52条，国际法院《法院规则》第56条第1款。

④《国际法院规约》第50条。

权。[①]国际法院在科孚海峡(英国诉阿尔巴尼亚)、缅因湾区域海洋边界划界(加拿大/美国)、南极捕鲸(澳大利亚诉日本:新西兰参加)等案件中使用过专家证人，寻求鉴定意见，但也曾有过拒绝使用专家证人的实践，如乌拉圭河纸浆厂(阿根廷诉乌拉圭)案。另外，相关专家提供的目击证据有时也可以推翻其他证据，如海洋划界和领土问题(卡塔尔诉巴林)案。国际法院还可以开展实地考察(site visits)，走访争端发生的地点。[②]例如，国际法院在加布奇科沃-大毛罗斯项目(匈牙利/斯洛伐克)案中走访了涉案的工程地点。此外，国际法院还可以向证人及鉴定人提出“任何切要有关之诘问”。[③]

(五)语言文字制度

国际法院的正式语文为英文和法文。如各当事国同意用法文办理案件，其判决应以法文为之;如各当事国同意用英文办理案件，其判决应以英文为之。[④]如未经同意应用何种文字，每一当事国在陈述中必须择用英法两文之一，而国际法院之判词应用英法两文，并应同时确定以何者为准。[⑤]法院经任何当事国之请求，应批准该当事国用英法文以外之文字。[⑥]在实践中，国际法院的判决书一般都以英文和法文同时作出(done in French and in English)，但有的规定英文为作准文本(the English text being authoritative)，有的规定法文为作准文本(the French text being authoritative)。

---

①《海洋法公约》第289条。

② 国际法院《法院规则》第66条。

③《国际法院规约》第51条。

④《国际法院规约》第39条第1款。

⑤《国际法院规约》第39条第2款。

⑥《国际法院规约》第39条第3款。

专栏 7：法语与海洋争端解决

《海洋法公约》第320条规定，本公约阿拉伯文、中文、英文、法文、俄文和西班牙文文本具有同等效力。《鱼类种群协定》第50条和《海洋生物多样性协定》第76条也有类似的规定。鉴于不同语言具有不同的表达特性，法语在海洋争端解决的实践中往往也发挥着独特的作用。

《海洋法公约》的法文文本与其英文文本、中文文本等存在一些法律用语的表述差异。例如，《海洋法公约》中文文本和英文文本在多个条款上有“船舶（ships）”与“船只（vessels）”的用语之分，但其法文文本并没有这样的区分，统一使用法语词“navires”。鉴于不同法定文本的同等效力，若以《海洋法公约》法文文本作准并解释《海洋法公约》条款，中文文本和英文文本的“船舶（ships）”与“船只（vessels）”之分，可能不再具有法律上的实际意义。又例如，根据《国际海洋法法庭规约》（《海洋法公约》附件六）第21条，法庭的管辖权包括按照《海洋法公约》向其提交的一切争端（all disputes）和申请（all applications），和将管辖权授予法庭的任何其他国际协定中具体规定的一切申请（all matters）。然而，该条款的法文文本却采取了另一种表述，将“一切申请（all matters）”译为“toutes les fois que cela”，而没有采用对应的法文表述“toutes les matières”。在国际海洋法法庭的次区域渔业委员会请求咨询意见案（向法庭请求）中，英国等国在其提交的书面意见中指出该条款的英文文本与法文文本存在表述差异，可能会对条约解释产生影响。该案的科特（Jean-Pierre Cot）法官也在事后发表的声明中指出，该条款的法文文本并没有把英语词“matters”译为法语词“matières”。

国际法院用英语和法语作为工作语言，实际上延续了创立于1922年的常设国际法院的语言政策。[①]今天，法语在国际争端解决中重要地位，主要得益于国际法院、国际海洋法法庭等司法机构对双语政策（bilingualism）的坚守。[②]另外，国际法院的判决书一般都以英文和法文同时作出，但有的判决书规定以法文为作准文本。[③]这些案件包括**海洋划界和领土问题（卡塔尔诉巴林）**案、**陆地和海洋边界（喀麦隆诉尼日利亚：赤道几内亚参加）**案、**1989年7月31日仲裁裁决（几内亚比绍诉塞内加尔）**案等。

① 在西方世界，拉丁语曾是外交的主流语言，直到18世纪和19世纪法语作为外交语言的地位得到强化。到了20世纪20年代，法语在国际联盟及其常设国际法院创立之时依然保持着外交语言的地位。有西方学者曾统计，常设国际法院在1923年至1940年间作出的59份实体裁决和命令中，仅5份明确注明了以英文为作准文本；在其他文书中，或写明“以英文和法文同时作出，以法文文本作准”，或写明当事双方“同意整个案件应使用法语”，或并不标明作准语言偏好，但把法文文本置于英文文本之前。参见ROBERTS A, STEPHAN P B, et al. Comparative International Law[M]. Oxford: Oxford University Press, 2018: 186.

② 美国康涅狄格大学科恩（Mathilde Cohen）教授在其《法国法律文化对国际法院的持续影响》（The Continuing Impact of French Legal Culture on the International Court of Justice）一文中披露，国际法院在评议案件、起草裁决的过程中会同步（simultaneously）使用英语和法语，而不是先使用一种语言（通常是英语）评议案件、起草裁决，然后再请专业人员将使用一种语言（如英文）起草的裁决翻译成另一种语言（如法文）。国际法院的法官会对裁决的英、法双语版本都进行讨论，最后两个语言版本的裁决也会“同时一起”（together in parallel）发布。参见ROBERTS A, STEPHAN P B, et al. Comparative International Law[M]. Oxford: Oxford University Press, 2018: 188.

③ 科恩教授曾撰文披露，国际法院注明以英文作准或以法文作准的裁决数量大体相当。有国际法院的法律官员透露，裁决发布时除非有特别的理由更倾向于某一种语文（比如某种语文对裁决中核心法理的阐述更加清晰），作准语文的选择是几乎任意的（quasi-arbitrary）。法院的书记官处在决定某种语文为作准文本时，仅基于两种语文作准的裁决数量大体平衡。例如，若上几份裁决被规定以法文作准，则下几份裁决的作准语文可能为英文，反之亦然。参见ROBERTS A, STEPHAN P B, et al. Comparative International Law[M]. Oxford: Oxford University Press, 2018: 188.

二、基本程序

《国际法院规约》《法院规则》等文书对诉讼案件的基本程序作出了规定，包括起诉程序、书面程序、口头程序、判决程序等主审程序或一般程序。在特定情况下，诉讼程序可能还会经历临时措施、初步反对意见、反诉、第三方参加、诉讼终止等影响主审程序进程的附带程序。国际法院设立的分庭也有相应的程序规定。

（一）主审程序

除了起诉、评议、判决等程序环节，国际法院的主审程序总体上包括争端当事方提交和交换书状的书面阶段以及当事方代理人和律师出庭参与法庭公开审理的口头阶段。①

1. 起诉程序

起诉程序（instituting proceedings）的启动方式，包括请求（application）和通知（notification）两种。“请求”起诉是指有关当事国根据条约中的争端解决条款以及任择性强制管辖机制中的单方声明向法院的书记官长提交请求书。请求国在请求书中除了写明争端的确切事由以及争端当事双方的名称外，还必须说明国际法院拥有管辖权的法律依据以及请求主张的确切性质，并简要陈述请求国主张的事实及其依据。②“通知”起诉是指有关当事国向法院的书记官长发出关于特别协议的通知。③

2. 书面程序

书面程序（written proceedings）包括向国际法院提交详细说明争端的

---

①《国际法院规约》第43条第1款。

② 提交请求书的一方称为请求国（applicant State），另一方称为被告国（respondent State）。在案件正式名称中，争端当事双方由“诉”（拉丁文缩写为*v.*）字分开，如**渔业管辖权（英国诉冰岛）**案、**渔业管辖权（联邦德国诉冰岛）**案。

③ 在特别协议的情况下，没有所谓“请求国”和“被告国”。在案件正式名称中，争端当事双方由一条斜线分开，如**缅因湾区域海洋边界划界（加拿大/美国）**案。

书状。书状的副本也应同时送达另一争端当事方。由于案情复杂程度、书状篇幅及数目、程序时限等因素的不同，书面程序通常持续几个月甚至几年不等。

在“请求”起诉的情况下，请求国提出诉状（Memorial），被告国对此提出辩诉状（Counter-Memorial）。此外，经争端当事方要求或法院认为必要时，还可以进行第二轮抗辩。这时请求国提出答辩状（Reply），被告国对此提出复辩状（Rejoinder）。

在“通知”起诉的情况下，没有所谓“请求国”和“被告国”，争端每一方都提交诉状和辩诉状，且在必要时再次提交答辩状和复辩状。

3. 口头程序

书面程序结束后，口头程序（oral proceedings）开始启动，由国际法院组织庭审（hearing）。法院的庭审，一般由法院院长或副院长主持[①]，并遵循公开审理原则[②]。在口头程序中，法官主要听取争端当事国双方代理人（agents）、律师（counsel）和辅佐人（advocates）的辩论，必要时还可以传唤和询问证人（witnesses）和鉴定人（experts）。法院的每次庭审，应作庭审记录（minutes），最后由书记官长及法院院长签字。[③]争端当事国双方终结辩论的方式和时间由法院决定。[④]庭审中，当事国一方在最后陈述（last statement）结束时，其代理人应宣读该方的最终诉讼主张（final submissions）。[⑤]法院院长宣告辩论终结后，法官退席并开始秘密评议案件。[⑥]

①《国际法院规约》第45条。

②《国际法院规约》第46条。

③《国际法院规约》第47条第1款。

④《国际法院规约》第48条。

⑤ 国际法院《法院规则》第60条第2款。

⑥《国际法院规约》第54条。

4. 判决程序

在案件评议及判决起草阶段，一切问题均由出席开庭的法官的多数票决定；票数相等时，法院院长或代理院长有权投决定票。[①]当判决内容的全部或部分不能反映出全体法官的一致意见时，相关法官有权发表个别意见（separate opinion）或反对意见（dissenting opinion）。[②]

国际法院作出的判决，仅对特定案件中的争端当事国有法律拘束力，是终审判决，不得上诉。[③]不过在特定情况下，争端当事国可以请求法院对判决作出解释（construe）或申请复核（revision）。[④]根据《联合国宪章》，联合国会员国作为当事国，须履行国际法院的判决。如果一方不履行判决所设的义务，另一方有权向联合国安理会申诉。[⑤]

（二）附带程序

附带程序（incidental proceedings）也可能在国际法院的案件审理中被启动，导致诉讼程序的修改或调整。常见的附带程序包括临时措施（provisional measures）、初步反对意见（preliminary objections）、反诉（counter-claims）、第三方参加（intervention）、诉讼终止（discontinuance）等。

1. 临时措施

如果争端当事国一方的权利面临着紧迫的危险（immediate danger），为保全权利，国际法院可以规定临时措施。根据《国际法院规约》，国际法院如果认为情形有必要，有权规定当事国遵行保全彼此权利的临时办

---

①《国际法院规约》第55条。
②《国际法院规约》第57条。
③《国际法院规约》第59条、第60条。
④《国际法院规约》第60条、第61条。
⑤《联合国宪章》第94条。

法。[①]在终局判决前，国际法院应将此项规定办法立即通知各当事国及安全理事会。[②]《法院规则》对临时保护（临时措施）作出了详细的规定。[③]

《海洋法公约》第290条关于临时措施的规定也可适用于国际法院。如果争端当事国选择将争端提交至国际法院，法院依据初步证明（【拉】*prima facie*）认为其根据《海洋法公约》第十五部分（争端解决）具有管辖权，便可以（may）在最后裁判前规定（prescribe）其认为适当的临时措施，以保全争端各方的权利或防止对海洋环境的严重损害。[④]

2. 初步反对意见

提出初步反对意见（preliminary objections），是对国际法院是否有权就案件实质部分（merits of the case）作出裁判提出质疑。例如，被告国可以辩称，国际法院对该案没有管辖权（即管辖权异议），或者原告国的请求具有不可受理性（inadmissible）。初步反对意见的提出，将中止主审程序（案件实质部分的审理）的继续进行，并启动案件的新阶段（如管辖权异议问题的审理）。国际法院《法院规则》对初步反对意见作出了详细的规定。[⑤]

另外，《海洋法公约》第294条规定的初步程序（preliminary proceedings）也可适用于国际法院。如果争端当事国依据《海洋法公约》第287条选择将争端提交至国际法院，国际法院就《海洋法公约》第297条所指争端向其提出的申请，应经一方请求决定（determine）或自己主动决定（【拉】*proprio motu*），该项权利主张是否构成滥用法律程序（abuse of

---

①《国际法院规约》第41条第1款。

②《国际法院规约》第41条第2款。

③ 国际法院《法院规则》第73条至第78条。

④《海洋法公约》第290条第1款。

⑤ 国际法院《法院规则》第79条、第79之二（79bis）条、第79之三（79ter）条。

legal process），或者根据初步证明（【拉】*prima facie*）是否有理由。国际法院如决定该项主张构成滥用法律程序或者根据初步证明并无理由，就不应对该案采取任何进一步行动。[①]不过，《海洋法公约》第 294 条关于初步程序的任何规定，不影响争端各方按照适用的程序规则提出初步反对（preliminary objections）的权利。[②]

3. 反诉

争端当事一方提出本诉之后，另一方还有权提出反诉。如果提出的反诉属于法院的管辖范围且与本诉直接关联（directly connected），法院可以考虑（entertain）反诉。《法院规则》对反诉作出了详细的规定。[③]

4. 第三方参加

如果第三国认为其在其他国家的争端案件中具有法律性质的利益而该利益有可能会受到国际法院裁判的影响，则该第三国可以请求国际法院准许其参加案件审理。[④]例如，在**利吉丹岛和西巴丹岛的主权归属（印度尼西亚／马来西亚）**案中，菲律宾曾请求作为第三方参与，但国际法院最后予以驳回。《法院规则》对第三方参加作出了详细的规定。[⑤]

5. 诉讼终止

在最终的实体判决作出之前，争端当事各方随时都可以单独或联合地书面通知法院同意终止诉讼程序。此时，法院应发出命令，记录诉讼的停止，并指示将该条件从案件总表中注销。[⑥]如果当事各方因已达成争

---

①《海洋法公约》第297条第1款。

②《海洋法公约》第297条第3款。

③ 国际法院《法院规则》第80条。

④《国际法院规约》第62条第1款。

⑤ 国际法院《法院规则》第81条至第86条。

⑥ 国际法院《法院规则》第88条第1款。

端解决方案而同意终止诉讼程序并希望如此，法庭应在删除案件的命令中记录这一事实，或者在命令中指明或附上争端解决条件。[①]《法院规则》对诉讼终止作出了明确规定。[②]

6. 不到案

《国际法院规约》对不到案也作出了相应的安排。国际法院可以在争端当事国一方缺席的情况下继续审理案件，即争端当事国一方不到庭，不影响法院的诉讼程序。这时，争端当事国另一方可以请求国际法院作出对其有利的裁判。[③]法院在允许这项请求前，不仅应查明法院对本案确有管辖权，还应查明请求人的主张在事实上和法律上均有根据（well founded in fact and law）。[④]

（三）分庭程序

国际法院依据《国际法院规约》可以设立分庭，包括简易程序分庭、特种案件分庭和特设（专案）分庭。国际法院《法院规则》对分庭的程序作出了进一步的规定。[⑤]

---

① 国际法院《法院规则》第88条第2款。

② 国际法院《法院规则》第88条、第89条。

③《国际法院规约》第53条第1款。

④《国际法院规约》第53条第2款。

⑤ 国际法院《法院规则》第90条至第93条。

第二节 有关海洋法的司法实践

国际法院是解决有关海洋法国际争端的重要司法裁决机构。国际法院自 1946 年成立以来，审理了相当多有关海洋法的案件，形成了丰富的司法实践，阐明并发展了不少重要的海洋法原则和规则。

在《海洋法公约》达成以及生效前，国际法院已审理了不少海洋法案件，其阐明的一些法律原则后来被《海洋法公约》所吸收。**科孚海峡（英国诉阿尔巴尼亚）**案涉及海洋法和国家责任问题，是国际法院成立后审理的第一个案件，也是国际法院完整经历管辖权、案件实质和赔偿数额三个阶段才作出判决的案件。国际法院有关海洋法的重要判例也被《海洋法公约》起草者所借鉴。例如，国际法院在**渔业（英国诉挪威）**案中的判决直接推动了“直线基线规则”纳入《海洋法公约》。国际法院在**北海大陆架（联邦德国／丹麦；联邦德国／荷兰）**案中提出大陆架是“（一国）陆地领土向海洋和在海下的自然延伸”，并对划定大陆架界限的方法作了阐述，对后续海洋划界国际法的发展产生了重大影响。

国际法院在《海洋法公约》生效后成为备选争端解决机构之一，与《海洋法公约》保持协同增效的关系。如果有关《海洋法公约》解释或适用的争端在诉诸《海洋法公约》第十五部分第一节规定的一般方法后仍未得到解决且在第三节（适用第二节的限制和例外）的限制下，争端当事一方可以以书面声明的方式依然选择国际法院解决有关海洋争端。尽管《海洋法公约》规定了多种备选的争端解决机构和方法以及强制仲裁，但并没有妨碍国际法院在《海洋法公约》生效后继续审理海洋法案件。国际法院在《海洋法公约》生效后审理的海洋法案件包括**渔业管辖权（西班牙诉加拿大）**案、**加勒比海领土和海洋争端（尼加拉瓜诉洪都拉斯）**案、黑

海海洋划界（罗马尼亚诉乌克兰）案等。此外，国际法院在阐明海洋法原则和规则方面继续发挥着重要作用。例如，尽管《海洋法公约》第 15 条、第 74 条和第 83 条构成了现代海洋划界的法律基础，但它们并没有确立划界的具体方法。国际法院在**黑海海洋划界（罗马尼亚诉乌克兰）**案中首次系统阐述了专属经济区和大陆架单一划界的“三阶段法”，深刻地影响着后来的海洋划界实践。

国际法院在处理涉及领土主权事项的混合海洋争端中发挥着不可替代的作用。与国际海洋法法庭等专门国际法庭相比，国际法院的属事管辖范围具有普遍性、一般性，在理论上可以审理争端当事方提交的任何案件，既可以审理有关《海洋法公约》解释或适用的海洋争端，也可以审理领土主权等其他类型案件。国际法院在**海洋划界和领土问题（卡塔尔诉巴林）**、**陆地和海洋边界（喀麦隆诉尼日利亚：赤道几内亚参加）**、**领土和海洋争端（尼加拉瓜诉哥伦比亚）**、**加勒比海领土和海洋争端（尼加拉瓜诉洪都拉斯）**等案件中一并审理了当事方提交的陆地边界问题和海洋边界问题。例如，在**领土和海洋争端（尼加拉瓜诉哥伦比亚）**案中，国际法院不仅裁定哥伦比亚对有关岛屿拥有主权，同时还裁定划分两国大陆架和专属经济区的单一海洋边界线等。[1]在**加勒比海领土和海洋争端（尼加拉瓜诉洪都拉斯）**案中，国际法院不仅裁定了洪都拉斯对加勒比海四个小岛屿拥有主权，同时还确定了划分两国领海、大陆架和专属经济区的单一边界及边界的起始点。[2]

国际法院还开始处理涉及海洋的气候变化问题。2023 年 3 月 29 日，

---

① *Territorial and Maritime Dispute (Nicaragua v. Colombia)*, Judgment, I.C.J. Reports 2012, p.624 at pp.718-720, para.251.

② *Territorial and Maritime Dispute between Nicaragua and Honduras in the Caribbean Sea (Nicaragua v. Honduras)*, Judgment, I.C.J. Reports 2007, p.659 at pp.760-763, para.321.

联合国大会通过了一项决议，请求国际法院就各国在气候变化方面的义务提供咨询意见，包括特别考虑《海洋法公约》框架下保护和保全海洋环境的义务等。4月12日，联合国秘书长向国际法院致函发出咨询意见请求。4月17日，法院正式收到咨询意见请求。4月20日，法院决定组织咨询程序的推进，即**气候变化方面各国义务咨询意见案**。

国际法院及其前身常设国际法院在审理非海洋法案件时所阐明的法律原则与规则，对国际法院、国际海洋法法庭、附件七仲裁庭等司法裁决机构审理海洋法案件也有重要的支撑作用。例如，国际海洋法法庭在**南方蓝鳍金枪鱼临时措施案（新西兰诉日本；澳大利亚诉日本）**中援引了**马夫罗马蒂斯巴勒斯坦出租权**案、**西南非洲（埃塞俄比亚诉南非；利比里亚诉南非）**案等关于争端界定的非涉海国际法判例，利用其中所反映的习惯国际法来裁定争端是科学性争端还是法律性争端。①

国际法院还审理了一些当事国不是《海洋法公约》缔约国的海洋法案件以及没有适用《海洋法公约》的海洋法案件。由于卡塔尔、哥伦比亚、秘鲁等国在相关案件审理时不是《海洋法公约》缔约国，国际法院在**海洋划界和领土问题（卡塔尔诉巴林）**案、**领土和海洋争端（尼加拉瓜诉哥伦比亚）**案、**海洋争端（秘鲁诉智利）**案等案件中称适用符合《海洋法公约》精神的习惯国际法。国际法院还在**南极捕鲸（澳大利亚诉日本：新西兰参加）**案、**出入太平洋协谈义务案（玻利维亚诉智利）**、**航行权利和相关权利争端（哥斯达黎加诉尼加拉瓜）**案等案件中没有适用《海洋法公约》。例如，**南极捕鲸（澳大利亚诉日本：新西兰参加）**案主要涉及1946年《国际捕鲸公约》的相关条款。

---

① *Southern Bluefin Tuna Cases (New Zealand v. Japan; Australia v. Japan), Provisional Measures*, Order of 27 August 1999, para.44.

国际法院还使用相关分庭审理海洋法案件，曾在海洋争端解决中使用特设（专案）分庭。第一个特设（专案）分庭成立于1982年，用于审理**缅因湾区域海洋边界划界（加拿大／美国）**案。特设（专案）分庭审理的其他海洋法案件还包括1987年**陆地、岛屿和海上边界争端（萨尔瓦多／洪都拉斯：尼加拉瓜参加）**案以及1992年关于该案判决的复审申请。

国际法院受理的海洋法案件并非都以判决告终。争端当事各国有时会在法院程序进行过程中达成新的争端解决方案，同意国际法院终止诉讼程序。例如，在**大贝尔特海峡通行权（芬兰诉丹麦）**案中，由于芬兰与丹麦两国进行友好协商解决了相关争议，国际法院应芬兰方面的通知终止了案件审理。在**几内亚比绍和塞内加尔间海洋划界（几内亚比绍诉塞内加尔）**案中，几内亚比绍和塞内加尔签署了争议海域渔业和大陆架资源的共同开发协议，同意国际法院终止诉讼程序。

06

第六章

国际海洋法法庭与海洋争端解决

国际海洋法法庭（简称“法庭”）是根据《海洋法公约》设立的一个独立的国际司法机构，成立于1996年8月，坐落于德国汉堡[①]。法庭与联合国存在一定关系，但并非联合国的一个“机构（organ）”。[②]《海洋法公约》第十五部分关于争端解决的规定明确把国际海洋法法庭列为备选争端解决机构之一。如果有关《海洋法公约》解释或适用的争端在诉诸《海洋法公约》第十五部分第一节规定的一般方法后仍未得到解决且在第三节（适用第二节的限制和例外）的限制下，争端一方可以在签署、批准或加入《海洋法公约》之时或在其后任何时间以书面声明的方式选择按照附件六设立的国际海洋法法庭解决有关争端。[③]与具有普遍属事管辖范围的国际法院相比，国际海洋法法庭属于审理海洋法案件的专门国际法庭，裁决有关《海洋法公约》解释或适用的争端，也通过案件审理确立了一些海洋法原则和规则。截至2023年6月，法庭共受理了32个案件，包括诉讼案件和咨询案件。

本章主要聚焦国际海洋法法庭，包括国际海洋法法庭的基本制度和程序（第一节）以及国际海洋法法庭有关海洋法的司法实践（第二节）。

①《国际海洋法法庭规约》第1条第2款。

② 法庭与联合国保持着紧密的联系。1996年12月，法庭获得了在联合国大会的观察员资格。1997年12月，法庭签署了《联合国与国际海洋法法庭合作与关系的协定》（Agreement on Cooperation and Relationship between the United Nations and the International Tribunal for the Law of the Sea），建立了两家机构组织之间的合作机制。

③《海洋法公约》第286条、第287条第1款。

第一节 基本制度与程序

国际海洋法法庭依照《海洋法公约》《国际海洋法法庭规约》《法庭规则》[①]等文书运作。《海洋法公约》附件六就是《国际海洋法法庭规约》（简称《法庭规约》）。根据《法庭规约》，将争端提交法庭应遵守《海洋法公约》第十一部分（"区域"）和第十五部分（争端解决）的规定。[②]与国际法院类似，国际海洋法法庭也没有设立上诉机制。法庭的开支应由各缔约国和管理局负担，其负担的条件和方式由各缔约国开会决定。[③]

一、基本制度

（一）组织制度

1. 法官

国际海洋法法庭应由独立法官 21 人组成。法官有严格的选任标准，既要享有公平和正直的最高声誉，又要在海洋法领域内具有公认的资格。[④]法官中不得有 2 人为同一国家的国民。[⑤]联合国大会所确定的每一地理区域集团（非洲国家、亚洲国家、东欧国家、拉丁美洲和加勒比国家以及西欧和其他国家）应有法官至少 3 人。[⑥]法官由《海洋法公约》缔约国通过无记名投票选出。[⑦]各缔约国提名的候选人不得超过 2 名。[⑧]法

---

① 根据《法庭规约》第16条，法庭应制订执行其职务的规则。法庭应特别订立关于其程序的规则。国际海洋法法庭《法庭规则》最初于1997年10月28日通过，目前历经2001年3月15日、2001年9月21日、2009年3月17日、2018年9月25日、2020年9月25日 和2021年3月25日六次修订。

②《法庭规约》第1条第4款。

③《法庭规约》第19条第1款。

④《法庭规约》第2条第1款。

⑤《法庭规约》第3条第1款。

⑥《法庭规约》第3条第2款。

⑦《法庭规约》第4条第4款。

⑧《法庭规约》第4条第1款。

庭法官任期 9 年，可连选连任；每 3 年有三分之一的法官任期到期。[①]法庭作为一个整体，应确保其能代表世界各主要法系与地区公平分配。[②]

法庭法官不得执行任何政治或行政职务，或对任何与勘探和开发海洋或海底资源或与海洋或海底的其他商业用途有关的任何企业的任何业务有积极联系或有财务利益，不得充任任何案件的代理人、律师或辩护人。[③]任何过去曾作为某一案件当事一方的代理人、律师或辩护人，或曾作为国内或国际法院或法庭的法官，或以任何其他资格参加该案件的法庭法官，不得参与该案件的裁判。[④]法庭法官于执行法庭职务时，应享有外交特权和豁免。[⑤]

所有可以出庭的法庭法官均应出庭，但须有选任法官 11 人才构成法庭的法定人数。[⑥]属于争端任何一方国籍的法庭法官，应保有其作为法庭法官参与的权利。[⑦]

在特定条件下，争端当事方还可以选派专案法官参与案件审理。法庭在受理案件时，如果法庭有属于当事一方国籍的法官，争端另一方可选派 1 名专案法官；如果法庭均没有属于当事各方国籍的法官，当事各方均可选派 1 名专案法官。[⑧]国际海洋法法庭《法庭规则》对专案法官又作出了详细的规定。[⑨]

---

①《法庭规约》第 5 条第 1 款。
②《法庭规约》第 2 条第 2 款。
③《法庭规约》第 7 条第 1 款、第 2 款。
④《法庭规约》第 8 条第 1 款。
⑤《法庭规约》第 10 条。
⑥《法庭规约》第 13 条第 1 款。
⑦《法庭规约》第 17 条第 1 款。
⑧《法庭规约》第 17 条第 2 款、第 3 款。
⑨ 国际海洋法法庭《法庭规则》第 8 条、第 9 条。

2. 法庭庭长

国际海洋法法庭应选举庭长（President）和副庭长（Vice-President），任期3年，可连选连任。[①]法庭庭长应主持法庭的会议，指导法庭的工作，监督法庭的行政事务。庭长职位出缺或庭长不能执行职务时，应由副庭长代行职务。《法庭规则》对法庭庭长、副庭长作出了详细的规定。[②]

3. 书记官处

书记官处（Registry）是国际海洋法法庭的常设行政机构，由书记官长（Registrar）在副书记官长（Deputy-Registrar）的协助下领导。法庭应任命书记官长，并可为任命其他必要的工作人员作出规定。[③]书记官长和副书记官长由法庭选举产生，任期5年，可连选连任。《法庭规则》对书记官处及书记官长、副书记官长作出了详细的规定。[④]

4. 分庭

国际海洋法法庭依据《海洋法公约》设立海底争端分庭（Seabed Disputes Chamber）。法庭认为必要时，还可以设立特别分庭（special chambers）。海底争端分庭和特别分庭作出的判决，应视为法庭作出的判决。[⑤]

海底争端分庭依据《海洋法公约》第十一部分第五节（“区域”争端的解决与咨询意见）、第十五部分（争端解决）以及《法庭规约》设立并行使管辖权。[⑥]海底争端分庭对有关“区域”内活动的争端拥有管辖权，不仅拥有诉讼管辖权，还拥有明示规定的咨询管辖权。分庭由国际海洋法

---

①《法庭规约》第12条第1款。

② 国际海洋法法庭《法庭规则》第8条、第9条。

③《法庭规约》第12条第2款。

④ 国际海洋法法庭《法庭规则》第32条至第39条。

⑤《法庭规约》第15条第5款。

⑥《海洋法公约》第186条。

法庭法官以过半数从法庭选任法官中选派法官 11 人组成。[①]法庭选任法官 7 人应为组成分庭所需的法定人数。[②]分庭法官应每 3 年改选一次，可连选连任 1 次。[③]在选出分庭法官时，应确保其能代表世界各主要法系和地区公平分配。[④]分庭应从其法官中选出庭长，庭长应在分庭当选的任期内执行职务。[⑤]海底争端分庭管辖争端的任何一方，还可以向海底争端分庭请求成立专案分庭。专案分庭由海底争端分庭的 3 名法官组成，其设立应由海底争端分庭在取得当事各方的同意后决定。[⑥]如果争端各方不同意专案分庭的组成，争端每一方应各指派法官 1 人，第 3 名法官则应由双方协议指派。如果双方不能达成协议，或任何一方未能作出这种指派，海底争端分庭庭长应在同争端各方协商后，迅速从海底争端分庭法官中作出这种指派。[⑦]专案分庭的法官必须不属争端任何一方的工作人员或其国民。[⑧]

依据《法庭规约》，国际海洋法法庭设立的特别分庭有如下类型：

一是简易程序分庭。争端当事方可以请求法庭使用简易程序分庭审理案件。如果法庭全庭不开庭，或没有足够数目的法官构成法定人数，简易程序分庭可以作出临时措施的指示，但后续应由法庭全庭加以审查和修订。[⑨]简易程序分庭每年由 5 名选任法官和 2 名候补法官组成。[⑩]

---

①《法庭规约》第14条、第35条第1款。

②《法庭规约》第35条第7款。

③《法庭规约》第35条第3款。

④《法庭规约》第35条第2款。

⑤《法庭规约》第35条第4款。

⑥《法庭规约》第36条第1款。

⑦《法庭规约》第36条第2款。

⑧《法庭规约》第36条第3款。

⑨《法庭规约》第25条第2款。

⑩《法庭规约》第15条第3款。

二是特种案件分庭。法庭可设立其认为必要的分庭，由其选任法官3人或3人以上组成，以处理特定种类的争端。[①]目前，法庭设有渔业争端分庭（Chamber for Fisheries Disputes）[②]、海洋环境争端分庭（Chamber for Marine Environment Disputes）[③]和海洋划界争端分庭（Chamber for Maritime Delimitation Disputes）[④]，均由9名法官组成。

三是《法庭规约》第15条第2款意义上的专案分庭。法庭如经当事各方请求，应设立分庭，以处理提交法庭的某一特定争端。这种分庭的组成，应由法庭在征得当事各方同意后决定。[⑤]

（二）管辖制度

国际海洋法法庭具有争端解决（诉讼）和咨询两项主要职能或权限。

1. 诉讼管辖权限

属人管辖权主要涉及国际海洋法法庭的诉讼当事方类型。与国际法院不同，法庭的诉讼当事方并不限于国家。法庭向《海洋法公约》各缔约国开放。[⑥]缔约国（State Parties）这一用语并不限于国家，还包括作为"自成一类"国际组织的欧盟。在实践中，欧盟曾成为海洋争端的当事一方，如**养护和可持续开发东南太平洋剑旗鱼种群案（智利/欧盟）**、**大西洋鲱鱼仲裁案[丹麦（法罗群岛）诉欧盟]**。在特定案件中，法庭还向"缔约国以外的实体"开放，包括私人与公司。根据《法庭规约》，对《海洋法公

---

①《法庭规约》第15条第1款。

② 渔业争端分庭的设立，旨在处理有关海洋生物资源养护和管理的争端，目前尚无争端提交至该分庭。

③ 海洋环境争端分庭的设立，旨在处理有关海洋环境保护和保全的争端，目前尚无争端提交至该分庭。

④ 海洋划界争端分庭的设立，旨在处理有关海洋划界的争端，目前尚无争端提交至该分庭。

⑤《法庭规约》第15条第2款。

⑥《法庭规约》第20条第1款。

约》第十一部分（“区域”）明文规定的任何案件，或按照案件当事所有各方接受的将管辖权授予法庭的任何其他协定提交的任何案件，法庭应对缔约国以外的实体开放。[①]海底争端分庭对各缔约国、国际海底管理局和《海洋法公约》第十一部分第五节所指的实体开放。[②]《海洋法公约》第190条对自然人或法人与缔约国之间的诉讼作出了专门安排，即如自然人或法人为《海洋法公约》第187条所指争端的一方，应将此事通知其担保国，该国应有权以提出书面或口头陈述的方式参加司法程序。[③]如果一个缔约国担保的自然人或法人在《海洋法公约》第187条第c项所指的争端中对另一缔约国提出诉讼，被告国可请担保该人的国家代表该人出庭。如果不能出庭，被告国可安排属其国籍的法人代表该国出庭。[④]

属事管辖权主要涉及国际海洋法法庭及其分庭审理海洋争端的类型范围。根据《法庭规约》，法庭的属事管辖权包括按照《海洋法公约》向其提交的一切争端（all disputes）和申请（all applications），和将管辖权授予法庭的任何其他国际协定中具体规定的一切申请（all matters）。[⑤]如果同《海洋法公约》所包括的主题事项有关的现行有效条约或公约的所有缔约国同意，则有关这种条约或公约的解释或适用的任何争端，可按照这种协定提交法庭。[⑥]结合《海洋法公约》其他相关条款，国际海洋法法庭的属事管辖范围具体包括：一是有关《海洋法公约》解释或适用的争端；

① 《法庭规约》第20条第2款。

② 《法庭规约》第37条。

③ 《海洋法公约》第190条第1款。

④ 《海洋法公约》第190条第2款。

⑤ 参见《法庭规约》第21条。值得注意的是，该条款的中文文本将英文文本的“all matters”译为“一切申请”。笔者认为，这一译法是值得商榷的，没有与前述的“all applications”的译法区别开来。

⑥ 《法庭规约》第22条。

二是有关与《海洋法公约》目的相关的国际协定的解释或适用的争端；三是依据《海洋法公约》第 290 条提出的临时措施申请；四是依据《海洋法公约》第 292 条提出的迅速释放申请；五是将管辖权授予法庭的其他国际协定中具体规定的一切申请。《海洋法公约》第 187 条规定了海底争端分庭的属事管辖权。海底争端分庭关于各类有关"区域"内活动的争端的属事管辖权范围包括下列六种。一是缔约国之间关于《海洋法公约》第十一部分及其有关附件的解释或适用的争端。[①]这里所指各缔约国间的争端，可应争端各方的请求，提交至按照《法庭规约》第 15 条和第 17 条成立的特别分庭，或应争端任何一方的请求，提交至按照《法庭规约》第 36 条成立的海底争端分庭专案分庭。[②]二是缔约国与国际海底管理局之间关于特定事项的争端，包括国际海底管理局或缔约国的行为或不行为（act or omission）据指控违反《海洋法公约》第十一部分或其有关附件或按其制定的规则、规章或程序[③]，以及国际海底管理局的行为据指控逾越其管辖权或滥用权力[④]。三是《海洋法公约》第 153 条第 2 款第 b 项内所指的，作为合同当事各方的缔约国、国际海底管理局或企业部、国营企业以及自然人或法人之间关于特定事项的争端，包括对有关合同或工作计划的解释或适用[⑤]，以及合同当事一方在"区域"内活动方面针对另一方或直接影响其合法利益的行为或不行为[⑥]。其中，前者所指合同的解释或适用的争端，经争端任何一方请求，应提交有拘束力的商业仲裁，除非争端

① 《海洋法公约》第 187 条第 a 项。

② 《海洋法公约》第 188 条第 1 款。

③ 《海洋法公约》第 187 条第 b 项第 1 目。

④ 《海洋法公约》第 187 条第 b 项第 2 目。

⑤ 《海洋法公约》第 187 条第 c 项第 1 目。

⑥ 《海洋法公约》第 187 条第 c 项第 2 目。

各方另有协议。争端所提交的商业仲裁庭对决定《海洋法公约》的任何解释问题不具有管辖权。如果争端也涉及关于“区域”内活动的《海洋法公约》第十一部分及其有关附件的解释问题，则应将该问题提交至海底争端分庭裁定。在此种仲裁开始时或进行过程中，如果仲裁庭经争端任何一方请求，或根据自己决定，断定其裁决须取决于海底争端分庭的裁定，则仲裁庭应将此种问题提交海底争端分庭裁定。然后，仲裁庭应依照海底争端分庭的裁定作出裁决。在合同没有规定此种争端所应适用的仲裁程序的情形下，除非争端各方另有协议，应按照联合国国际贸易法委员会的仲裁规则，或国际海底管理局的规则、规章和程序中所规定的其他相关仲裁规则进行仲裁。[①] 四是国际海底管理局同按照《海洋法公约》第 153 条第 2 款第 b 项由国家担保且已妥为履行《海洋法公约》附件三第 4 条第 6 款和第 13 条第 2 款所指条件的未来承包者之间关于订立合同的拒绝，或谈判合同时发生的法律问题的争端。[②] 五是国际海底管理局同缔约国、国营企业或按照《海洋法公约》第 153 条第 2 款第 b 项由缔约国担保的自然人或法人之间关于指控国际海底管理局应依《海洋法公约》附件三第 22 条的规定负担赔偿责任的争端。[③] 六是《海洋法公约》具体规定由分庭管辖的任何争端。[④]《海洋法公约》第 189 条还规定了在国际海底管理局所作决定方面管辖权的限制。海底争端分庭对国际海底管理局按照《海洋法公约》第十一部分规定行使斟酌决定权应无管辖权；在任何情形下，均不应以其斟酌决定权代替国际海底管理局的斟酌决定权。在不妨害《海洋法公约》第 191 条的情形下，海底争端分庭依据《海洋法公

①《海洋法公约》第 188 条第 2 款。
②《海洋法公约》第 187 条第 d 项。
③《海洋法公约》第 187 条第 e 项。
④《海洋法公约》第 187 条第 f 项。

约》第187条行使其管辖权时，不应对国际海底管理局的任何规则、规章和程序是否符合《海洋法公约》的问题表示意见，也不应宣布任何此种规则、规章和程序为无效。分庭在这方面的管辖权应限于就国际海底管理局的任何规则、规章和程序适用于个别案件将同争端各方的合同上义务或其在《海洋法公约》下的义务相抵触的主张，就逾越管辖权或滥用权力的主张，以及就一方未履行其合同上义务或其在《海洋法公约》下的义务而应给予有关另一方损害赔偿或其他补救的要求，作出决定。①

国际海洋法法庭对某案件的管辖权本身也会被提出异议或质疑，这在理论上就遇到了自裁管辖的问题。根据《海洋法公约》，如果对于国际海洋法法庭是否具有管辖权发生争端，这一问题应由该法庭以裁定解决。②

2. 咨询管辖权限

国际海洋法法庭具有有限的咨询管辖权限。一方面，《海洋法公约》明确规定了海底争端分庭的咨询管辖权限。海底争端分庭经大会或理事会请求，对国际海底管理局活动范围内产生的法律问题提供咨询意见。这种咨询意见应作为紧急事项提出。③另一方面，《海洋法公约》《法庭规约》并未明确规定国际海洋法法庭全庭（full tribunal）的咨询管辖权限。法庭制定的《法庭规则》对咨询程序作出了详细的规定。④其中，如果与《海洋法公约》目的有关的国际协定专门规定了向法庭提交发表咨询意见的请求，那么法庭可以就某一法律问题发表咨询意见。⑤在实践中，各界

① 《海洋法公约》第189条。

② 《海洋法公约》第288条第4款。

③ 《海洋法公约》第191条。

④ 国际海洋法法庭《法庭规则》第130条至第138条。

⑤ 国际海洋法法庭《法庭规则》第138条。

对国际海洋法法庭全庭是否具有咨询管辖权限这一问题，存在不同看法。值得注意的是，新近达成的《海洋生物多样性协定》首次赋予了国际海洋法法庭全庭咨询管辖权限，并明确了咨询管辖的属事范围。[①]

专栏8：国际海洋法法庭全庭的咨询管辖问题

《海洋法公约》《法庭规约》均没有明确规定国际海洋法法庭全庭拥有咨询管辖权限，仅对海洋争端分庭的咨询管辖权限作出了明确的授权。而国际海洋法法庭在制定《法庭规则》时明确了其拥有咨询管辖职能。围绕法庭全庭是否具有咨询管辖权限这一问题，《海洋法公约》及其执行协定的缔约国形成了不同的看法。

国际海洋法法庭第21号案**次区域渔业委员会请求咨询意见案（向法庭请求）**是首个涉及法庭全庭咨询管辖权限的案件。在该案中，中国、英国、法国、澳大利亚、阿根廷、美国、泰国等《海洋法公约》及其执行协定的缔约国都在提交的书面意见中明确反对法庭全庭拥有咨询管辖权。然而，国际海洋法法庭在该案中驳回了各方的反对意见，强行建立全庭咨询管辖权，其中的法理阐述令人费解。法庭指出，本案确立全庭咨询管辖权的法律基础，是《法庭规约》第21条与将管辖权授予法庭的其他国际协定的结合。该案的法官科特（Jean-Pierre Cot）在事后发表的声明中指出，法庭的这种解释是错误的（【法】erronée）。[②] 目前待审的第31号案**小岛屿国家气候变化与**

① 《海洋生物多样性协定》第47条第7款。

② *Demande d'avis consultatif soumise par la Commission sous-régionale des pêches*, avis consultatif, 2 avril 2015, Déclaration de M. Cot, juge. para.3.

国际法委员会请求咨询意见案（向法庭请求）[①]也将面临类似的挑战。

2023年6月最终达成的《海洋生物多样性协定》是首个赋予国际海洋法法庭全庭咨询管辖权的全球性法律文书。该协定从正、反两个方面明确了国际海洋法法庭咨询管辖的属事范围，对提请咨询意见的主体、程序和范围等作出了法律界定，并将涉及领土主权争端、国家管辖范围以内区域法律地位争端以及其他机构和文书框架职权范围内的事项排除在法庭的咨询管辖之外。

（三）法律适用制度

根据《法庭规约》，国际海洋法法庭应按照《海洋法公约》第293条裁判一切争端和申请。[②]《海洋法公约》第293条规定了在导致有拘束力裁判的强制程序中的法律适用。如果法庭对案件具有管辖权，应适用《海洋法公约》和其他与《海洋法公约》不相抵触的国际法规则。[③]另外，如经当事各方同意，法庭在管辖权确立后还可以按照“公允及善良”的原则对案件作出裁判。[④]

除《海洋法公约》第293条的规定以外，海底争端分庭还应适用按照《海洋法公约》制订的国际海底管理局的规则、规章和程序。对有关“区

① 2021年10月31日，小岛屿国家气候变化与国际法委员会（Commission of Small Island States on Climate Change and International Law）依据《建立小岛屿国家气候变化与国际法委员会协定》（Agreement for the Establishment of the Commission of Small Island States on Climate Change and International Law）成立。根据该协定第2条第2款，该委员会被授权向国际海洋法法庭请求咨询意见。2022年8月26日，该委员会在第三次会议上作出决议，决定向法庭请求咨询意见。12月12日，法庭正式收到了该委员会提交的咨询意见请求，并将其列为第31号案。12月16日，法庭发布命令，请《海洋法公约》缔约各国、委员会以及其他政府间组织限期提交书面意见。2023年6月，中国、印度、巴西、欧盟、英国、澳大利亚、新西兰等34个《海洋法公约》缔约国以及联合国、非洲联盟等9个国际组织应法庭邀请提交了书面意见。

②《法庭规约》第23条。

③《海洋法公约》第293条第1款。

④《海洋法公约》第293条第2款。

域”内活动的合同的事项，海底争端分庭还可以适用这种合同的条款。[①]

（四）司法证据制度

《海洋法公约》对专家的使用作出了相关规定。面对涉及科学和技术问题的任何争端，如果争端当事国依据《海洋法公约》选择将争端提交至国际海洋法法庭，法庭可在争端一方请求下或自己主动，并同争端各方协定，最好从按照《海洋法公约》附件八第2条编制的有关名单中，推选至少2名科学或技术专家列席法庭，但无表决权。[②]根据《法庭规约》，国际海洋法法庭应作出有关收受证据的一切安排。[③]《法庭规则》对证据问题也作出了相应的安排。例如，争端当事各方是否应在证据产生之前或之后提交论辩，应由法庭决定。不过，当事各方应留有对特定证据进行评论的权利。[④]如果必要，法庭可以安排证人或专家出庭作证。[⑤]

（五）语言文字制度

根据《法庭规则》，国际海洋法法庭的官方语言（official languages）为英语和法语。[⑥]除非法庭另有决定，庭审中所有讲话（speeches）、陈述（statements）和证据（evidence）以法庭的一种官方语言作出的，应翻译为法庭的另一种官方语言。如果它们是以法庭官方语言之外的语言作出的，应翻译为法庭的两种官方语言。[⑦]

---

①《法庭规约》第38条。

②《海洋法公约》第289条。

③《法庭规约》第27条。

④ 国际海洋法法庭《法庭规则》第73条第1款。

⑤ 国际海洋法法庭《法庭规则》第77条第2款。

⑥ 国际海洋法法庭《法庭规则》第43条。

⑦ 国际海洋法法庭《法庭规则》第85条第1款。

二、基本程序

《法庭规约》《法庭规则》等文书对诉讼案件的基本程序作出了规定，包括起诉程序、书面程序、口头程序、判决程序等主审程序。在特定情况下，诉讼程序可能还会经历临时措施、初步程序、初步反对意见、反诉、第三方参加、诉讼终止等影响主审程序进程的附带程序。国际海洋法法庭设立的特别分庭和海底争端分庭也有相应的程序规定。

（一）主审程序

除了起诉、评议、判决等程序环节，国际海洋法法庭的主审程序总体上也包括争端当事方提交和交换书状的书面阶段以及当事方代理人和律师出庭参与法庭公开审理的口头阶段。

1. 起诉程序

与国际法院类似，起诉程序（instituting proceedings）的启动方式也包括通知（notification）和请求（application）两种。争端可根据情况，以将特别协定通知书记官长或以将申请书送达书记官长的方式提交至法庭。两种方式均应载明争端事由和争端各方。[①]书记官长收到后应立即将特别协定或申请书通知有关各方，[②]也应通知所有缔约国。[③]《法庭规则》对起诉程序作出了详细的规定。[④]

2. 书面程序

在书面程序（written proceedings）阶段，争端当事各方向国际海洋法法庭提交相关书状，向争端另一方送达书状的副本，包括诉状（memori-

①《法庭规约》第24条第1款。

②《法庭规约》第24条第2款。

③《法庭规约》第24条第3款。

④ 国际海洋法法庭《法庭规则》第54条至第58条。

als）、辩诉状（counter-memorials）、答辩状（replies）、复辩状（rejoinders）等。《法庭规则》对书面程序作出了详细的规定。[①]

3. 口头程序

书面程序结束后，口头程序（oral proceedings）开始启动，由国际海洋法法庭组织庭审（hearing）。审讯应由庭长主持，庭长不能主持时，应由副庭长主持。如庭长、副庭长均不能主持，应由出庭法官中资深者主持。[②]除非法庭另有决定或当事各方要求拒绝公众旁听，审讯应公开进行。[③]法庭为审理案件，应发布命令，决定当事每一方须终结辩论的方式和时间，并作出有关收受证据的一切安排。[④]《法庭规则》对口头程序作出了详细的规定。[⑤]

4. 判决程序

一切问题应由出庭法官的过半票数决定。[⑥]如果票数相等，应由庭长或代理庭长职务的法庭法官投决定票（casting vote）。[⑦]判决书应叙明其所根据的理由，载明参与判决的法庭法官姓名，由庭长和书记官长签名。[⑧]判决书在正式通知争端各方后，应在法庭上公开宣读。[⑨]如果判决书全部或一部分不能代表法庭法官的一致意见，任何法官均有权发表个别意见（separate opinion）。[⑩]

---

① 国际海洋法法庭《法庭规则》第59条至第67条。
②《法庭规约》第26条第1款。
③《法庭规约》第26条第2款。
④《法庭规约》第27条。
⑤ 国际海洋法法庭《法庭规则》第69条至第88条。
⑥《法庭规约》第29条第1款。
⑦《法庭规约》第29条第2款。
⑧《法庭规约》第30条第1款、第2款、第4款。
⑨《法庭规约》第30条第4款。
⑩《法庭规约》第30条第3款。

法庭的裁判是有确定性的，争端所有各方均应遵行。[①]除对特定争端的当事各方之间外，裁判应无拘束力。[②]对裁判的意义或范围发生争端时，经当事任何一方的请求，法庭应予解释。[③]《法庭规则》对判决程序也作出了详细的规定。[④]

（二）附带程序

与国际法院类似，在国际海洋法法庭的案件审理中也可能启动附带程序（incidental proceedings），导致诉讼程序的修改或调整。常见的附带程序包括临时措施（provisional measures）、初步程序（preliminary proceedings）、初步反对意见（preliminary objections）、反诉（counter-claims）、第三方参加（intervention）、诉讼终止（discontinuance）等。

1. 临时措施

与国际法院类似，国际海洋法法庭及其海底争端分庭依据《海洋法公约》第 290 条也有权规定（prescribe）临时措施。[⑤]如果当事方将争端正式提交至国际海洋法法庭，法庭依据初步证明（【拉】*prima facie*）认为其根据《海洋法公约》第十五部分（争端解决）或第十一部分第五节（“区域”争端解决与咨询意见）具有管辖权，便可以（may）在最后裁判前规定其认为适当的临时措施，以保全争端各方的各自权利或防止对海洋环境的严重损害。[⑥]临时措施所依据的情势一旦发生改变或不复存在，法庭可以修改或撤销临时措施。[⑦]临时措施的指示、修改或撤销，需要由争端

---

①《法庭规约》第33条第1款。

②《法庭规约》第33条第2款。

③《法庭规约》第33条第3款。

④ 国际海洋法法庭《法庭规则》第124条至第129条。

⑤《法庭规约》第25条第1款。

⑥《海洋法公约》第290条第1款。

⑦《海洋法公约》第290条第2款。

一方提出请求，并使争端各方有机会陈述意见。[①]法庭指示、修改或撤销临时措施，应迅速通知争端各方及其认为适当的其他缔约国。[②]争端各方则应迅速遵从法庭规定的临时措施。[③]

在《海洋法公约》有关仲裁庭组建期间，国际海洋法法庭及其海底争端分庭对临时措施案件拥有“剩余强制管辖权（residual compulsory jurisdiction）”。[④]争端当事方可以在仲裁庭组成期间协商确定请求规定临时措施的机构（如国际法院或国际海洋法法庭）。若在请求临时措施之日起2周内未能达成协议，国际海洋法法庭或海底争端分庭（若涉及“区域”内活动）依据初步证明（【拉】*prima facie*）认为即将组建的仲裁庭具有管辖权且情况紧急并有此必要，可以（may）[⑤]依据《海洋法公约》第290条规定、修改或撤销临时措施。受理争端的仲裁庭一旦组建完成，便可以（may）依据《海洋法公约》相关条款对这种临时措施进行修改、撤销或确认。[⑥]

如果法庭不开庭，或没有足够数目的法官构成法定人数，临时措施的规定应由根据《法庭规约》第13条第3款设立的简易程序分庭作出。虽有《法庭规约》第15条第4款的规定，但在争端任何一方请求下，仍可采取这种临时措施。临时措施应由法庭加以审查和修订。[⑦]《法庭规则》

---

①《海洋法公约》第290条第3款。

②《海洋法公约》第290条第4款。

③《海洋法公约》第290条第6款。

④ SOHN L, JURAS K, et al. Law of the Sea in a Nutshell[M]. 2nd ed. St. Paul: West Academic Publishing, 2010: p.508.

⑤ 笔者认为，管辖权的拥有与管辖权的行使是两件不同的事情。《海洋法公约》第290条第5款使用了“可以（may）”一词，显示国际海洋法法庭及其海底争端分庭即使拥有剩余强制管辖权，理论上也可以拒绝行使这种管辖权。不过实践中，法庭通常还是行使了这种管辖权。

⑥《海洋法公约》第290条第5款。

⑦《法庭规约》第25条第2款。

对临时措施作出了详细的规定。[1]

2. 初步程序

《海洋法公约》第 294 条规定的初步程序同样适用于国际海洋法法庭。如果争端当事国依据《海洋法公约》第 287 条选择将争端提交至国际海洋法法庭，法庭就《海洋法公约》第 297 条所指争端向其提出的申请，应经一方请求或可自己主动决定(【拉】*proprio motu*)，该项权利主张是否构成滥用法律程序，或者根据初步证明(【拉】*prima facie*)是否有理由。法庭如决定该项主张构成滥用法律程序或者根据初步证明并无理由，就不应对该案采取任何进一步行动。[2]《法庭规则》对初步程序又作出了进一步的规定。[3]

3. 初步反对意见

《海洋法公约》第 294 条关于初步程序的任何规定，不影响争端各方按照适用的程序规则提出初步反对意见(preliminary objections)的权利。[4]诉讼程序启动后，有关当事方可以在 90 日内对法庭的管辖权(jurisdiction)提出异议，或对申请的可受理性(admissibility)提出质疑，或提出其他反对。《法庭规则》对初步反对意见作出了详细的规定。[5]

4. 反诉

争端当事一方提出本诉之后，另一方还有权提出反诉。提出的反诉应与本诉直接关联(directly connected)，并处于法庭的属事管辖范围。

① 国际海洋法法庭《法庭规则》第89条至第95条。
②《海洋法公约》第297条第1款。
③ 国际海洋法法庭《法庭规则》第96条。
④《海洋法公约》第297条第3款。
⑤ 国际海洋法法庭《法庭规则》第97条。

《法庭规则》对反诉作出了详细的规定。[①]

5. 第三方参加

如果一个缔约国认为某争端的裁判可能影响该方法律性质的利益，可以向法庭请求准许参加。此项请求应由法庭裁定。如果请求参加获准，法庭对该争端的裁判，应在与该缔约国参加事项有关的范围内，对参加的缔约国形成拘束力。[②]《法庭规则》对第三方参加作出了详细的规定。[③]

6. 诉讼终止

《法庭规则》对诉讼终止作出了明确规定。[④]例如，在最终的实体判决作出之前，争端当事各方随时可以单独或联合地书面通知法庭其同意终止诉讼程序。此时，法庭应发布一个记录程序终止并指示书记官长删除案件的命令。[⑤]如果当事各方因已达成争端解决方案而同意终止诉讼程序并希望如此，法庭应在删除案件的命令中记录这一事实，或者在命令中指明或附上争端解决条件。[⑥]

7. 不到案

《法庭规约》对不到案也作出了相应的安排。国际海洋法法庭可以在争端当事一方缺席的情况下继续审理案件。当事一方不出庭或对其案件不进行辩护时，另一方可请求法庭继续进行程序并作出裁判。当事一方缺席或对其案件不进行辩护，不妨碍程序的进行。法庭在作出裁判前，不但应查明对该争端确有管辖权，还应查明所提要求在事实上和法律上

---

① 国际海洋法法庭《法庭规则》第98条。

②《法庭规约》第31条。

③ 国际海洋法法庭《法庭规则》第99条至第104条。

④ 国际海洋法法庭《法庭规则》第105条、第106条。

⑤ 国际海洋法法庭《法庭规则》第105条第1款。

⑥ 国际海洋法法庭《法庭规则》第105条第2款。

均确有根据。[①]

（三）迅速释放程序

国际海洋法法庭依据《海洋法公约》第292条对船只和船员的迅速释放案件拥有强制管辖权。如果缔约国当局扣留了一艘悬挂另一缔约国旗帜的船只，而且据指控，扣留国在被扣留国提供合理的保证书或其他财政担保后，仍然没有遵从本公约的规定将该船只或其船员迅速释放，释放问题可向争端各方协议的任何法院或法庭提出，如从扣留时起10日内不能达成这种协议，则除争端各方另有协议外，可向扣留国根据第287条接受的法院或法庭，或向国际海洋法法庭提出。这种释放的申请，仅可由船旗国或以该国名义提出。法院或法庭应不迟延地处理关于释放的申请，并且应仅处理释放问题，而不影响主管的国内法庭对该船只及其船主或船员的任何案件的是非曲直。扣留国当局应仍有权随时释放该船只或其船员。在法院或法庭裁定的保证书或其他财政担保经提供后，扣留国当局应迅速遵从法院或法庭关于释放船只或其船员的裁定。《法庭规则》对船只和船员的迅速释放程序作出了详细的规定。[②]

（四）分庭程序

国际海洋法法庭依据《海洋法公约》第十一部分第五节以及《法庭规约》第四节设立海底争端分庭。法庭认为必要时，还可以依据《法庭规约》第15条设立特别分庭。《法庭规则》对特别分庭的程序[③]以及海底争端分庭的诉讼程序[④]作出了详细的规定。

---

①《法庭规约》第28条。

② 国际海洋法法庭《法庭规则》第110条至第114条。

③ 国际海洋法法庭《法庭规则》第107条至第109条。

④ 国际海洋法法庭《法庭规则》第115条至第123条。

第二节　有关海洋法的司法实践

截至 2023 年 6 月，国际海洋法法庭共受理了 32 个案件。其中，受理的诉讼案件 29 个，咨询案件 3 个。总体上看，法庭自成立以来受理的案件相对不多。[①]因具有《海洋法公约》赋予的法定优势，法庭在成立初期受理的案件主要集中在临时措施案以及迅速释放案。近年来，提交法庭审理的有关海洋划界、海洋资源可持续利用等实体问题的案件日益增加。海底争端分庭以及《法庭规约》第 15 条第 2 款专案分庭曾审理过相关案件，但目前尚未有任何争端提交至简易程序分庭以及法庭设立的渔业争端分庭、海洋环境争端分庭和海洋划界争端分庭。

专栏 9：国际海洋法法庭目前受理的案件

截至 2023 年 6 月，国际海洋法法庭共受理了 32 个案件。其中，受理的诉讼案件有 29 个，具体包括：

◆第 1 号案："塞加"号商船迅速释放案（圣文森特和格林纳丁斯诉几内亚）

◆第 2 号案："塞加"号商船（第 2 号）案（圣文森特和格林纳丁斯诉几内亚）

◆第 3 号及第 4 号案：南方蓝鳍金枪鱼临时措施案（新西兰诉日本；澳大利亚诉日本）

◆第 5 号案："卡莫柯"号迅速释放案（巴拿马诉法国）

◆第 6 号案："蒙特·卡夫卡"号迅速释放案（塞舌尔诉法国）

◆第 7 号案：养护和可持续开发东南太平洋剑旗鱼种群案（智利/

① 例如，作为同时期成立的专门性争端解决机构，世界贸易组织（WTO）自 1995 年成立以来已经受理了 616 个争端案件，作出了超 350 份裁决。

欧盟）

◆第 8 号案：“大王子”号迅速释放案（伯利兹诉法国）

◆第 9 号案：“崔思利利佛 2 号”迅速释放案（巴拿马诉也门）

◆第 10 号案：混合氧化物核燃料工厂临时措施案（爱尔兰诉英国）

◆第 11 号案：“伏尔加河”号迅速释放案（俄罗斯诉澳大利亚）

◆第 12 号案：新加坡在柔佛海峡及其附近填海造地临时措施案（马来西亚诉新加坡）

◆第 13 号案：“朱诺商人”号迅速释放案（圣文森特和格林纳丁斯诉几内亚比绍）

◆第 14 号案：“丰进丸”迅速释放案（日本诉俄罗斯）

◆第 15 号案：“富丸”迅速释放案（日本诉俄罗斯）

◆第 16 号案：孟加拉湾海洋边界划界争端（孟加拉国/缅甸）

◆第 18 号案：“路易莎”号商船案（圣文森特和格林纳丁斯诉西班牙）

◆第 19 号案：“弗吉尼亚·G”号商船案（巴拿马/几内亚比绍）

◆第 20 号案：“自由”号护卫舰临时措施案（阿根廷诉加纳）

◆第 22 号案：“北极日出”号临时措施案（荷兰诉俄罗斯）

◆第 23 号案：大西洋海洋边界划界争端（加纳/科特迪瓦）

◆第 24 号案：“艾瑞克·莱谢”号事件临时措施案（意大利诉印度）

◆第 25 号案：“诺斯塔”号商船案（巴拿马诉意大利）

◆第 26 号案：扣留三艘乌克兰海军船只临时措施案（乌克兰诉

俄罗斯）

◆第 27 号案：“圣·帕德莱·皮奥”号油轮临时措施案（瑞士诉尼日利亚）

◆第 28 号案：印度洋海洋边界划界争端（毛里求斯 / 马尔代夫）

◆第 29 号案：“圣·帕德莱·皮奥”号油轮（第 2 号）案（瑞士 / 尼日利亚）

◆第 30 号案：“英勇·伊登”号油轮迅速释放案（马绍尔群岛诉赤道几内亚）

◆第 32 号案：“英勇·伊登”号油轮（第 2 号）案（马绍尔群岛 / 赤道几内亚）

受理的咨询案件有 3 个，具体包括：

◆第 17 号案：国家担保自然人和实体在“区域”内活动的责任与义务咨询意见案（向海底争端分庭请求）

◆第 21 号案：次区域渔业委员会请求咨询意见案（向法庭请求）

◆第 31 号案：小岛屿国家气候变化与国际法委员会请求咨询意见案（向法庭请求）

在依据《海洋法公约》第十五部分第二节有关仲裁庭[①]的组建期间，法庭依据《海洋法公约》第 290 条第 5 款对临时措施案件拥有剩余强制管辖权。目前受理的此类案件有 9 个，包括第 3 号及第 4 号案南方蓝鳍

①《海洋法公约》第290条第5款提及的仲裁庭，是“根据本节（《海洋法公约》第十五部分第二节）正在提交争端的仲裁庭”。实践中，这里的仲裁庭主要是《海洋法公约》附件七的仲裁庭。笔者认为，根据《海洋法公约》第287条第1款第d项所指的附件八特别仲裁庭，也置于《海洋法公约》第十五部分第二节之下，理论上也应属于《海洋法公约》第290条第5款意义上的仲裁庭。不过截至目前，附件八特别仲裁仍停留在纸面上，尚无相关实践。

金枪鱼临时措施案（新西兰诉日本；澳大利亚诉日本）、第 10 号案混合氧化物核燃料工厂临时措施案（爱尔兰诉英国）、第 12 号案新加坡在柔佛海峡及其附近填海造地临时措施案（马来西亚诉新加坡）、第 20 号案“自由”号护卫舰临时措施案（阿根廷诉加纳）、第 22 号案“北极日出”号临时措施案（荷兰诉俄罗斯）、第 24 号案“艾瑞克·莱谢”号事件临时措施案（意大利诉印度）、第 26 号案扣留三艘乌克兰海军船只临时措施案（乌克兰诉俄罗斯）以及第 27 号案“圣·帕德莱·皮奥”号油轮临时措施案（瑞士诉尼日利亚）。另外，临时措施在法庭第 2 号案“塞加”号商船（第 2 号）案（圣文森特和格林纳丁斯诉几内亚）的实体部分审理之前也被启动。

法庭依据《海洋法公约》第 292 条对迅速释放案件也拥有强制管辖权。目前受理的此类案件有 10 个，包括第 1 号案“塞加”号商船迅速释放案（圣文森特和格林纳丁斯诉几内亚）、第 5 号案“卡莫柯”号迅速释放案（巴拿马诉法国）、第 6 号案“蒙特·卡夫卡”号迅速释放案（塞舌尔诉法国）、第 8 号案“大王子”号迅速释放案（伯利兹诉法国）、第 9 号案“崔思利利佛 2 号”迅速释放案（巴拿马诉也门）、第 11 号案“伏尔加河”号迅速释放案（俄罗斯诉澳大利亚）、第 13 号案“朱诺商人”号迅速释放案（圣文森特和格林纳丁斯诉几内亚比绍）、第 14 号案“丰进丸”迅速释放案（日本诉俄罗斯）、第 15 号案“富丸”迅速释放案（日本诉俄罗斯）以及第 30 号案“英勇·伊登”号油轮迅速释放案（马绍尔群岛诉赤道几内亚）。其中，第 9 号案“崔思利利佛 2 号”迅速释放案（巴拿马诉也门）因争端当事双方随后达成协议而被撤案。

提交法庭审理的实体案件主要涉及海洋划界、海洋资源可持续利用等争端。其中，法庭目前受理的海洋划界争端包括第 16 号案孟加拉湾海洋边界划界争端(孟加拉国/缅甸)、第23号案大西洋海洋边界划界争端(加纳/科特迪瓦)和第28号案印度洋海洋边界划界争端(毛里求斯/马尔代夫)。第7号案养护和可持续开发东南太平洋剑旗鱼种群案(智利/欧盟)是有关海洋资源可持续利用的案件，也是提交至依据《法庭规约》第15条第2款成立的专案分庭审理的首个案件。该案的争端一方为国家，另一方为作为自成一类国际组织的欧盟，由5名法官共同审理，后又在争端当事各方的共同请求下被撤案。

在争端当事各方的请求下，法庭还使用过特别分庭审理相关案件，包括第7号案养护和可持续开发东南太平洋剑旗鱼种群案(智利/欧盟)、第23号案大西洋海洋边界划界争端(加纳/科特迪瓦)和第28号案印度洋海洋边界划界争端(毛里求斯/马尔代夫)。

法庭目前受理了3个咨询案件，其中涉及海底争端分庭的咨询案件1个，涉及法庭全庭的咨询案件2个。《海洋法公约》明确规定了海底争端分庭的咨询管辖职能，但《海洋法公约》和《法庭规约》并没有明确规定法庭全庭具有咨询管辖职能。因此在实践中，法庭全庭是否具有咨询管辖职能，是一个颇具争议的问题。尽管中国、英国、美国、法国、澳大利亚等《海洋法公约》或《鱼类种群协定》的缔约国提交书面意见反对法庭全庭的咨询管辖职能，但法庭在第21号案次区域渔业委员会请求咨询意见案(向法庭请求)中作出了令人费解的法理阐述，强行建立了对该案的全庭咨询管辖权。法庭已受理的第31号案小岛屿国家气候变化与国际法委员会请求咨询意见案(向法庭请求)在管辖权方面也面临同样的挑战。

07

第七章

仲裁与海洋争端解决

仲裁（arbitration）是争端当事方依据仲裁条款或协议将争端提交至通过选任仲裁员而组建的仲裁庭来裁决并承诺接受裁决结果约束的争端解决方法。与诉讼程序相比，争端当事方在仲裁程序中拥有相对较多的自主性和私密性。争端当事各方可以自主选任仲裁员，相关法律文书也可以选择不向外界公开[1]。《海洋法公约》也把仲裁列为一种争端解决方法，包括一般仲裁、附件七仲裁和附件八特别仲裁，旨在裁决有关《海洋法公约》解释或适用的争端。

本章主要聚焦《海洋法公约》框架下的3种国际仲裁，包括一般仲裁（第一节）、《海洋法公约》附件七仲裁（第二节）以及附件八特别仲裁（第三节）。

---

① 例如，在混合氧化物核燃料工厂仲裁案（爱尔兰诉英国）中，一些材料基于机密的考虑并没有在常设仲裁法院（书记官处）的网站上公开。

第一节 一般仲裁

这里的一般仲裁，是指传统意义上的自愿仲裁。争端当事各方依据仲裁条款或仲裁协议一致同意通过选任仲裁员组建（特设）仲裁庭，将争端提交至仲裁庭裁决。仲裁庭作出的仲裁裁决具有法律拘束力。《海洋法公约》允许各缔约国在任何时候使用协议自行选择任何和平方法，解决有关《海洋法公约》解释或适用的争端。[①]这里自行选择的任何和平方法，当然包括自愿仲裁。在实践中，不少海洋争端都诉诸自愿仲裁，组建特设仲裁庭。

争端当事方通常依据双边或多边条约中的仲裁条款或签订特别仲裁协定诉诸自愿仲裁。例如，在**克罗地亚和斯洛文尼亚仲裁案**中，克罗地亚与斯洛文尼亚签订了一个仲裁协议（arbitration agreement），将两国领土和海洋争端提交仲裁。其中，仲裁协议的第 3 条规定了仲裁庭的任务，第 4 条规定了法律适用问题。在**厄立特里亚 / 也门－红海主权与海洋划界仲裁案**中，厄立特里亚和也门也签有类似的仲裁协定。

有些自愿仲裁案件登记在常设仲裁法院，由其担任书记官处，如**厄立特里亚 / 也门－红海主权与海洋划界仲裁案**（常设仲裁法院第 1996-04 号案）、**克罗地亚和斯洛文尼亚仲裁案**（常设仲裁法院第 2012-04 号案）等。另有一些仲裁案件并没有登记在常设仲裁法院，如**英法大陆架划界仲裁案**、**几内亚和几内亚比绍海洋边界划界仲裁案**、**几内亚比绍和塞内加尔海洋边界划界仲裁案**、**加拿大和法国海洋区域划界仲裁案**等。在**英法大陆架划界仲裁案**中，英、法两国于 1975 年在巴黎签订了仲裁协定，

---

① 《海洋法公约》第280条。

其第 1 条就规定了仲裁庭（Court of Arbitration）的组成人员。[1]**在加拿大和法国海洋区域划界仲裁案**中，加拿大和法国依据两国签订的“1989 年协定”组建仲裁庭（【法】tribunal d'arbitrage），并将仲裁庭所在地设在美国纽约。[2]

专栏 10：常设仲裁法院担任书记官处的海洋争端案件

1899 年和 1907 年，俄国沙皇尼古拉斯二世提议召开海牙和平会议，讨论和平与裁军问题。根据 1899 年第一次海牙和平会议通过的《和平解决国际争端公约》，常设仲裁法院于 1900 年在荷兰海牙成立。1899 年《和平解决国际争端公约》第 16 条规定，凡属法律性质的问题，特别是有关解释或适用国际公约的问题，各缔约国承认仲裁是解决通过外交途径所未能解决的纠纷的最有效、最公正的方法。第 20 条又规定，为便利将通过外交途径未能解决的国际争端立即诉诸仲裁，各缔约国承允组织的常设仲裁法院按照公约所载程序规则随时可以投诉和开庭，除非当事国另有相反的规定。截至目前，常设仲裁法院正担任 4 个国家间程序案件（含 2 个涉海仲裁案件）、105 个投资者与国家间的仲裁案件、65 个基于合同或其他协定涉及国家或其他公共实体案件的书记官处。

《海洋法公约》附件七仲裁庭以及特设仲裁庭审理的案件，不少都会登记在常设仲裁法院。不过，常设仲裁法院不是案件的裁决机构，仅负责仲裁庭等相关事项的组织工作，为仲裁案件提供庭审场所（荷兰海牙和平宫）等秘书或书记服务。

---

① *Delimitation of the Continental Shelf between the United Kingdom of Great Britain and Northern Ireland, and the French Republic (UK, France)*, Decision of 30 June 1977, RIAA, Vol. XVIII, 1977, p.5.

② *Affaire de la délimitation des espaces maritimes entre le Canada et la République française*, Décision du 10 juin 1992, RIAA, Vol. XXI, 1992, pp.271-272.

由常设仲裁法院担任书记官处的重要涉海仲裁案件包括：

◆常设仲裁法院第1996-04号案：厄立特里亚/也门－红海主权与海洋划界仲裁案

◆常设仲裁法院第2002-01号案：混合氧化物核燃料工厂仲裁案（爱尔兰诉英国）

◆常设仲裁法院第2004-02号案：巴巴多斯诉特立尼达和多巴哥仲裁案

◆常设仲裁法院第2004-04号案：圭亚那诉苏里南仲裁案

◆常设仲裁法院第2004-05号案：新加坡在柔佛海峡及其附近填海造地仲裁案（马来西亚诉新加坡）

◆常设仲裁法院第2010-16号案：孟加拉国和印度孟加拉湾海洋边界仲裁案

◆常设仲裁法院第2011-03号案：查戈斯海洋保护区仲裁案（毛里求斯诉英国）

◆常设仲裁法院第2012-04号案：克罗地亚和斯洛文尼亚仲裁案

◆常设仲裁法院第2013-11号案：自由号护卫舰仲裁案（阿根廷诉加纳）

◆常设仲裁法院第2013-16号案：帝汶海条约仲裁案（东帝汶诉澳大利亚）

◆常设仲裁法院第2013-19号案："南海仲裁案"（菲律宾诉中国）[①]

① 中国政府认为，菲律宾单方面提起仲裁违反包括《海洋法公约》争端解决机制在内的国际法。应菲律宾单方面请求建立的"南海仲裁案"仲裁庭自始无管辖权，所作出的裁决是无效的，没有拘束力。中国在南海的领土主权和海洋权益在任何情况下不受仲裁裁决的影响。中国不接受、不承认该裁决，反对且不接受任何以仲裁裁决为基础的主张和行动。参见国务院新闻办公室2016年7月13日发表的《中国坚持通过谈判解决中国与菲律宾在南海的有关争议》白皮书第120段。

◆常设仲裁法院第 2013-30 号案：大西洋鲱鱼仲裁案[丹麦（法罗群岛）诉欧盟]

◆常设仲裁法院第 2014-02 号案：北极日出号仲裁案（荷兰诉俄罗斯）

◆常设仲裁法院第 2014-07 号案："杜兹吉特·廉正"号仲裁案（马耳他诉圣多美和普林西比）

◆常设仲裁法院第 2015-28 号案："艾瑞克·莱谢"号事件（意大利诉印度）仲裁案

◆常设仲裁法院第 2015-42 号案：帝汶海条约仲裁案（东帝汶诉澳大利亚）

◆常设仲裁法院第 2017-06 号案：黑海、亚速海和刻赤海峡沿海国权利争端（乌克兰诉俄罗斯）仲裁案

◆常设仲裁法院第 2019-28 号案：扣留乌克兰海军船只及军人争端（乌克兰诉俄罗斯）仲裁案

除提供仲裁服务外，常设仲裁法院还为调解等其他争端解决程序或准争端解决程序担任书记官处，例如：

◆常设仲裁法院第 2013-14 号案：依据《南太平洋公海渔业资源养护和管理公约》建立的专家审议组（俄罗斯反对竹筴鱼养护与管理措施）

◆常设仲裁法院第 2016-10 号案：东帝汶和澳大利亚帝汶海强制调解案

◆常设仲裁法院第 2018-13 号案：依据《南太平洋公海渔业资源养护和管理公约》建立的专家审议组（厄瓜多尔反对竹筴鱼养护与管理措施）

若争端当事双方基于《国际法院规约》第 36 条第 2 款，都愿意接受任择性强制管辖，仲裁裁决的效力问题还可以被诉至国际法院。例如，几内亚比绍与塞内加尔于 1985 年 3 月 12 日达成仲裁协议，要求仲裁庭裁决相关海洋划界问题，仲裁庭于 1989 年 7 月 31 日作出裁决，即**几内亚比绍和塞内加尔海洋边界划界仲裁案**。1989 年 8 月 23 日，几内亚比绍在国际法院起诉塞内加尔，质疑 1989 年 7 月 31 日仲裁裁决的成立与效力，即**1989 年 7 月 31 日仲裁裁决（几内亚比绍诉塞内加尔）案**。

第二节 《海洋法公约》附件七仲裁

《海洋法公约》附件七仲裁，与国际法院、国际海洋法法庭的诉讼程序以及《海洋法公约》附件八特别仲裁一起，共同构成了《海洋法公约》第 287 条第 1 款框架下供争端当事各方备选的争端解决程序。在争端各方未做选择或选择失效的情形下，附件七仲裁便成为一种具有法律拘束力的强制程序。

一、双重属性

《海洋法公约》附件七仲裁，既可以是争端当事方通过书面声明事先选择的强制性程序，也可以是争端方未做选择或选择失效时具有保底功能的强制性程序。

（一）任择性

如果有关《海洋法公约》解释或适用的争端在诉诸《海洋法公约》第十五部分第一节规定的一般方法后仍未得到解决且在第三节（适用第二节的限制和例外）的限制下，争端一方可以在签署、批准或加入《海洋法公约》之时或在其后任何时间，以书面声明的方式选择按照附件七组成的仲裁庭解决有关争端。① 如果争端各方在书面声明中都接受用《海洋法公约》附件七仲裁程序解决某项争端，除各方另有协议外，争端仅可提交《海洋法公约》附件七仲裁程序。② 在实践中，截至 2019 年 8 月，白俄罗斯、加拿大、埃及、葡萄牙、俄罗斯、斯洛文尼亚、东帝汶、乌克兰通过书面声明将附件七仲裁列为《海洋法公约》第 287 条第 1 款框架下争端解决的第一选项或并列第一选项，德国、突尼斯将附件七仲裁列为第

① 《海洋法公约》第 286 条、第 287 条第 1 款。

② 《海洋法公约》第 287 条第 4 款。

二选项。

（二）保底性

如果某一缔约国是有效声明中没有包括的争端一方，该缔约国应被视为已接受附件七仲裁。[①]如果争端各方没有接受使用同一程序解决争端，除各方另有协议外，该争端仅可提交附件七仲裁。[②]在实践中，争端一方依据《海洋法公约》第287条向另一方发出书面的“仲裁通知（notification of arbitration）”，并载明其权利主张、任命的仲裁员等信息，启动附件七仲裁。即使争端另一方拒绝接受并退还这一通知，也不影响附件七仲裁程序的继续推进。

二、基本制度与程序

（一）基本制度

1. 组织制度

在附件七仲裁庭组建以前，缔约国首先应提名仲裁员。每名仲裁员均应在海洋事务方面富有经验并享有公平、才干和正直的最高声誉。联合国秘书长应编制并保持一份“仲裁员名单（list of arbitrators）”。每一缔约国有权提名4名仲裁员，列入“仲裁员名单”。[③]如果某一缔约国提名的仲裁员在“仲裁员名单”中少于4名，该缔约国有权按需增补。[④]如果缔约国决定撤回对某一仲裁员的提名，只要被撤回的仲裁员在仲裁程序完毕前继续在其被指派服务的仲裁庭中工作，该仲裁员在被撤回前仍应

---

①《海洋法公约》第287条第3款。

②《海洋法公约》第287条第5款。

③《海洋法公约》附件七第2条第1款。

④《海洋法公约》附件七第2条第2款。

列入“仲裁员名单”。[①]

《海洋法公约》附件七仲裁庭一般由仲裁员 5 人组成，但涉及多方仲裁的情形除外。[②]提起程序的争端当事一方应指派 1 名仲裁员，最好从“仲裁员名单”中选派，并可为其本国国民。[③]争端另一方在收到附件七仲裁通知后的 30 日内应指派 1 名仲裁员，最好也从“仲裁员名单”中选派，并可为其本国国民。若在该期限内未予指派，提起程序的一方可在该期间届满后 2 周内请求国际海洋法法庭庭长或年资次深法官（next senior member）指派。[④]除非另有协议，剩余 3 名仲裁员应为第三国国民，由当事各方以协议的方式最好从“仲裁员名单”中选派，并从其中选派 1 人为仲裁庭庭长。在收到附件七仲裁书面通知之日起的 60 日内，争端各方若未能达成选派剩余 1 名或 1 名以上仲裁员的协议或者未能达成指派庭长的协议，争端任何一方可在该期限届满后的 2 周内请国际海洋法法庭庭长或年资次深法官指派。[⑤]除非争端各方达成协议交由各方选派的人士或第三国作出指派，否则对前述两种情况，应由国际海洋法法庭庭长作出必要的指派。如果庭长不能依法指派或为争端一方的国民，应由可以担任这项工作且不是争端任何一方国民的国际海洋法法庭年资次深法官作出指派。国际海洋法法庭庭长或年资次深法官应在收到前述两种情况的指派请求后的 30 日内，同争端各方协商，从“仲裁员名单”中作出必要的指派。这样指派的仲裁员应属不同国籍，且不得为争端任何一方

①《海洋法公约》附件七第2条第3款。

②《海洋法公约》附件七第3条第a项。

③《海洋法公约》附件七第3条第b项。

④《海洋法公约》附件七第3条第c项。

⑤《海洋法公约》附件七第3条第d项。

的工作人员或其境内的通常居民或其国民。[①]如果仲裁员出现空缺，应以最初指派所规定的方式补缺。[②]拥有同一利益（same interest）的争端各方，应协议共同指派 1 名仲裁员。若争端若干方拥有彼此独立利益（separate interests）或者对是否拥有同一利益发生分歧，则争端每一方应指派 1 名仲裁员。由争端各方分别指派的仲裁员，其人数应始终比由争端各方共同指派的仲裁员少 1 人。[③]此外，争端各方还可以另外达成协议，对前述标准的附件七仲裁庭的组成进行适当的修改。

依据《海洋法公约》附件七第 3 条组成的仲裁庭，应按照《海洋法公约》附件七及《海洋法公约》的其他规定执行职务。[④]

2. 管辖制度

《海洋法公约》附件七仲裁的属人管辖范围并不限于缔约国。《海洋法公约》附件七的规定，应比照适用于涉及缔约国以外的实体的任何争端。[⑤]

（二）基本程序

争端任何一方可向争端另一方发出书面通知，将争端提交《海洋法公约》附件七仲裁程序。[⑥]提起程序的一方关于其权利主张及该权利主张所依据的理由的说明，以及指派的 1 名仲裁员都应列入书面通知。[⑦]

除非争端各方另有协议，仲裁庭应确定自己的程序，保证争端每一

---

① 《海洋法公约》附件七第3条第e项。

② 《海洋法公约》附件七第3条第f项。

③ 《海洋法公约》附件七第3条第g项。

④ 《海洋法公约》附件七第4条。

⑤ 《海洋法公约》附件七第13条。

⑥ 《海洋法公约》附件七第1条。

⑦ 《海洋法公约》附件七第1条。

方有陈述意见和提出主张的充分机会。[①]争端各方应便利仲裁庭的工作，特别应按照其本国法律使用一切可用的方法向法庭提供一切有关文件、便利和情报[②]，使仲裁庭在必要时能够传唤证人或专家和收受其证据，并视察同案件有关的地点。[③]即使争端一方不出庭或对案件不进行辩护，另一方也可请求仲裁庭继续进行程序并作出裁决。争端一方缺席或不对案件进行辩护，不妨碍程序的进行。在这种情况下，仲裁庭在作出裁决前，不但应查明自身对该争端确有管辖权，还应查明所提请求在事实上和法律上均确有根据。[④]

仲裁庭的裁决应以仲裁员过半数票作出。不到半数的仲裁员缺席或弃权，不会妨碍仲裁庭作出裁决；如果票数相等，庭长应投决定票（casting vote）。[⑤]仲裁庭的裁决书应以争端的主题事项为限，并应叙明其所根据的理由。裁决书应载明参与作出裁决的仲裁员姓名以及作出裁决的日期。任何仲裁员均可在裁决书上附加个别意见或不同意见。[⑥]除争端各方事前议定某种上诉程序外，裁决应有确定性，不得上诉，争端各方均应遵守裁决。[⑦]争端各方对仲裁裁决的解释或执行方式发生任何争议，可由任何一方提请作出该裁决的仲裁庭决定。如果仲裁员因此出现任何空缺，应以最初指派所规定的方式补缺。[⑧]面对其中任何争议问题，可由争端所有各方以协议的方式提交《海洋法公约》第287条所规定的另一法

---

①《海洋法公约》附件七第4条。
②《海洋法公约》附件七第6条第a项。
③《海洋法公约》附件七第6条第b项。
④《海洋法公约》附件七第9条。
⑤《海洋法公约》附件七第8条。
⑥《海洋法公约》附件七第10条。
⑦《海洋法公约》附件七第11条。
⑧《海洋法公约》附件七第12条第1款。

院或法庭解决。[①]

三、有关海洋法的仲裁实践

在实践中，《海洋法公约》附件七仲裁作为一种强制程序，一旦启动便难以停滞，往往步步推进直至裁决。尽管强制程序的启动存在一些法律抑制条件，如管辖权条款、限制与例外条款、善意与禁止权利滥用条款等，但这些条件往往缺乏明确的法律标准，导致争端另一方（被告方）通常会陷入“层层招架、层层失守”的境地。目前，提交《海洋法公约》附件七仲裁的案件涉及环境保护、填海造地、船只扣留、海洋划界等诸多事项。绝大多数相关仲裁案件由常设仲裁庭担任书记官处，还有不少案件涉及在国际海洋法法庭启动临时措施。实践中的附件七仲裁案件也并非都以仲裁裁决告终。在仲裁程序进行中，争端当事双方还可达成争端解决协议，附在最后的仲裁裁决之中。

专栏 11：提交《海洋法公约》附件七仲裁的重要案件

目前，提交《海洋法公约》附件七仲裁的重要案件包括：

◆混合氧化物核燃料工厂仲裁案（爱尔兰诉英国）

◆巴巴多斯诉特立尼达和多巴哥仲裁案

◆圭亚那诉苏里南仲裁案

◆新加坡在柔佛海峡及其附近填海造地仲裁案（马来西亚诉新加坡）

◆孟加拉国和印度孟加拉湾海洋边界仲裁案

◆查戈斯海洋保护区仲裁案（毛里求斯诉英国）

◆自由号护卫舰仲裁案（阿根廷诉加纳）

---

①《海洋法公约》附件七第12条第2款。

◆“南海仲裁案”（菲律宾诉中国）

◆大西洋鲱鱼仲裁案[丹麦（法罗群岛）诉欧盟]

◆北极日出号仲裁案（荷兰诉俄罗斯）

◆“杜兹吉特·廉正”号仲裁案（马耳他诉圣多美和普林西比）

◆“艾瑞克·莱谢”号事件（意大利诉印度）仲裁案

◆黑海、亚速海和刻赤海峡沿海国权利争端（乌克兰诉俄罗斯）仲裁案

◆扣留乌克兰海军船只及军人争端（乌克兰诉俄罗斯）仲裁案

◆南方蓝鳍金枪鱼仲裁案（澳大利亚/日本；新西兰/日本）

绝大多数提交附件七仲裁的案件由常设仲裁法院担任书记官处。这些案件包括混合氧化物核燃料工厂仲裁案（爱尔兰诉英国）、巴巴多斯诉特立尼达和多巴哥仲裁案、圭亚那诉苏里南仲裁案、新加坡在柔佛海峡及其附近填海造地仲裁案（马来西亚诉新加坡）、孟加拉国和印度孟加拉湾海洋边界仲裁案、查戈斯海洋保护区仲裁案（毛里求斯诉英国）、自由号护卫舰仲裁案（阿根廷诉加纳）、“南海仲裁案”（菲律宾诉中国）、大西洋鲱鱼仲裁案[丹麦（法罗群岛）诉欧盟]、北极日出号仲裁案（荷兰诉俄罗斯）、“杜兹吉特·廉正”号仲裁案（马耳他诉圣多美和普林西比）、“艾瑞克·莱谢”号事件（意大利诉印度）仲裁案以及黑海、亚速海和刻赤海峡沿海国权利争端（乌克兰诉俄罗斯）仲裁案和扣留乌克兰海军船只及军人争端（乌克兰诉俄罗斯）仲裁案。此外，国际投资争端解决中心（International Centre for Settlement of Investment Disputes, ICSID）曾担任南方蓝鳍金枪鱼仲裁案（澳大利亚/日本；新西兰/日本）的书记官处。[1]

① *Southern Bluefin Tuna Case between Australia and Japan and between New Zealand and Japan*, Decision of 4 August 2000, RIAA, Vol. XXIII, 2000, para.8.

由于组建《海洋法公约》附件七仲裁庭需要耗费较长的时间，故有关争端当事方可以在仲裁庭组建期间协商确定请求规定临时措施的机构。若在请求之日起 2 周内未能达成协议，国际海洋法法庭或海底争端分庭（若涉及“区域”内活动）就拥有剩余强制管辖权。这就意味着提交附件七仲裁的案件及其相应的临时措施案会由不同的司法机构处理。相互关联的案件包括混合氧化物核燃料工厂仲裁案（爱尔兰诉英国）及国际海洋法法庭第 10 号案混合氧化物核燃料工厂临时措施案（爱尔兰诉英国），南方蓝鳍金枪鱼仲裁案（澳大利亚 / 日本；新西兰 / 日本）及国际海洋法法庭第 3 号及第 4 号案南方蓝鳍金枪鱼临时措施案（新西兰诉日本；澳大利亚诉日本），新加坡在柔佛海峡及其附近填海造地仲裁案（马来西亚诉新加坡）及国际海洋法法庭第 12 号案新加坡在柔佛海峡及其附近填海造地临时措施案（马来西亚诉新加坡），自由号护卫舰仲裁案（阿根廷诉加纳）及国际海洋法法庭第 20 号案“自由”号护卫舰临时措施案（阿根廷诉加纳），北极日出号仲裁案（荷兰诉俄罗斯）及国际海洋法法庭第 22 号案“北极日出”号临时措施案（荷兰诉俄罗斯），“艾瑞克 · 莱谢”号事件（意大利诉印度）仲裁案及国际海洋法法庭第 24 号案“艾瑞克 · 莱谢”号事件临时措施案（意大利诉印度），扣留乌克兰海军船只及军人争端（乌克兰诉俄罗斯）仲裁案及国际海洋法法庭第 26 号案扣留三艘乌克兰海军船只临时措施案（乌克兰诉俄罗斯）。

在实践中，提交附件七仲裁的案件也并非都以仲裁裁决告终。例如，在混合氧化物核燃料工厂仲裁案（爱尔兰诉英国）中，爱尔兰与英国作为当时的欧共体成员国，在欧共体框架之外通过《海洋法公约》附件七仲裁寻求争端解决，引起了欧共体委员会的关注。后来，欧共体委员会在欧洲法院对爱尔兰起诉，爱尔兰请求附件七仲裁庭中止仲裁程序。欧洲法院作出判决后，爱尔兰撤回了仲裁请求，附件七仲裁庭也终止了仲裁程序。再如，在**大西洋鲱鱼仲裁案[丹麦（法罗群岛）诉欧盟]**中，争端当事双方因达成相关协议而共同请求仲裁庭终止仲裁程序。

在附件七仲裁程序进行过程中，争端当事双方还可达成争端解决协议，附在最后的仲裁裁决之中。例如，在**新加坡在柔佛海峡及其附近填海造地仲裁案（马来西亚诉新加坡）**中，马来西亚与新加坡在仲裁程序进行中达成“解决协议（settlement agreement）”。后来，附件七仲裁庭依据“解决协议”作出双方议定的仲裁裁决（award on agreed terms），并将“解决协议”附在仲裁裁决之后。

争端当事双方还可以通过谈判协商达成协议，对《海洋法公约》附件七仲裁中的相关程序规定进行必要的修改。例如，《海洋法公约》附件七仲裁庭一般应由仲裁员5人组成，而在**“杜兹吉特·廉正”号仲裁案（马耳他诉圣多美和普林西比）**中，马耳他与圣多美和普林西比通过谈判协商达成了协议，组建了由3名仲裁员组成的仲裁庭。

第三节 《海洋法公约》附件八特别仲裁

《海洋法公约》附件八特别仲裁庭，也是供争端当事各方依据《海洋法公约》第 287 条第 1 款备选的四大争端解决机构之一。如果有关《海洋法公约》解释或适用的争端在诉诸《海洋法公约》第十五部分第一节规定的一般方法后仍未得到解决且在第三节（适用第二节的限制和例外）的限制下，争端一方可以在签署、批准或加入《海洋法公约》之时或在其后任何时间，以书面声明的方式选择按照附件八组成的处理其中所列的一类或一类以上争端的特别仲裁庭解决有关争端。[①]据此，附件八特别仲裁（special arbitration）程序的适用，存在两个条件：一是争端当事各方依据《海洋法公约》第 287 条第 1 款选择了这一程序；二是当事各方提交的争端属于附件八特别仲裁所列明的 4 种争端类型。目前，附件八特别仲裁仍停留在纸面上，尚无相关实践。

一、基本制度

（一）管辖制度

《海洋法公约》附件八特别仲裁的属事管辖范围为有关《海洋法公约》解释或适用的特定领域争端。这些领域的争端多具有较强的专业技术性，需要相关专家的协助。具体而言，附件八特别仲裁的属事管辖范围包括：一是有关《海洋法公约》解释或适用的渔业（fisheries）争端；二是有关《海洋法公约》解释或适用的保护和保全海洋环境（protection and preservation of the marine environment）争端；三是有关《海洋法公约》解释或适用的海洋科学研究（marine scientific research）争端；四是有关

① 《海洋法公约》第286条、第287条第1款。

《海洋法公约》解释或适用的，包括来自船只和倾倒造成的污染的航行（navigation, including pollution from vessels and by dumping）争端。[①]

（二）组织制度

在特别仲裁庭（special arbitral tribunal）组建之前，首先需要围绕渔业、保护和保全海洋环境、海洋科学研究和包括来自船只和倾倒造成污染的航行四个领域，分别编制和保持“专家名单（list of experts）”。[②]为便于仲裁员的指派，由联合国粮食及农业组织（Food and Agriculture Organization of the United Nations）或其授权的适当附属机构编制并保持渔业领域的专家名单；由联合国环境规划署（United Nations Environment Programme）或其授权的适当附属机构编制并保持保护和保全海洋环境领域的专家名单；由政府间海洋学委员会（Intergovernmental Oceanographic Commission）或其授权的适当附属机构编制并保持海洋科学研究领域的专家名单；由国际海事组织（International Maritime Organization）或其授权的适当附属机构编制并保持包括来自船只和倾倒造成污染的航行领域的专家名单。[③]每一缔约国在每一领域有权提名 2 名专家，列入“专家名单”。被提名的专家应在法律、科学或技术上被公认确有专长并享有公平和正直的最高声誉。[④]如果某一缔约国提名的专家在“专家名单”内少于 2 名，该缔约国有权按需增补。[⑤]如果缔约国决定撤回对某一专家的提名，只要被撤回的专家在特别仲裁程序完毕前继续在其被指派服务的特别仲

①《海洋法公约》附件八第1条。

②《海洋法公约》附件八第2条第1款。

③《海洋法公约》附件八第2条第2款。

④《海洋法公约》附件八第2条第3款。

⑤《海洋法公约》附件八第2条第4款。

裁庭中工作，该专家在撤回前仍应列入“专家名单”。[①]

《海洋法公约》附件八特别仲裁庭一般由5名仲裁员组成，涉及多方仲裁的情形除外。[②]提起程序的争端当事一方应指派2名仲裁员，最好从“专家名单”中选派，其中1名可为其本国国民。[③]争端另一方在收到特别仲裁通知后的30日内应指派2名仲裁员，最好也从“专家名单”中选派，其中1名可为其本国国民。若在该期限内未予指派，提起程序的一方可在该期间届满后2周内请求联合国秘书长指派。[④]在收到附件八特别仲裁书面通知之日起的30日内，争端各方应以协议的方式并最好从“专家名单”中指派特别仲裁庭庭长。如果在该期限内未能达成指派庭长的协议，争端任何一方可在该期限届满后的2周内请求联合国秘书长指派。[⑤]除非争端各方达成协议交由各方选派的人士或第三国作出指派，联合国秘书长应在收到前述两种情况的指派请求后的30日内，同争端各方和有关国际组织协商，从“专家名单”中作出必要的指派。这样指派的仲裁员应属不同国籍，且不得为争端任何一方的工作人员或其领土内的通常居民或其国民。[⑥]如果仲裁员出现任何空缺，应以最初指派所规定的方式补缺。[⑦]拥有同一利益的争端各方，应以协议共同指派2名仲裁员。若争端若干方拥有彼此独立利益或者对是否拥有同一利益发生分歧，则争端每一方应指派1名仲裁员。[⑧]此外，争端各方还可以另外达成协议，

---

①《海洋法公约》附件八第2条第5款。

②《海洋法公约》附件八第3条第a项。

③《海洋法公约》附件八第3条第b项。

④《海洋法公约》附件八第3条第c项。

⑤《海洋法公约》附件八第3条第d项。

⑥《海洋法公约》附件八第3条第e项。

⑦《海洋法公约》附件八第3条第f项。

⑧《海洋法公约》附件八第3条第g项。

对前述标准的附件八特别仲裁庭的组成进行适当的修改。

二、基本程序

（一）程序启动

如果争端各方依据《海洋法公约》第 287 条选择附件八特别仲裁程序且提交的争端属于其属事管辖范围，其任何一方可向争端另一方发出提起程序的书面通知。[①] 提起程序的一方关于其权利主张及该权利主张所依据的理由的说明，以及指派的 2 名仲裁员都应列入书面通知。[②]

（二）事实认定

《海洋法公约》附件八特别仲裁拥有事实认定的特殊职责。争端各方可以达成协议，请求特别仲裁庭进行调查，以确定引起这一争端的事实。[③] 除非争端各方另有协议，特别仲裁庭对事实的认定在争端各方之间应视为具有确定性。[④] 如经争端所有各方请求，特别仲裁庭还可以拟具建议。不过，这种建议没有裁决的效力，仅作为有关各方对引起争端的问题进行审查的基础。[⑤]

（三）比照适用

《海洋法公约》附件七第 4 条至第 13 条，比照适用于附件八特别仲裁程序。[⑥] 这里主要涉及仲裁庭职务的执行、程序、争端各方的职责、开支、作出裁决所需要的多数、不到案、裁决书、裁决的确定性、裁决的解释或执行以及对缔约国以外的实体的适用。

---

①《海洋法公约》附件八第 1 条。

②《海洋法公约》附件八第 1 条、第 3 条第 b 项。

③《海洋法公约》附件八第 5 条第 1 款。

④《海洋法公约》附件八第 5 条第 2 款。

⑤《海洋法公约》附件八第 5 条第 3 款。

⑥《海洋法公约》附件八第 4 条。

08

第八章

评价：何谓成功的海洋争端解决

海洋争端具有高度的政治敏感性，争端的解决过程往往复杂、耗时，甚至前途难测。当前，法律工具主义在蔓延，司法能动主义在扩张，裁决形式主义在涌现。有的海洋争端在经历各种解决方法或程序之后，仍没有得到最终解决或仍没有出现积极进展。有的争端当事方基于各种复杂的政治动机，将争端解决方法当作政治工具，强行发起不恰当、不友好的争端解决程序，以便单方获取政治优势和谈判砝码。有的第三方司法裁决者基于复杂的政治考虑甚至纯粹的私利考量，对国与国之间争端解决的实质进展和结果漠不关心，在法律赋予的神圣的自由裁量空间里以隐秘的方式滥用程序权力，以法律解释为掩护趁机进行法律创制，以花样繁多的“逻辑自洽”追求纸面上的形式结果，放任争端形式裁决与实质解决之间的鸿沟。

面对各种复杂的争端解决运作，我们在这里便自然地提出什么才是成功的海洋争端解决。在回答这一问题时，我们首先应搞清楚海洋争端解决的使命任务是什么（第一节），然后再讨论当前海洋争端成功解决所面临的现实困境（第二节），最后提出若干指导海洋争端成功解决的原则（第三节）。

第一节　海洋争端解决的使命任务

在现代海洋法律秩序中，相当一大部分的规范、原则与规则（包括国际仲裁等争端解决方法），曾受西方历史进程的影响。[①]要探寻海洋争端解决的使命任务，不妨先回到1899年和1907年两次海牙和平会议及其制定和修订的《和平解决国际争端公约》。在此之前，以战争等非和平方法解决国际争端的做法，并未受到当时西方国际法的否定。1899年《和平解决国际争端公约》的使命之一是"扩大法律的适用范围（【法】étendre l'empire du droit）"。[②]依据1899年《和平解决国际争端公约》，为在各国关系中尽可能防止诉诸武力，各缔约国同意竭尽全力保证和平解决国际争端。[③]国际仲裁的目的是由各国自己选择的法官（【法】juges de leur choix）并在尊重法律（【法】respect du droit）的基础上，解决各国之间的纠纷。[④]凡属法律秩序的问题（【法】questions d'ordre juridique），特别是有关解释或适用国际公约的问题（【法】questions d'interprétation ou

---

① 一般认为，西方的现代海洋秩序起源于15世纪末"地理大发现"。起初，世界的海洋被欧洲的教宗诏书（Papal bull）和《托尔德西里亚斯条约》（Treaty of Tordesillas）一分为二，由西班牙和葡萄牙分别控制。很快，西班牙和葡萄牙的海洋主张被欧洲其他国家所挑战。这些欧洲新兴海洋强国认为海洋是大自然赠予的、供所有国家使用的礼物，提出了"海洋自由"的原则。现代国际海洋法奠基人、荷兰法学家格老秀斯（Hugo Grotius）于1609年出版的《自由的海》（*Mare Liberum*）一书，为"海洋自由"的原则提供了重要的理论支撑。随着欧洲政治平衡的变化以及英格兰的崛起，英格兰法律文物收藏家、政治家塞尔登（John Selden）于1635年提出了"封闭的海（mare clausum）"的主张，认为单一国家可以统治公海，与格老秀斯的观点针锋相对。尽管塞尔登的观点并没有得到广泛的支持，但发展了"领海原则"，即沿海国对沿着海岸线一定范围的水域拥有权利。另一位荷兰法学家宾刻舒克（Cornelius van Bynkershoek）提出"大炮射程论"，认为领海的宽度止于大炮的射程范围。"领海原则"在世界范围内受到了广泛的支持。一些沿海国开始主张基线起3海里的宽度，后来又有国家主张6海里或12海里的宽度。在1945年联合国成立以前，美国和欧洲列强控制着海洋的法律与实践，规范全球海洋使用的综合性国际机制尚未形成。

② 1899年《和平解决国际争端公约》序言。

③ 1899年《和平解决国际争端公约》第1条。

④ 1899年《和平解决国际争端公约》第15条。

d'application des conventions internationales)，各缔约国承认仲裁是解决通过外交途径所未能解决的纠纷的最有效、最公正的方法。[①]诉诸国际仲裁，需要各缔约国订立仲裁条约(【法】convention d'arbitrage)。[②]这些都意味着，最初的国际仲裁制度始于对武力等非和平方法解决国际争端的背弃，并与法律性争端的限定紧密相连，充分尊重争端当事国的选择意愿。

40多年后，《联合国宪章》在总结两次世界大战历史教训的基础上，继续捍卫和平解决国际争端的原则，继续支持争端解决的政治或外交方法和法律方法，继续尊重争端当事方在国际法院等第三方法律裁决机制和程序中的意愿。20世纪50年代至80年代，联合国组织召开了三次海洋法会议。其中，1973年至1982年召开的第三次联合国海洋法会议最终达成了《联合国海洋法公约》。《海洋法公约》进一步强化了1899年以来确立的和平解决国际争端原则，并呼应了《联合国宪章》规定的各类争端解决方法或程序。《海洋法公约》争端解决机制是一个兼具雄心与务实，自愿与强制、原则与例外相平衡的复杂机制，旨在处理有关《海洋法公约》解释或适用的争端。尽管强制性争端解决程序(特别是强制仲裁)是《海洋法公约》争端解决框架体系中的一部分，也是《海洋法公约》最具特色的制度设计之一，但《海洋法公约》争端解决的整体框架是各缔约国在制定《海洋法公约》时达成的妥协交易，并没有从根本上否定1899年以来国际争端和平解决的各类方法，也不意味着强制性争端解决程序已成为国际争端解决的新发展方向。

《海洋法公约》的缔约目的引领着海洋争端解决。《海洋法公约》在

---

① 1899年《和平解决国际争端公约》第16条。

② 1899年《和平解决国际争端公约》第17条第1款。

序言中载明，要“本着以互相谅解和合作的精神解决与海洋法有关的一切问题的愿望”，要“认识到本公约对于维护和平、正义和全世界人民的进步作出重要贡献的历史意义”，要“意识到各海洋区域的种种问题都是彼此密切相关的，有必要作为一个整体来加以考虑”，“在本公约中所达成的海洋法的编纂和逐渐发展，将有助于按照《联合国宪章》所载的联合国的宗旨和原则巩固各国间符合正义和权利平等原则的和平、安全、合作和友好关系，并将促进全世界人民的经济和社会方面的进展”。这一缔约目的对正确运用《海洋法公约》争端解决机制，也发挥着引领作用。对于海洋争端解决，无论采取何种解决方法或程序，都应有利于维护海上和平、发展、安全、合作等《海洋法公约》彰显的精神价值，有利于在争端各方之间切实发挥定分止争的作用，有利于国际海洋秩序的总体安全与长久稳定。

第二节　海洋争端解决的现实困境

当前，海洋争端解决的一些实践正在受到法律程序工具化、司法权力扩张化、裁决结果形式化的裹挟。面对海洋争端特别是兼具政治与法律属性或兼有涉海与非涉海事项的混合型争端，有的争端当事方为谋求政治优势和谈判砝码，将争端解决方法当成政治工具，强行发起不恰当、不友好的争端解决程序。有的第三方司法裁决者基于复杂的政治考虑甚至纯粹的私利考量，以隐秘的方式滥用程序权力，用法律创制（law creation）代替法律解释，以所谓“逻辑自洽”追求纸面上的形式结果，放任争端形式裁决与实质解决之间的鸿沟。

笔者在这里不禁要提出一个问题：谁是海洋争端解决程序运作的潜在受益者？这可能与海洋争端解决过程的溢出效应（spillover effect）相关。面对各种复杂的海洋争端，争端解决的相关方法或程序往往具有独立的价值。有的争端当事方对争端解决的各种方法或程序开展策略性运用，其手法包括削足法、连环法、转场法、跨界法等。程序的策略性运用是否构成或者在多大程度上构成程序的滥用，在当前的国际法律机制以及涉海司法实践中还是一个不明确但值得讨论的问题。

一、溢出效应

海洋争端解决机制的设计初衷，是帮助争端当事各方和平解决海洋争端，切实发挥定分止争的作用。理论上，争端当事各方应是争端成功解决的受益者。然而在实践中，海洋争端解决的潜在受益者，并不仅仅局限于争端当事各方，海洋争端解决的过程本身也存在着一些溢出效应。

（一）政治优势

海洋争端解决的法律程序有时可以被争端当事一方用作政治工具，

获取单方政治优势和谈判砝码。例如，当事一方发起强制仲裁程序，另一方质疑仲裁庭的管辖权，并拒绝参与程序。此时，仲裁庭极有可能作出有利于程序发起方的裁决结果。如果争端当事双方未来围绕同一争议事项及其相关事项展开新一轮的谈判协商，那么，仲裁庭之前的裁决结果有可能会对程序发起方形成一定的政治优势和谈判砝码。即使程序发起方不认为强制仲裁能成功解决双方的海洋争端，甚至认为只有谈判协商才能实质上解决海洋争端，该方依然可能会提起强制仲裁程序，仅为获取谈判协商中的政治优势和砝码。这显示出，海洋争端解决程序有时会具有独立的工具价值。

（二）法律创制

海洋争端的法律解决会为法院或法庭提供发展国际法、海洋法的战略机遇。目前国际条约中部分相关条款表述模糊、笼统甚至前后矛盾[①]，为法院或法庭的法律解释留下了宽阔的空间（broad scope for interpretation）。虽然 1969 年《维也纳条约法公约》规定了条约解释规则[②]，但这些规则十分复杂，本身也存在着解释的问题。一直以来，司法裁决者的传统职责是“揭示”法律，并非“创造”法律。[③]然而在实践

① 多边国际条约，特别是《海洋法公约》等大型多边条约，往往是几十个甚至一百多个缔约国（缔约方）达成妥协和平衡的结果。为解决众口难调的问题，条约起草者在缔约期间有时会践行“故意性模糊”的缔约策略，甚至会牺牲一些约文表述的严谨性、准确性、一致性，以换取各方在法律文本上尽快达成妥协与共识。这就可能导致国际条约中有些约文的表述过于笼统、复杂甚至前后矛盾。

②《维也纳条约法公约》第31条至第33条。

③ 即便是被学者们贴上“遵循先例”标签的普通法地区（如英格兰），早期的法学家也都认为法官的职责在于发现被隐藏的法律。例如，曾在17世纪的英国任大法官的哲学家培根（Francis Bacon）在其1612年的《论司法》（Of Judicature）一文中就开宗明义地指出，司法者应该记住，他们的职责是宣告法律（【拉】*jus dicere*），而不是制造法律（【拉】*jus dare*），是解释法律，而不是创造法律或者生产法律。被誉为“普通法的莎士比亚”的英国著名法学家爱德华·科克（Edward Coke）在其《普通法案例报告集》中同样指出，新的司法裁决并不创造新的法律，而是使旧的法律清楚明白；司法裁决就是宣告法律，它使以前被隐藏的法律被重新揭示出来。

中，法律创制与法律解释之间的界限一直比较模糊，有的司法裁判者在解释法律过程中很容易超越法律原意，使用法律创制来代替法律解释，隐秘地扮演“立法者”的角色，造成事实上的“造法”效果。例如，《海洋法公约》第192条规定了保护与保全海洋环境的一般义务（general obligation），但《海洋法公约》并没有给出“环境”一词的法律定义。海洋生物资源是否属于“环境”的范畴，并不是明确的。国际海洋法法庭在**南方蓝鳍金枪鱼临时措施案（新西兰诉日本；澳大利亚诉日本）**中对此进行了法律解释，明确地将“海洋生物资源的养护（conservation of the living resources of the sea）”视为保护和保全海洋环境中的一项内容。[①]这样，争端解决的法律程序对法院或法庭而言，在某种程度上演变成了法律创制的舞台和发展国际法、海洋法的战略机遇。另外，一些司法裁决机构通过行使自裁管辖权[②]以及使用“逻辑自洽”的说理，倾向否定对其拥有管辖权的各方质疑，以捍卫这一舞台和机遇。使用法律创制代替法律解释的实践做法，也被国际学术界所察觉和批评。例如，曾有仲裁庭借助审理仲裁案的机会，对《海洋法公约》第121条第3款进行了前所未有的“扩大解释”。法国巴黎第一大学荣休教授艾森曼（Pierre Michel Eisemann）对此进行了批评，认为该仲裁庭对《海洋法公约》第121条第3款的所谓“解释”根本不能成立，因为仲裁庭无视立法准备文件（【法】travaux préparatoires）和国家实践，根本没有解释《海洋法公约》法律文本，仅为行使“重写（【法】réécrire）法律文本的自由。[③]

---

① *Southern Bluefin Tuna Cases* (New Zealand v. Japan; Australia v. Japan), Provisional Measures, Order of 27 August 1999, ITLOS Reports 1999, 280, at p.295, para.70.

②《海洋法公约》第288条第4款。

③ EISEMANN P M. Qu’est-ce qu’un rocher au sens de la Convention de Montego Bay de 1982?. Observations sur la sentence arbitrale du 12 juillet 2016 relative à la mer de Chine méridionale[J]. Revue générale de droit international public, 2020, Vol.124, No. 1: 7-38.

（三）经济利益

有些海洋争端解决程序的启动和运转，特别是强制仲裁程序，能够为律师以及仲裁员提供丰厚的报酬。现实中，强制仲裁庭很难依据《海洋法公约》第 288 条第 4 款完全否定自己的管辖权。在经济利益的驱动下，一些处理国际公法业务的律师为开拓案源和推销业务，调词架讼、挑动是非，撺掇争端当事一方对另一方发起费用昂贵的司法或仲裁程序，以获取丰富的诉讼经验和丰厚的经济利益，将海洋争端解决引向歧途。强制程序中的仲裁员也会因提供仲裁服务而获得可观的经济报酬。

二、策略运用

海洋争端解决方法或程序的运用，是一个具有策略性的复杂问题，其运用形态千变万化。基于目前的法律实践，笔者在这里提出一些初步观察，包括削足法、连环法、转场法、跨界法等。现实中的海洋争端解决可能更加复杂，还会对各种手法进行再次融合使用。

（一）削足法

程序运用的削足法，主要是指在混合型涉海争端中争端一方为满足特定管辖范围的要求仅提交部分争议事项。例如，在兼有岛屿归属事项与海洋权利事项的混合型争端中，争端当事一方为追求“削足适履”的效果，在强制仲裁程序中仅提交有关《海洋法公约》解释或适用的争议事项，以帮助仲裁庭确立管辖权。在实践中，有的争端方故意向相关法庭展示对领土主权事项的“削足”动作，通过“一加一减”的假动作来引导法庭确立对其有利的争端内部关系，以避免领土主权事项对整个混合型争端发挥主导牵引作用。[①]

---

① 参见本书第一章第一节关于混合争端的论述。

（二）连环法

程序运用的连环法，主要是指争端一方围绕同一个或属于同一类争议事项先后或集中地采用不同的争端解决方法或程序。

有的海洋争端会在一个较长的时间段里先后经历谈判协商、仲裁、诉讼等多个争端解决方法或程序。例如，几内亚比绍与塞内加尔从 1977 年开启了海域划界争议的谈判，但没有取得期待的结果。两国于 1985 年 3 月 12 日又达成仲裁协议，要求仲裁庭裁决提交的两个问题，仲裁庭于 1989 年 7 月 31 日作出裁决，即**几内亚比绍和塞内加尔海洋边界划界仲裁案**。1989 年 8 月 23 日，几内亚比绍在国际法院起诉塞内加尔，质疑 1989 年 7 月 31 日仲裁裁决的成立与效力，即**1989 年 7 月 31 日仲裁裁决（几内亚比绍诉塞内加尔）**案。在该案的程序进展中，1991 年 3 月 12 日，几内亚比绍在国际法院对塞内加尔又提出新的诉讼请求，要求划定两国海洋边界，即**几内亚比绍和塞内加尔间海洋划界（几内亚比绍诉塞内加尔）**案。1991 年 11 月 12 日，国际法院对**1989 年 7 月 31 日仲裁裁决（几内亚比绍诉塞内加尔）**案作出判决。1993 年 10 月 14 日，几内亚比绍和塞内加尔签署了争议海域渔业和大陆架资源的共同开发协议，并同意国际法院终止程序。1995 年 11 月 8 日，国际法院宣布终止**几内亚比绍和塞内加尔间海洋划界（几内亚比绍诉塞内加尔）**案的审理程序。

有的海洋争端会在某个较短的时间段里集中经历仲裁、诉讼、强制调解、谈判协商等多个争端解决方法或程序。例如，2013 年至 2016 年间，东帝汶对澳大利亚提起了各种争端解决的法律程序。2013 年 1 月 8 日，东帝汶加入《海洋法公约》。2013 年 4 月 23 日，东帝汶在《帝汶海条约》框架下以间谍活动为由主张两国于 2006 年 1 月 12 日缔结的《帝汶海特定海上安排条约》无效，对澳大利亚提起仲裁程序，即**常设仲裁**

法院第 2013-16 号帝汶海条约仲裁案（东帝汶诉澳大利亚）。2013 年 12 月 17 日，东帝汶向国际法院提起诉讼程序，指控澳大利亚没收和扣留某些文件和数据的行动，包括东帝汶与其法律顾问之间的往来通信，即收缴和扣押某些文件和数据的问题（东帝汶诉澳大利亚）案。后来，国际法院发布临时措施命令，澳大利亚才向东帝汶归还了这些文件和数据。2015 年 9 月 15 日，东帝汶在《帝汶海条约》框架下就输油管道管辖权的一些问题对澳大利亚进一步提起仲裁程序，即常设仲裁法院第 2015-42 号帝汶海条约仲裁案（东帝汶诉澳大利亚）。由于未能说服澳大利亚就海洋边界问题进行谈判，2016 年 4 月 11 日，东帝汶依据《海洋法公约》向澳大利亚发出调解通知，提起强制调解程序，即东帝汶和澳大利亚帝汶海强制调解案。在强制调解的程序进展中，2017 年 1 月 20 日，东帝汶撤回了此前启动的常设仲裁法院第 2013-16 号帝汶海条约仲裁案（东帝汶诉澳大利亚）和常设仲裁法院第 2015-42 号帝汶海条约仲裁案（东帝汶诉澳大利亚）中的仲裁请求。2018 年 3 月 6 日，澳大利亚和东帝汶正式签署了《海洋边界条约》。5 月 9 日，调解委员会发布了“报告和建议”，强制调解程序由此结束。

（三）转场法

程序运用的转场法，主要是指争端当事一方向涉海争端解决机构的非诉平台、准涉海争端解决平台、非争端解决平台或非涉海争端解决平台、国内司法程序平台等提交与国际海洋争端相关的案件、问题、诉求等，意在影响海洋争端本身的发展走向和解决进程。从目前的实践来看，向国际海洋法法庭全庭请求特定问题的咨询意见、向大陆架界限委员会单独或联合提交争议海域的划界案等是比较典型的转场法运用。理论上，转场法的运用形态复杂多样，往往需要对提出的具体请求、具体问题等进行“包装”或“转换”，以契合相关平台的管辖范围和提交要求，在此不再多述。

（四）跨界法

程序运用的跨界法，主要是指争端一方把非海洋事项“包装”或“转换”成海洋事项提交至《海洋法公约》争端解决机制。强制性争端解决程序是国际法上较为少见且《海洋法公约》最具特色的制度设计之一，对非涉海事项的当事方也存在着一定的吸引力。由于《气候变化框架公约》没有类似《海洋法公约》这样的强制性争端解决程序，把气候变化问题转换成海洋酸化、海洋暖化等问题，便成了跨界法运用的典型例子。例如，在国际海洋法法庭第 31 号案**小岛屿国家气候变化与国际法委员会请求咨询意见案（向法庭请求）**中，小岛屿国家气候变化与国际法委员会请求法庭就《海洋法公约》缔约各国在应对气候变化对海洋环境影响方面所承担的义务发表咨询意见，具体包括：一是防止、减少和控制与气候变化造成或可能造成的有害影响相关的海洋环境污染的义务，包括由人为温室气体排放到大气中导致的海洋变暖、海平面上升和海洋酸化带来的有害影响；二是与海洋变暖、海平面上升和海洋酸化等气候变化影响相关的保护和保全海洋环境的义务。此外，在国际法院**气候变化方面各国义务咨询意见案**中，联合国大会也请求法院就各国在气候变化方面的义务提供咨询意见，包括特别考虑《海洋法公约》框架下保护和保全海洋环境的义务等。

实际上，程序的跨界运用与近二十多年来国际法“相互得益（cross-fertilisation）”的发展动向密切相关。特别是在可持续发展的领域，环境、经济、人权等不同领域的国际法规范已经相互交织、彼此缠绕。近年来，海洋治理领域也开始出现了多路并进、相互协同的发展动向。《生物多样性公约》《气候变化框架公约》等其他国际公约日益关注海洋问题，生物多样性、气候变化与海洋的协同治理日趋明显。[①]在“相互得益”的发展趋势下，若无特别规制，程序的跨界运用可能会日益增加，对传统的海洋争端解决也会产生重要影响。

三、滥用困境

海洋争端解决程序的策略性运用是否构成或者在多大程度上构成程序的滥用，在当前的国际法律机制以及涉海司法实践中还是一个不明确但值得讨论的问题。尽管《海洋法公约》第 300 条及《鱼类种群协定》第 34 条、《海洋生物多样性协定》第 63 条都规定了善意与禁止权利滥用原则，但在长期的司法实践中并没有发展出与程序滥用相关的具体法律规则。

其实，国际法是一个“易受到政治与伦理渗透的法律领域”（【法】droit perméable à la politique et l'éthique）。[②]曾有西方学者对国际法院的裁决是否存在偏见做过调查研究，得出的结论认为，统计数据表明，对国家的偏见在国际法院的决策中有着重要的影响。国际法院的法官们在 90% 的场合会把赞成票投给自己的国籍国；当不涉及他们的国籍国时，他们会把赞成票，依据财富、文化以及政治体制，投给与他们国籍国相似的国家。[③]为此，基于对法律使用者人性弱点的不信任，不少国家的国

---

① 以海洋保护区为例，《生物多样性公约》近年来积极推动“具有重要生态或生物意义的海洋区域（Ecologically or Biologically Significant Marine Areas，简称EBSAs）”的描述工作，对《海洋生物多样性协定》生效后关于海洋保护区的提案可能会产生事实上的影响，而海洋保护区及其网络又被世界自然保护联盟视为“支撑气候变化适应与减缓全球努力的基于自然的解决方案（nature-based solution to support global efforts towards climate change adaptation and mitigation）”。

② KOLB R. La bonne foi en droit international public[J]. Revue belge de droit international, 1998, 2: 661-732.

③ POSNER E A, FIGUEIREDO M F P d. Is the International Court of Justice Biased?[J]. The Journal of Legal Studies, 2005, 34(2): 599-630.

内法[①]以及一些国际公约[②]，都设有类似善意原则的法律伦理条款，以确保法律执行效果的正方向，促进争端解决中形式正义与实质正义的统一。善意原则在国际司法实践中也被广泛使用。例如，在**核试验（澳大利亚诉法国；新西兰诉法国）**中，善意原则被国际法院认为是作出裁决时必须要考虑的一项法律原则。国际法院在该案中明确指出，调整法律义务创设与履行的一个基本法律原则就是善意原则。[③]

理论上，程序性善意以及禁止程序滥用，是善意原则在程序法方面

---

① 善意（【拉】*bona fides*）的概念，在西方可以追溯到罗马法时代，起初与宗教观念（"上帝的律令"）紧密相连。后来，这一概念被普遍地融入到了西方各国的法律制度里。《法国民法典》第1134条第3款就确立了合同履行的善意（【法】bonne foi）原则。《德国民法典》设置了"诚实信用（【德】Treu und Glauben）"的法律原则，既适用于合同的解释（第157条），也适用于合同的履行（第242条）。《荷兰民法典》在第六编中规定了合同履行的善意原则。《西班牙民法典》第7条第1款规定，权利的行使必须要符合善意的原则。《瑞士联邦宪法》第5条第3款规定了国家机构与私人的行为皆要遵守善意的原则，既约束了私权，也约束了公权。在普通法系国家，对善意原则的认可则是晚近发展的结果。在历史上，英格兰有着对法律文件（比如合同）字面含义神圣崇拜的传统。尽管如此，善意原则依旧被普通法系国家所接纳。在英格兰合同法上，曼斯菲尔德大法官（Lord Mansfield）在1766年的"卡特诉鲍曼"案［*Carter v Boehm*（1766）97 ER 1162］中确立了"最大善意（utmost good faith）"的义务。《美国统一商法典》也确立了义务履行的善意原则（第1-304条）。在主要深受《西班牙民法典》影响的《菲律宾民法典》中，善意原则（good faith）被明确地提及了69次。其中，第19条特别强调了每个人在行使权利和履行义务时必须要遵守真诚与善意。综上，善意原则在各国法律体系中都受到了普遍认可，构成《国际法院规约》第38条第1款寅项所言的"文明各国所承认的一般法律原则"。

② 1945年《联合国宪章》第2条第2项要求各会员国在履行其依本宪章所担负之义务时应一秉善意，以保证全体会员国由加入本组织而发生之权益。1969年《维也纳条约法公约》进一步确立了善意的原则，要求缔约国在条约的缔结（第18条）、条约的履行（第26条）以及条约的解释（第31条第1款）方面都要遵循善意的原则。1970年《关于联合国宪章建立友好关系及合作之国际法原则之宣言》（Declaration on Principles of International Law Concerning Friendly Relations and Co-operation Among States in Accordance with the Charter of the United Nations）继续强调了善意履行符合《联合国宪章》的国际法义务的要求。根据1980年《联合国国际货物销售合同公约》第7条第1款规定，在解释该公约时，应考虑到该公约的国际性质和促进其适用的统一以及在国际贸易上遵循善意的需要。世界贸易组织《关于争端解决规则和程序的谅解协议》（WTO Understanding on Rules and Procedures Governing the Settlement of Disputes）第3.10条确立了"程序性善意（procedural good faith）"的观念，要求成员方在诉诸争端解决程序时应持谨慎与善意的态度。可见，善意原则在各类国际法律文件中立场清晰，受到了广泛的认可。

③ *Nuclear Tests (Australia v France)*, Judgment, I.C.J. Reports 1974, p.268.

内在的逻辑延伸。善意原则与禁止权利滥用的理论内在地紧密相连，而滥用程序性权利，就是对程序性善意的违背。程序性善意的功能，是为了鼓励争端当事各方友好地解决争端，增强争端解决机制的灵活性以及解决方式选择的合法性。然而，与世界贸易组织的法律框架[①]不同，《海洋法公约》仅对善意与禁止权利滥用作出了一般性的笼统规定，并没有对程序性善意作出专门规定。尽管不少国际司法实践都提及了善意原则，但都没有发展出与程序滥用相关的具体法律原则或规则。善意与禁止权利滥用原则的“空心化”，对争端解决程序的策略性运用难以形成有效的制约。另外，《海洋法公约》争端解决机制是一个多层次的设计，包含自愿性争端解决程序和强制性争端解决程序。善意与禁止权利滥用原则的“空心化”，在实践中可能会导致自愿性程序条款的失灵，而强制性程序被恶意利用，最终造成《海洋法公约》争端解决机制多层设计的失效。

---

① 世界贸易组织《关于争端解决规则和程序的谅解协议》确立了诉诸争端的“程序性善意”原则。自20世纪90年代末以来，世界贸易组织争端解决机制的滥用呈现出明显的增长趋势。世界贸易组织上诉机构注意到，所谓的诉讼技巧，不仅破坏了争端解决机制的目标，还给贸易体系带来了动荡，并增加了争端解决机构的工作负荷。为此，世界贸易组织上诉机构开始使用“程序性善意”这一工具来抑制程序滥用的增长趋势。“程序性善意”原则要求成员方在诉诸争端解决程序时应持谨慎与善意的态度，包括诉诸程序的“成效性（fruitful）”预判（第3.7条）、“善意地诉诸争端解决程序（engage in these procedures in good faith）”（第3.10条）以及“善意地进入磋商（enter into consultations in good faith）”（第4.3条）。“程序性善意”的原则被世界贸易组织上诉机构的司法实践所认可。在“加拿大诉巴西飞机出口补贴案”中，世界贸易组织上诉机构就援引了《关于争端解决规则和程序的谅解协议》第3.10条关于“善意地诉诸争端解决程序”的规定（WT/DS70/AB/R, para.190）。

第三节　海洋争端解决的指导原则

为方便评价海洋争端解决，笔者结合法律与实践的情况，提出了若干指导海洋争端成功解决的原则。

一、和平原则

《联合国宪章》设置了禁止使用武力及和平解决国际争端的义务。《海洋法公约》在序言中载明，要“认识到本公约对于维护和平、正义和全世界人民的进步作出重要贡献的历史意义”，“促进海洋的和平用途”，“巩固各国间符合正义和权利平等原则的和平、安全、合作和友好关系”。《海洋法公约》还在多个条款中都重申了“和平”精神，包括用和平方法解决争端的义务。①笔者认为，和平原则包括使用和平方法和促进和平结果两个方面。

《联合国宪章》规定了和平解决国际争端的相关方法，包括“谈判、调查、调停、和解、仲裁、司法解决、区域机关或区域办法之利用，或各该国自行选择之其他和平方法”。这些和平解决国际争端的方法，也被《海洋法公约》所肯定与吸收，对海洋争端解决具有重要意义。

海洋争端的和平解决，不仅需要使用和平的手段，还应确保和平的结果。海洋争端往往成因复杂甚至高度敏感，并会对地区的和平与稳定带来影响。和平解决争端的方法若被不当使用，不仅无助于海洋争端的成功解决，还可能会进一步加剧各方分歧甚至恶化地区局势，影响地区的和平与稳定。因此，审慎选择恰当的争端解决方法，以和平与稳定的

① 彰显和平精神的《海洋法公约》条款包括第19条（无害通过的意义）、第88条（公海只用于和平目的）、第141条（专为和平目的利用“区域”）、第240条（进行海洋科学研究的一般原则）、第279条（用和平方法解决争端的义务）、第301条（海洋的和平使用）等。

结果为导向，确保和平手段与结果相统一，对自带政治敏感性的海洋争端而言至关重要。

二、友好原则

争端各方应尽最大努力通过友好（amicable）方式解决海洋争端，缓和对立紧张的气氛。笔者认为，友好原则包括使用正当手段和保持合作状态两个方面。

海洋争端的友好解决，需要使用正当的手段。特别是在争端解决的调查取证环节，手段的正当性尤为重要。在争端解决程序中使用不正当的手段，不仅会破坏争端当事各方之间的友好气氛，还会影响相关程序的推进甚至引发新一轮的争讼案件。例如，东帝汶曾以间谍活动为由对澳大利亚提起常设仲裁法院第2013-16号**帝汶海条约仲裁案（东帝汶诉澳大利亚）**，还曾指控澳大利亚没收和扣留某些文件和数据的行动，包括东帝汶与其法律顾问之间的往来通信，在国际法院提起诉讼程序，即**收缴和扣押某些文件和数据的问题（东帝汶诉澳大利亚）**案。此外，一些易被指控影响程序公正的行为，有时也会干扰着争端解决程序的正常推进。例如，在**克罗地亚和斯洛文尼亚仲裁案**中，因斯洛文尼亚的代理律师单方面接触斯洛文尼亚任命的仲裁员，克罗地亚要求终止仲裁协议，不再参与仲裁程序。仲裁庭随后裁定，单方面接触仲裁员的行为违反了两国达成的仲裁协议，不过这一违反行为尚未使仲裁协议的宗旨和目的落空，因此，克罗地亚无权要求终止仲裁协议，仲裁庭继续推进仲裁程序。

合作是《海洋法公约》彰显的精神之一。《海洋法公约》在序言中两次提到了“合作”，在多个条款中重申了“合作”精神。[1]在海洋划界协议

[1] 彰显合作精神的《海洋法公约》条款包括第100条（合作制止海盗行为的义务）、第118条（各国在养护和管理生物资源方面的合作）、第123条（闭海或半闭海沿岸国的合作）、第242条（海洋科学研究国际合作的促进）等。

达成以前所作出的“实际性的临时安排”，是争端当事双方在减缓与管控分歧方面开展合作的一个重要体现。即使在强制仲裁程序中，有关仲裁庭的组建与仲裁员的任命也需要当事双方的合作。

三、务实原则

尽管海洋争端的成功解决是最令人期待的目标，但实践中并非所有的海洋争端都可以获得成功解决。在国际政治现实中，一些海洋争端已得到有效解决，一些海洋争端的解决也取得了积极进展，但还有一些海洋争端尚未开始解决甚至可能长期都得不到解决。务实原则首先要求准确识别各类海洋争端的性质，研判争端解决进程中的态势与方向，再结合争端的不同特点采用恰当的方式与手段，设置务实的争端解决目标，有步骤、分阶段地处理争端，而不是好高骛远，采用一刀切的方式（one-size-fits-all approach）简单行事。笔者认为，务实原则要求更新对争端解决的认识，秉持争端管理或争端治理的新思维，树立“争端预防—争端管控—争端解决”的系统观念，加强诉源治理，积极预防和化解海洋争议，有效管控争议海域的分歧与冲突，采用恰当的方法稳妥推进争端解决进程。

四、全面原则

在国际司法或仲裁实践中，一些国家注意到领土主权事项与海洋权利事项之间的潜在关联，请求国际法院或仲裁庭一并处理领土和海洋权利事项，但也有国家利用法律技巧故意割裂二者之间的关系，仅为谋求定制问题的“胜诉”来换取法律和政治上的优势地位，而对海洋争端本身是否在实质上获得成功解决漠不关心。海洋争端的全面解决，要求统筹考虑混合争端中争议事项的各个方面，评估争端内一个争议事项的单独处理对另一个争议事项可能带来的影响，以全局的观念推动海洋争端解决。

海洋争端的全面解决，还应尊重潜在的争端当事方，不应以非法或恶意的方式损害第三方的利益。实际上，不损害第三方利益的争端解决原则早已有之。例如，1903 年《英法仲裁条约》就规定将争端提交仲裁的前提之一就是不涉及“第三方的利益（interests of third Parties）”。[①]国际海洋法法庭时任法官科特（Jean-Pierre Cot）曾在**次区域渔业委员会请求咨询意见案（向法庭请求）**中发表声明，指出如果法庭没有为其行使自由裁量权提供一个程序框架，人们就会察觉到滥用与操纵的危险（【法】dangers d’abus et de manipulation），国家便可以通过双边或多边协定，获取损害第三国的优势（【法】avantage au détriment d’Etats tiers），这样会使法庭的处境非常尴尬。[②]笔者认为，争端当事方只有在法律意义上拥有足够的利益（sufficient interest）才可能支撑其法律地位，而基于霸权利益在特定海域保持存在或影响的域外国家不属于潜在争端方或第三方的范畴。

五、实质原则

海洋争端的司法裁决与海洋争端的成功解决是完全不同的两件事。司法裁决的方法若要获得成功，很大程度上与争议事项本身的可裁决性密切相关。正如法国学者德勒伯兹（Louis Delbez）指出，尽管两个国际法主体之间的一切冲突在原则上都可以通过司法的方式予以解决，但从

① See Article I of *Agreement between the UK and France providing for the Settlement by Arbitration of Certain Classes of Questions which may arise between the Two Governments* (1903).

② *Demande d’avis consultatif soumise par la Commission sous-régionale des pêches*, avis consultatif, 2 avril 2015, Déclaration de M. Cot, juge. para.9.

现代国际仲裁的产生和发展来看，却存在着对冲突的可裁决性进行限制的趋势（【法】tendance à limiter la justiciabilité des conflits）。这样，法律上的冲突依其性质被认为是可裁决的，而同样政治上的冲突也依其性质被认为是不可裁决的。[①]如果一个争端在形式上的裁决并没有使争端在实质上得到解决，甚至反而加剧了争端各方的敌意与对抗，那么，这样的争端解决就是不成功的。海洋争端的实质解决，就是要求以实际效果为争端解决的导向，重视司法克制主义（judicial restraint）的价值，尽最大努力缩小和消除争端的形式裁决与实质解决之间的鸿沟，确保争端在形式上裁决与实质上解决的融合，最终达到争端解决机制的设计目标。

六、共识原则

海洋争端是主权者之间的争端，而主权者的意志是海洋争端成功解决的关键因素。为使争端解决的结果获得各方认可并得到有效执行，消除争端的形式裁决与实质解决之间的鸿沟，在海洋争端解决的全过程中不断寻求谅解与共识，通过协商一致贯彻国家同意原则就显得尤为重要。

共识体现着国家同意原则与协商一致精神，贯穿于国际立法、司法和执法等诸多方面。缔结国际条约需要各方达成共识。通过谈判协商解决海洋争端，是共识原则最为直接的贯彻。不仅争端的成功解决需要共识原则的支撑，预防争端的发生也需要当事各方通过寻求共识和谅解积极开展各项合作。例如，《鱼类种群协定》要求缔约各方为预防争端开展合作，在分区域和区域渔业管理组织和安排内议定迅速而有效地作出决定的程序。[②]如果争端在短期内难以彻底解决，争端的减缓与管控也依赖

① DELBEZ L. Les principes généraux du droit international public : Droit de la paix, droit préventif de la guerre, droit de la guerre[M]. 3e éd. Paris: L.G.D.J., 1964: 469-470.

②《鱼类种群协定》第28条。

于当事各方之间积极寻求共识、达成谅解、开展合作。例如，在专属经济区和大陆架划界协议达成之前，有关各国应基于谅解和合作精神，尽一切努力作出实际性的临时安排。[①]即使在对抗性较强的争端解决过程中，寻求共识、达成谅解的空间依然存在。将争端提交至国际法院或国际海洋法法庭，或诉诸仲裁，争端当事各方首先需要达成有关特别协定或仲裁协议的共识。诉讼或仲裁程序启动后，争端当事双方仍可以继续寻求共识，达成修改既定仲裁程序的共识以自主推进仲裁程序，或者达成争端解决另外方案的共识以终止仲裁或诉讼程序。如何执行和落实司法判决或仲裁裁决，同样也需要争端当事各方达成共识。可见，争端成功解决的整个过程都离不开各方共识的达成与支撑。

笔者认为，争端解决的主要功能在于弥合分歧，而不是加剧分歧。无论运用怎样的争端解决方法或机制，运用怎样的法律或诉讼技巧，海洋争端的成功解决，在某种意义上都与当事各方在各方面、各层次、各阶段通过协商一致达成的共识密切相关。没有体现各方共识的所谓争端解决结果，不仅可能会进一步加剧争端各方之间的分歧，制造新的问题和麻烦，还可能会损害地区的和平、稳定与繁荣。

---

①《海洋法公约》第74条第1款、第3款；第83条第1款、第3款。

附 件

一、《联合国宪章》涉及争端解决的相关条款

英文文本	中文文本[1]	法文文本
Chapter I: Purposes and Principles	第一章：宗旨及原则	**Chapitre I: Buts et principes**
Article 2	第二条	**Article 2**
The Organization and its Members, in pursuit of the Purposes stated in Article 1, shall act in accordance with the following Principles. ...	为求实现第一条所述各宗旨起见，本组织及其会员国应遵行下列原则： ……	L'Organisation des Nations Unies et ses Membres, dans la poursuite des buts énoncés à l'Article 1, doivent agir conformément aux principes suivants: ...
3. All Members shall settle their international disputes by peaceful means in such a manner that international peace and security, and justice, are not endangered.	三、各会员国应以和平方法解决其国际争端，俾免危及国际和平、安全及正义。	3. Les Membres de l'Organisation règlent leurs différends internationaux par des moyens pacifiques, de telle manière que la paix et la sécurité internationales ainsi que la justice ne soient pas mises en danger.
4. All Members shall refrain in their international relations from the threat or use of force against the territorial integrity or political independence of any state, or in any other manner inconsistent with the Purposes of the United Nations. ...	四、各会员国在其国际关系上不得使用威胁或武力，或以与联合国宗旨不符之任何其他方法，侵害任何会员国或国家之领土完整或政治独立。 ……	4. Les Membres de l'Organisation s'abstiennent, dans leurs relations internationales, de recourir à la menace ou à l'emploi de la force, soit contre l'intégrité territoriale ou l'indépendance politique de tout État, soit de toute autre manière incompatible avec les buts des Nations Unies. ...

① 根据《联合国宪章》第111条，宪章的中文文本与法文、俄文、英文及西班牙文各文本同一作准。考虑到文本的法律效力，这里的中文文本来源于联合国官方网站。对照宪章的法文、英文等文本，联合国官方提供的中文文本在一些翻译细节上可能存在遗漏、不准确甚至错误之处。

续表

英文文本	中文文本	法文文本
Chapter Ⅵ: Pacific Settlement of Disputes	第六章：争端之和平解决	**Chaptitre Ⅵ: Règlement pacifique des différends**
Article 33	第三十三条	**Article 33**
1. The parties to any dispute, the continuance of which is likely to endanger the maintenance of international peace and security, shall, first of all, seek a solution by negotiation, enquiry, mediation, conciliation, arbitration, judicial settlement, resort to regional agencies or arrangements, or other peaceful means of their own choice. ...	一、任何争端之当事国，于争端之继续存在足以危及国际和平与安全之维持时，应尽先以谈判、调查、调停、和解、公断、司法解决、区域机关或区域办法之利用，或各该国自行选择之其他和平方法，求得解决。 ……	1. Les parties à tout différend dont la prolongation est susceptible de menacer le maintien de la paix et de la sécurité internationales doivent en rechercher la solution, avant tout, par voie de négociation, d'enquête, de médiation, de conciliation, d'arbitrage, de règlement judiciaire, de recours aux organismes ou accords régionaux, ou par d'autres moyens pacifiques de leur choix. ...
Chapter XIV: The International Court of Justice	第十四章：国际法院	**Chapitre XIV: Cour internationale de Justice**
Article 92	第九十二条	**Article 92**
The International Court of Justice shall be the principal judicial organ of the United Nations. It shall function in accordance with the annexed Statute, which is based upon the Statute of the Permanent Court of International Justice and forms an integral part of the present Charter.	国际法院为联合国之主要司法机关，应依所附规约执行其职务。该项规约系以国际常设法院之规约为根据并为本宪章之构成部分。	La Cour internationale de Justice constitue l'organe judiciaire principal des Nations Unies. Elle fonctionne conformément à un Statut établi sur la base du Statut de la Cour permanente de Justice internationale et annexé à la présente Charte dont il fait partie intégrante.
Article 93	第九十三条	**Article 93**
1. All Members of the United Nations are ipso facto parties to the Statute of the International Court of Justice.	一、联合国各会员国为国际法院规约之当然当事国。	1. Tous les Membres des Nations Unies sont ipso facto parties au Statut de la Cour internationale de Justice.

续表

英文文本	中文文本	法文文本
2. A state which is not a Member of the United Nations may become a party to the Statute of the International Court of Justice on conditions to be determined in each case by the General Assembly upon the recommendation of the Security Council.	二、非联合国会员国之国家得为国际法院规约当事国之条件，应由大会经安全理事会之建议就各别情形决定之。	2. Les conditions dans lesquelles les États qui ne sont pas Membres de l'Organisation peuvent devenir parties au Statut de la Cour internationale de Justice sont déterminées, dans chaque cas, par l'Assemblée générale sur recommandation du Conseil de sécurité.
Article 94	**第九十四条**	**Article 94**
1. Each Member of the United Nations undertakes to comply with the decision of the International Court of Justice in any case to which it is a party.	一、联合国每一会员国为任何案件之当事国者，承诺遵行国际法院之判决。	1. Chaque Membre des Nations Unies s'engage à se conformer à la décision de la Cour internationale de Justice dans tout litige auquel il est partie.
2. If any party to a case fails to perform the obligations incumbent upon it under a judgment rendered by the Court, the other party may have recourse to the Security Council, which may, if it deems necessary, make recommendations or decide upon measures to be taken to give effect to the judgment.	二、遇有一造不履行依法院判决应负之义务时，他造得向于安全理事会申诉。安全理事会如认为必要时，得作成建议或决定应采办法，以执行判决。	2. Si une partie à un litige ne satisfait pas aux obligations qui lui incombent en vertu d'un arrêt rendu par la Cour, l'autre partie peut recourir au Conseil de sécurité et celui-ci, s'il le juge nécessaire, peut faire des recommandations ou décider des mesures à prendre pour faire exécuter l'arrêt.
Article 95	**第九十五条**	**Article 95**
Nothing in the present Charter shall prevent Members of the United Nations from entrusting the solution of their differences to other tribunals by virtue of agreements already in existence or which may be concluded in the future.	本宪章不得认为禁止联合国会员国依据现有或以后缔结之协定，将其争端托付其他法院解决。	Aucune disposition de la présente Charte n'empêche les Membres de l'Organisation de confier la solution de leurs différends à d'autres tribunaux en vertu d'accords déjà existants ou qui pourront être conclus à l'avenir.

续表

英文文本	中文文本	法文文本
Article 96	第九十六条	**Article 96**
a. The General Assembly or the Security Council may request the International Court of Justice to give an advisory opinion on any legal question.	一、大会或安全理事会对于任何法律问题得请国际法院发表咨询意见。	a. L'Assemblée générale ou le Conseil de sécurité peut demander à la Cour internationale de Justice un avis consultatif sur toute question juridique.
b. Other organs of the United Nations and specialized agencies, which may at any time be so authorized by the General Assembly, may also request advisory opinions of the Court on legal questions arising within the scope of their activities.	二、联合国其他机关及各种专门机关，对于其工作范围内之任何法律问题，得随时以大会之授权，请求国际法院发表咨询意见。	b. Tous autres organes de l'Organisation et institutions spécialisées qui peuvent, à un moment quelconque, recevoir de l'Assemblée générale une autorisation à cet effet ont également le droit de demander à la Cour des avis consultatifs sur des questions juridiques qui se poseraient dans le cadre de leur activité.

二、《联合国海洋法公约》涉及争端解决的相关条款

英文文本	中文文本①	法文文本
PART II. TERRITORIAL SEA AND CONTIGUOUS ZONE	第二部分：领海和毗连区	**PARTIE II. MER TERRITORIALE ET ZONE CONTIGUE**
SECTION 2. LIMITS OF THE TERRITORIAL SEA	第二节：领海的界限	**SECTION 2. LIMITES DE LA MER TERRITORIALE**
Article15 ***Delimitation of the territorial sea between States with opposite or adjacent coasts***	第十五条 海岸相向或相邻国家间领海界限的划定	**Article 15** ***Délimitation de la mer territoriale entre Etats dont les côtes sont adjacentes ou se font face***
Where the coasts of two States are opposite or adjacent to each other, neither of the two States is entitled, failing agreement between them to the contrary, to extend its territorial sea beyond the median line every point of which is equidistant from the nearest points on the baselines from which the breadth of the territorial seas of each of the two States is measured. The above provision does not apply, however, where it is necessary by reason of historic title or other special circumstances to delimit the territorial seas of the two States in a way which is at variance therewith.	如果两国海岸彼此相向或相邻，两国中任何一国在彼此没有相反协议的情形下，均无权将其领海伸延至一条其每一点都同测算两国中每一国领海宽度的基线上最近各点距离相等的中间线以外。但如因历史性所有权或其他特殊情况而有必要按照与上述规定不同的方法划定两国领海的界限，则不适用上述规定。	Lorsque les côtes de deux Etats sont adjacentes ou se font face, ni l'un ni l'autre de ces Etats n'est en droit, sauf accord contraire entre eux, d'étendre sa mer territoriale au-delà de la ligne médiane dont tous les points sont équidistants des points les plus proches des lignes de base à partir desquelles est mesurée la largeur de la mer territoriale de chacun des deux Etats. Cette disposition ne s'applique cependant pas dans le cas où, en raison de l'existence de titres historiques ou d'autres circonstances spéciales, il est nécessaire de délimiter autrement la mer territoriale des deux Etats.

① 根据《海洋法公约》第320条，本公约阿拉伯文、中文、英文、法文、俄文和西班牙文文本具有同等效力。考虑到文本的法律效力，这里的中文文本来源于联合国官方网站。尽管如此，对照公约的英文、法文等文本，联合国官方提供的中文文本在法律术语的翻译细节上可能存在一些遗漏、不准确甚至错误之处。笔者建议，若基于学习和研究海洋法的目的，可采用中、英、法等多文本相互对照的方式全面理解公约条款，避免遗漏条款中法律细节；若基于正式官方引用的用途，可采用联合国官方提供的中文文本或其他具有法律效力的语言版本。

续表

英文文本	中文文本	法文文本
PART V. EXCLUSIVE ECONOMIC ZONE	第五部分：专属经济区	**PARTIE V. ZONE ECONOMIQUE EXCLUSIVE**
Article 74 ***Delimitation of the exclusive economic zone between States with opposite or adjacent coasts***	第七十四条 海岸相向或相邻国家间专属经济区界限的划定	**Article 74** ***Délimitation de la zone économique exclusive entre Etats dont les côtes sont adjacentes ou se font face***
1. The delimitation of the exclusive economic zone between States with opposite or adjacent coasts shall be effected by agreement on the basis of international law, as referred to in Article 38 of the Statute of the International Court of Justice, in order to achieve an equitable solution.	1. 海岸相向或相邻的国家间专属经济区的界限，应在国际法院规约第三十八条所指国际法的基础上以协议划定，以便得到公平解决。	1. La délimitation de la zone économique exclusive entre Etats dont les côtes sont adjacentes ou se font face est effectuée par voie d'accord conformément au droit international tel qu'il est visé à l'article 38 du Statut de la Cour internationale de Justice, afin d'aboutir à une solution équitable.
2. If no agreement can be reached within a reasonable period of time, the States concerned shall resort to the procedures provided for in Part XV.	2. 有关国家如在合理期间内未能达成任何协议，应诉诸第十五部分所规定的程序。	2. S'ils ne parviennent pas à un accord dans un délai raisonnable, les Etats concernés ont recours aux procédures prévues à la partie XV.
3. Pending agreement as provided for in paragraph 1, the States concerned, in a spirit of understanding and cooperation, shall make every effort to enter into provisional arrangements of a practical nature and, during this transitional period, not to jeopardize or hamper the reaching of the final agreement. Such arrangements shall be without prejudice to the final delimitation.	3. 在达成第 1 款规定的协议以前，有关各国应基于谅解和合作精神，尽一切努力作出实际性的临时安排，并在此过渡期间内，不危害或阻碍最后协议的达成。这种安排应不妨害最后界限的划定。	3. En attendant la conclusion de l'accord visé au paragraphe 1, les Etats concernés, dans un esprit de compréhension et de coopération, font tout leur possible pour conclure des arrangements provisoires de caractère pratique et pour ne pas compromettre ou entraver pendant cette période de transition la conclusion de l'accord définitif. Les arrangements provisoires sont sans préjudice de la délimitation finale.
4. Where there is an agreement in force between the States concerned, questions relating to the delimitation of the exclusive economic zone shall be determined in accordance with the provisions of that agreement.	4. 如果有关国家间存在现行有效的协定，关于划定专属经济区界限的问题，应按照该协定的规定加以决定。	4. Lorsqu'un accord est en vigueur entre les Etats concernés, les questions relatives à la délimitation de la zone économique exclusive sont réglées conformément à cet accord.

续表

英文文本	中文文本	法文文本
PART VI. CONTINENTAL SHELF	第六部分：大陆架	**PARTIE VI. PLATEAU CONTINENTAL**
Article 76 ***Definition of the continental shelf***	第七十六条 大陆架的定义	**Article 76** ***Définition du plateau continental***
... 8. Information on the limits of the continental shelf beyond 200 nautical miles from the baselines from which the breadth of the territorial sea is measured shall be submitted by the coastal State to the Commission on the Limits of the Continental Shelf set up under Annex II on the basis of equitable geographical representation. The Commission shall make recommendations to coastal States on matters related to the establishment of the outer limits of their continental shelf. The limits of the shelf established by a coastal State on the basis of these recommendations shall be final and binding. ...	…… 8. 从测算领海宽度的基线量起二百海里以外大陆架界限的情报应由沿海国提交根据附件二在公平地区代表制基础上成立的大陆架界限委员会。委员会应就有关划定大陆架外部界限的事项向沿海国提出建议，沿海国在这些建议的基础上划定的大陆架界限应有确定性和拘束力。 ……	... 8. L'Etat côtier communique des informations sur les limites de son plateau continental, lorsque celui-ci s'étend au-delà de 200 milles marins des lignes de base à partir desquelles est mesurée la largeur de la mer territoriale, à la Commission des limites du plateau continental constituée en vertu de l'annexe II sur la base d'une représentation géographique équitable. La Commission adresse aux Etats côtiers des recommandations sur les questions concernant la fixation des limites extérieures de leur plateau continental. Les limites fixées par un Etat côtier sur la base de ces recommandations sont définitives et de caractère obligatoire. ...
Article 83 ***Delimitation of the continental shelf between States with opposite or adjacent coasts***	第八十三条 海岸相向或相邻国家间 大陆架界限的划定	**Article 83** ***Délimitation du plateau continental entre Etats dont les côtes sont adjacentes ou se font face***
1. The delimitation of the continental shelf between States with opposite or adjacent coasts shall be effected by agreement on the basis of international law, as referred to in Article 38 of the Statute of the International Court of Justice, in order to achieve an equitable solution.	1. 海岸相向国或相邻国家间大陆架的界限，应在国际法院规约第三十八条所指国际法的基础上以协议划定，以便得到公平解决。	1. La délimitation du plateau continental entre Etats dont les côtes sont adjacentes ou se font face est effectuée par voie d'accord conformément au droit international tel qu'il est visé à l'article 38 du Statut de la Cour internationale de Justice, afin d'aboutir à une solution équitable.
2. If no agreement can be reached within a reasonable period of time, the States concerned shall resort to the procedures provided for in Part XV.	2. 有关国家如在合理期间内未能达成任何协议，应诉诸第十五部分所规定的程序。	2. S'ils ne parviennent pas à un accord dans un délai raisonnable, les Etats concernés ont recours aux procédures prévues à la partie XV.

续表

英文文本	中文文本	法文文本
3. Pending agreement as provided for in paragraph 1, the States concerned, in a spirit of understanding and co-operation, shall make every effort to enter into provisional arrangements of a practical nature and, during this transitional period, not to jeopardize or hamper the reaching of the final agreement. Such arrangements shall be without prejudice to the final delimitation.	3. 在达成第1款规定的协议以前，有关各国应基于谅解和合作的精神，尽一切努力作出实际性的临时安排，并在此过渡期间内，不危害或阻碍最后协议的达成。这种安排不妨害最后界限的划定。	3. En attendant la conclusion de l'accord visé au paragraphe 1, les Etats concernés, dans un esprit de compréhension et de coopération, font tout leur possible pour conclure des arrangements provisoires de caractère pratique et pour ne pas compromettre ou entraver pendant cette période de transition la conclusion de l'accord définitif. Les arrangements provisoires sont sans préjudice de la délimitation finale.
4. Where there is an agreement in force between the States concerned, questions relating to the delimitation of the continental shelf shall be determined in accordance with the provisions of that agreement.	4. 如果有关国家间存在现行有效的协定，关于划定大陆架界线的问题，应按照该协定的规定加以决定。	4. Lorsqu'un accord est en vigueur entre les Etats concernés, les questions relatives à la délimitation du plateau continental sont réglées conformément à cet accord.
PART XI. THE AREA	第十一部分："区域"	**PARTIE XI. LA ZONE**
SECTION 5. SETTLEMENT OF DISPUTES AND ADVISORY OPINIONS	第五节：争端的解决和咨询意见	**SECTION 5. REGLEMENT DES DIFFERENDS ET AVIS CONSULTATIFS**
Article 186 ***Seabed Disputes Chamber of the International Tribunal for the Law of the Sea***	第一八六条 国际海洋法法庭海底争端分庭	**Article 186** ***Chambre pour le règlement des différends relatifs aux fonds marins du Tribunal international du droit de la mer***
The establishment of the Seabed Disputes Chamber and the manner in which it shall exercise its jurisdiction shall be governed by the provisions of this section, of Part XV and of Annex VI.	海底争端分庭的设立及其行使管辖权的方式均应按照本节、第十五部分和附件六的规定。	La présente section, la partie XV et l'annexe VI régissent la constitution de la Chambre pour le règlement des différends relatifs aux fonds marins et la manière dont elle exerce sa compétence.
Article 187 ***Jurisdiction of the Seabed Disputes Chamber***	第一八七条 海底争端分庭的管辖权	**Article 187** ***Compétence de la Chambre pour le règlement des différends relatifs aux fonds marins***
The Seabed Disputes Chamber shall have jurisdiction under this Part and the Annexes relating thereto in disputes with respect to activities in the Area falling within the following categories:	海底争端分庭根据本部分及其有关的附件，对以下各类有关"区域"内活动的争端应有管辖权： (a) 缔约国之间关于本部分及其有关附件的解释或适用	La Chambre pour le règlement des différends relatifs aux fonds marins a compétence, en vertu de la présente partie et des annexes qui s'y rapportent, pour connaître des catégories suivantes de différends portant sur

续表

英文文本	中文文本	法文文本
(a) disputes between States Parties concerning the interpretation or application of this Part and the Annexes relating thereto; (b) disputes between a State Party and the Authority concerning: (i) acts or omissions of the Authority or of a State Party alleged to be in violation of this Part or the Annexes relating thereto or of rules, regulations and procedures of the Authority adopted in accordance therewith; or (ii) acts of the Authority alleged to be in excess of jurisdiction or a misuse of power; (c) disputes between parties to a contract, being States Parties, the Authority or the Enterprise, state enterprises and natural or juridical persons referred to in article 153, paragraph 2(b), concerning: (i) the interpretation or application of a relevant contract or a plan of work; or (ii) acts or omissions of a party to the contract relating to activities in the Area and directed to the other party or directly affecting its legitimate interests; (d) disputes between the Authority and a prospective contractor who has been sponsored by a State as provided in article 153, paragraph 2(b), and has duly fulfilled the conditions referred to in Annex III, article 4, paragraph 6, and article 13, paragraph 2, concerning the refusal of a contract or a legal issue arising in the negotiation of the contract; (e) disputes between the Authority and a State Party, a state enterprise or a natural or juridical person sponsored by a State Party as provided for in article 153, paragraph 2(b), where	的争端； (b) 缔约国与管理局之间关于下列事项的争端： (1) 管理局或缔约国的行为或不行为据指控违反本部分或其有关附件或按其制定的规则、规章或程序；或 (2) 管理局的行为据指控逾越其管辖权或滥用权力； (c) 第一五三条第2款(b)项内所指的，作为合同当事各方的缔约国、管理局或企业部、国营企业以及自然人或法人之间关于下列事项的争端： (1) 对有关合同或工作计划的解释或适用；或 (2) 合同当事一方在“区域”内活动方面针对另一方或直接影响其合法利益的行为或不行为； (d) 管理局同按照第一五三条第2款(b)项由国家担保且已妥为履行附件三第四条第6款和第十三条第2款所指条件的未来承包者之间关于订立合同的拒绝，或谈判合同时发生的法律问题的争端； (e) 管理局同缔约国、国营企业或按照第一五三条第2款(b)项由缔约国担保的自然人或法人之间关于指控管理局应依附件三第二十二条的规定负担赔偿责任的争端； (f) 本公约具体规定由分庭管辖的任何争端。	des activités menées dans la Zone: a) différends entre Etats Parties relatifs à l’interprétation ou à l’application de la présente partie et des annexes qui s’y rapportent; b) différends entre un Etat Partie et l’Autorité relatifs à : i) des actes ou omissions de l’Autorité ou d’un Etat Partie dont il est allégué qu’ils contreviennent aux dispositions de la présente partie ou des annexes qui s’y rapportent ou à des règles, règlements ou procédures adoptés par l’Autorité conformément à ces dispositions; ou ii) des actes de l’Autorité dont il est allégué qu’ils excèdent sa compétence ou constituent un détournement de pouvoir; c) différends entre parties à un contrat, qu’il s’agisse d’Etats Parties, de l’Autorité ou de l’Entreprise, ou d’entreprises d’Etat ou de personnes physiques ou morales visées à l’article 153, paragraphe 2, lettre b), relatifs à: i) l’interprétation ou l’exécution d’un contrat ou d’un plan de travail; ou ii) des actes ou omissions d’une partie au contrat concernant des activités menées dans la Zone et affectant l’autre partie ou portant directement atteinte à ses intérats légitimes; d) différends entre l’Autorité et un demandeur qui est patronné par un Etat conformément à l’article 153, paragraphe 2, lettre b), et qui a satisfait aux conditions stipulées à l’article 4, paragraphe 6, et à l’article 13, paragraphe 2, de l’annexe III, relatifs à un refus de contracter

续表

英文文本	中文文本	法文文本
it is alleged that the Authority has incurred liability as provided in Annex III, article 22; (f) any other disputes for which the jurisdiction of the Chamber is specifically provided in this Convention.		ou à une question juridique surgissant lors de la négociation du contrat; e) différends entre l'Autorité et un Etat Partie, une entreprise d'Etat ou une personne physique ou morale patronnée par un Etat Partie conformément à l'article 153, paragraphe 2, lettre b), lorsqu'il est allégué que la responsabilité de l'Autorité est engagée en vertu de l'article 22 de l'annexe III; f) tout autre différend pour lequel la compétence de la Chambre est expressément prévue par la Convention.
Article 188 ***Submission of disputes to a special chamber of the International Tribunal for the Law of the Sea or an ad hoc chamber of the Seabed Disputes Chamber or to binding commercial arbitration***	第一八八条 争端提交国际海洋法法庭特别分庭或海底争端分庭专案分庭或提交有拘束力的商业仲裁	**Article 188** ***Soumission des différends à une chambre spéciale du Tribunal international du droit de la mer ou à une chambre ad hoc de la Chambre pour le règlement des différends relatifs aux fonds marins ou à un arbitrage commercial obligatoire***
1. Disputes between States Parties referred to in article 187, subparagraph (a), may be submitted: (a) at the request of the parties to the dispute, to a special chamber of the International Tribunal for the Law of the Sea to be formed in accordance with Annex VI, articles 15 and 17; or (b) at the request of any party to the dispute, to an ad hoc chamber of the Seabed Disputes Chamber to be formed in accordance with Annex VI, article 36.	1. 第一八七条第(a)项所指各缔约国间的争端可： (a) 应争端各方的请求，提交按照附件六第十五和第十七条成立的国际海洋法法庭特别分庭；或 (b) 应争端任何一方的请示，提交按照附件六第三十六条成立的海底争端分庭专案分庭。	1. Les différends entre Etats Parties visés à l'article 187, lettre a), peuvent être soumis: a) à une chambre spéciale du Tribunal international du droit de la mer constituée conformément aux articles 15 et 17 de l'annexe VI, à la demande des parties au différend; ou b) à une chambre ad hoc de la Chambre pour le règlement des différends relatifs aux fonds marins constituée conformément à l'article 36 de l'annexe VI, à la demande de toute partie au différend.

续表

英文文本	中文文本	法文文本
2. (a) Disputes concerning the interpretation or application of a contract referred to in article 187, subparagraph (c)(i), shall be submitted, at the request of any party to the dispute, to binding commercial arbitration, unless the parties otherwise agree. A commercial arbitral tribunal to which the dispute is submitted shall have no jurisdiction to decide any question of interpretation of this Convention. When the dispute also involves a question of the interpretation of Part XI and the Annexes relating thereto, with respect to activities in the Area, that question shall be referred to the Seabed Disputes Chamber for a ruling. (b) If, at the commencement of or in the course of such arbitration, the arbitral tribunal determines, either at the request of any party to the dispute or proprio motu, that its decision depends upon a ruling of the Seabed Disputes Chamber, the arbitral tribunal shall refer such question to the Seabed Disputes Chamber for such ruling. The arbitral tribunal shall then proceed to render its award in conformity with the ruling of the Seabed Disputes Chamber. (c) In the absence of a provision in the contract on the arbitration procedure to be applied in the dispute, the arbitration shall be conducted in accordance with the UNCITRAL Arbitration Rules or such other arbitration rules as may be prescribed in the rules, regulations and procedures of the Authority, unless the parties to the dispute otherwise agree.	2. (a) 有关第一八七条(c)项(1)目内所指合同的解释或适用的争端，经争端任何一方请求，应提交有拘束力的商业仲裁，除非争端各方另有协议。争端所提交的商业仲裁法庭对决定本公约的任何解释问题不具有管辖权。如果争端也涉及关于“区域”内活动的第十一部分及其有关附件的解释问题，则应将该问题提交海底争端分庭裁定； (b) 在此种仲裁开始时或进行过程中，如果仲裁法庭经争端任何一方请求，或根据自己决定，断定其裁决须取决于海底争端分庭的裁定，则仲裁法庭应将此种问题提交海底争端分庭裁定。然后，仲裁法庭应依照海底争端分庭的裁定作出裁决； (c) 在合同没有规定此种争端所应适用的仲裁程序的情形下，除非争端各方另有协议，仲裁应按照联合国国际贸易法委员会的仲裁规则，或管理局的规则、规章和程序中所规定的其他这种仲裁规则进行。	2. a) Les différends relatifs à l'interprétation ou à l'application d'un contrat visés à l'article 187, lettre c), i), sont soumis, à la demande de toute partie au différend, à un arbitrage commercial obligatoire, à moins que les parties au différend n'en conviennent autrement. Le tribunal arbitral commercial saisi d'un tel différend n'a pas compétence pour se prononcer sur un point d'interprétation de la Convention. Si le différend comporte un point d'interprétation de la partie XI et des annexes qui s'y rapportent au sujet des activités menées dans la Zone, ce point est renvoyé pour décision à la Chambre pour le règlement des différends relatifs aux fonds marins. b) Si, au début ou au cours d'une telle procédure d'arbitrage, le tribunal arbitral commercial, agissant à la demande de l'une des parties au différend ou d'office, constate que sa décision est subordonnée à une décision de la Chambre pour le règlement des différends relatifs aux fonds marins, il renvoie ce point à la Chambre pour décision. Le tribunal arbitral rend ensuite sa sentence conformément à la décision de la Chambre. c) En l'absence, dans le contrat, d'une disposition sur la procédure arbitrale applicable au différend, l'arbitrage se déroule, à moins que les parties n'en conviennent autrement, conformément au Règlement d'arbitrage de la CNUDCI ou à tout autre règlement d'arbitrage qui pourrait être prévu dans les règles, règlements et procédures de l'Autorité.

续表

英文文本	中文文本	法文文本
Article 189 ***Limitation on jurisdiction with regard to decisions of the Authority***	第一八九条 在管理局所作决定方面 管辖权的限制	**Article 189** ***Limitation de compétence en ce qui concerne les décisions de l'Autorité***
The Seabed Disputes Chamber shall have no jurisdiction with regard to the exercise by the Authority of its discretionary powers in accordance with this Part; in no case shall it substitute its discretion for that of the Authority. Without prejudice to article 191, in exercising its jurisdiction pursuant to article 187, the Seabed Disputes Chamber shall not pronounce itself on the question of whether any rules, regulations and procedures of the Authority are in conformity with this Convention, nor declare invalid any such rules, regulations and procedures. Its jurisdiction in this regard shall be confined to deciding claims that the application of any rules, regulations and procedures of the Authority in individual cases would be in conflict with the contractual obligations of the parties to the dispute or their obligations under this Convention, claims concerning excess of jurisdiction or misuse of power, and to claims for damages to be paid or other remedy to be given to the party concerned for the failure of the other party to comply with its contractual obligations or its obligations under this Convention.	海底争端分庭对管理局按照本部分规定行使斟酌决定权应无管辖权；在任何情形下，均不应以其斟酌决定权代替管理局的斟酌决定权。在不妨害第一九一条的情形下，海底争端分庭依据第一八七条行使其管辖权时，不应对管理局的任何规则、规章和程序是否符合本公约的问题表示意见，也不应宣布任何此种规则、规章和程序为无效。分庭在这方面的管辖权应限于就管理局的任何规则、规章和程序适用于个别案件将同争端各方的合同上义务或其在本公约下的义务相抵触的主张，就逾越管辖权或滥用权力的主张，以及就一方未履行其合同上义务或其在本公约下的义务而应给予有关另一方损害赔偿或其他补救的要求，作出决定。	La Chambre pour le règlement des différends relatifs aux fonds marins n'a pas compétence pour se prononcer sur l'exercice par l'Autorité, conformément à la présente partie, de ses pouvoirs discrétionnaires; elle ne peut en aucun cas se substituer à l'Autorité dans l'exercice des pouvoirs discrétionnaires de celle-ci. Sans préjudice de l'article 191, lorsqu'elle exerce la compétence qui lui est reconnue en vertu de l'article 187, la Chambre pour le règlement des différends relatifs aux fonds marins ne se prononce pas sur la question de savoir si une règle, un règlement ou une procédure de l'Autorité est conforme à la Convention et ne peut déclarer nul cette règle, ce règlement ou cette procédure. Sa compétence se limite à établir si l'application de règles, règlements ou procédures de l'Autorité dans des cas particuliers serait en conflit avec les obligations contractuelles des parties au différend ou les obligations qui leur incombent en vertu de la Convention et à connaître des recours pour incompétence ou détournement de pouvoir, ainsi que des demandes de dommages-intérêts et autres demandes de réparation introduites par l'une des parties contre l'autre pour manquement de celle-ci à ses obligations contractuelles ou aux obligations qui lui incombent en vertu de la Convention.

续表

英文文本	中文文本	法文文本
Article 190 ***Participation and appearance of sponsoring States Parties in proceedings***	第一九〇条 担保缔约国的参加程序和出庭	**Article 190** ***Participation à la procédure et comparution des Etats Parties ayant accordé leur patronage***
1. If a natural or juridical person is a party to a dispute referred to in article 187, the sponsoring State shall be given notice thereof and shall have the right to participate in the proceedings by submitting written or oral statements.	1. 如自然人或法人为第一八七条所指争端的一方，应将此事通知其担保国，该国应有权以提出书面或口头陈述的方式参加司法程序。	1. L'Etat Partie qui patronne une personne physique ou morale partie à un différend visé à l'article 187 reçoit notification du différend et a le droit de participer à la procédure en présentant des observations écrites ou orales.
2. If an action is brought against a State Party by a natural or juridical person sponsored by another State Party in a dispute referred to in article 187, subparagraph (c), the respondent State may request the State sponsoring that person to appear in the proceedings on behalf of that person. Failing such appearance, the respondent State may arrange to be represented by a juridical person of its nationality.	2. 如果一个缔约国担保的自然人或法人在第一八七条(c)项所指的争端中对另一缔约国提出诉讼，被告国可请担保该人的国家代表该人出庭。如果不能出庭，被告国可安排属其国籍的法人代表该国出庭。	2. Lorsqu'une action est intentée contre un Etat Partie par une personne physique ou morale patronnée par un autre Etat Partie pour un différend visé à l'article 187, lettre c), l'Etat défendeur peut demander à l'Etat qui patronne cette personne de comparaître au nom de celle-ci. À défaut de comparaître, l'Etat défendeur peut se faire représenter par une personne morale possédant sa nationalité.
Article 191 ***Advisory opinions***	第一九一条 咨询意见	**Article 191** ***Avis consultatifs***
The Seabed Disputes Chamber shall give advisory opinions at the request of the Assembly or the Council on legal questions arising within the scope of their activities. Such opinions shall be given as a matter of urgency.	海底争端分庭经大会或理事会请求，应对它们活动范围内发生的法律问题提出咨询意见。这种咨询意见应作为紧急事项提出。	La Chambre pour le règlement des différends relatifs aux fonds marins donne des avis consultatifs, à la demande de l'Assemblée ou du Conseil, sur les questions juridiques qui se posent dans le cadre de leur activité. Ces avis sont donnés dans les plus brefs délais.
PART XV. SETTLEMENT OF DISPUTES	第十五部分：争端的解决	**PARTIE XV. REGLEMENT DES DIFFERENDS**
SECTION 1. GENERAL PROVISIONS	第一节：一般规定	**SECTION 1. DISPOSITIONS GENERALES**
Article 279 ***Obligation to settle disputes by peaceful means***	第二七九条 用和平方法解决争端的义务	**Article 279** ***Obligation de régler les différends par des moyens pacifiques***

续表

英文文本	中文文本	法文文本
States Parties shall settle any dispute between them concerning the interpretation or application of this Convention by peaceful means in accordance with Article 2, paragraph 3, of the Charter of the United Nations and, to this end, shall seek a solution by the means indicated in Article 33, paragraph 1, of the Charter.	各缔约国应按照《联合国宪章》第二条第三项以和平方法解决它们之间有关本公约的解释或适用的任何争端，并应为此目的以《宪章》第三十三条第一项所指的方法求得解决。	Les Etats Parties règlent tout différend surgissant entre eux à propos de l'interprétation ou de l'application de la Convention par des moyens pacifiques conformément à l'Article 2, paragraphe 3, de la Charte des Nations Unies et, à cette fin, doivent en rechercher la solution par les moyens indiqués à l'Article 33, paragraphe l, de la Charte.
Article 280 ***Settlement of disputes by any peaceful means chosen by the parties***	第二八〇条 用争端各方选择的任何和平方法解决争端	**Article 280** ***Règlement des différends par tout moyen pacifique choisi par les parties***
Nothing in this Part impairs the right of any States Parties to agree at any time to settle a dispute between them concerning the interpretation or application of this Convention by any peaceful means of their own choice.	本公约的任何规定均不损害任何缔约国于任何时候协议用自行选择的任何和平方法解决它们之间有关本公约的解释或适用的争端的权利。	Aucune disposition de la présente partie n'affecte le droit des Etats Parties de convenir à tout moment de régler par tout moyen pacifique de leur choix un différend surgissant entre eux à propos de l'interprétation ou de l'application de la Convention.
Article 281 ***Procedure where no settlement has been reached by the parties***	第二八一条 争端各方在争端未得到解决时所适用的程序	**Article 281** ***Procédure à suivre lorsque les parties ne sont pas parvenues à un règlement***
1. If the States Parties which are parties to a dispute concerning the interpretation or application of this Convention have agreed to seek settlement of the dispute by a peaceful means of their own choice, the procedures provided for in this Part apply only where no settlement has been reached by recourse to such means and the agreement between the parties does not exclude any further procedure.	1. 作为有关本公约的解释或适用的争端各方的缔约各国，如已协议用自行选择的和平方法来谋求解决争端，则只有在诉诸这种方法而仍未得到解决以及争端各方间的协议并不排除任何其他程序的情形下，才适用本部分所规定的程序。	1. Lorsque les Etats Parties qui sont parties à un différend relatif à l'interprétation ou à l'application de la Convention sont convenues de chercher à le régler par un moyen pacifique de leur choix, les procédures prévues dans la présente partie ne s'appliquent que si l'on n'est pas parvenu à un règlement par ce moyen et si l'accord entre les parties n'exclut pas la possibilité d'engager une autre procédure.

续表

英文文本	中文文本	法文文本
2. If the parties have also agreed on a time-limit, paragraph 1 applies only upon the expiration of that time-limit.	2. 争端各方如已就时限也达成协议，则只有在该时限届满时才适用第 1 款。	2. Si les parties sont également convenues d'un délai, le paragraphe 1 ne s'applique qu'à compter de l'expiration de ce délai.
Article 282 ***Obligations under general, regional or bilateral agreements***	第二八二条 一般性、区域性或双边协定规定的义务	**Article 282** ***Obligations résultant d'accords généraux, régionaux ou bilatéraux***
If the States Parties which are parties to a dispute concerning the interpretation or application of this Convention have agreed, through a general, regional or bilateral agreement or otherwise, that such dispute shall, at the request of any party to the dispute, be submitted to a procedure that entails a binding decision, that procedure shall apply in lieu of the procedures provided for in this Part, unless the parties to the dispute otherwise agree.	作为有关本公约的解释或适用的争端各方的缔约各国如已通过一般性、区域性或双边协定或以其他方式协议，经争端任何一方请示，应将这种争端提交导致有拘束力裁判的程序，该程序应代替本部分规定的程序而适用，除非争端各方另有协议。	Lorsque les Etats Parties qui sont parties à un différend relatif à l'interprétation ou à l'application de la Convention sont convenus, dans le cadre d'un accord général, régional ou bilatéral ou de toute autre manière, qu'un tel différend sera soumis, à la demande d'une des parties, à une procédure aboutissant à une décision obligatoire, cette procédure s'applique au lieu de celles prévues dans la présente partie, à moins que les parties en litige n'en conviennent autrement.
Article 283 ***Obligation to exchange views***	第二八三条 交换意见的义务	**Article 283** ***Obligation de procéder à des échanges de vues***
1. When a dispute arises between States Parties concerning the interpretation or application of this Convention, the parties to the dispute shall proceed expeditiously to an exchange of views regarding its settlement by negotiation or other peaceful means.	1. 如果缔约国之间对本公约的解释或适用发生争端，争端各方应迅速就以谈判或其他和平方法解决争端一事交换意见。	1. Lorsqu'un différend surgit entre des Etats Parties à propos de l'interprétation ou de l'application de la Convention, les parties en litige procèdent promptement à un échange de vues concernant le règlement du différend par la négociation ou par d'autres moyens pacifiques.
2. The parties shall also proceed expeditiously to an exchange of views where a procedure for the settlement of such a dispute has been terminated without a settlement or where a settlement has been reached and the circumstances require consultation regarding the manner of implementing the settlement.	2. 如果解决这种争端的程序已经终止，而争端仍未得到解决，或如已达成解决办法，而情况要求就解决办法的实施方式进行协商时，争端各方也应迅速着手交换意见。	2. De même, les parties procèdent promptement à un échange de vues chaque fois qu'il a été mis fin à une procédure de règlement d'un tel différend sans que celui-ci ait été réglé ou chaque fois qu'un règlement est intervenu et que les circonstances exigent des consultations concernant la manière de le mettre en œuvre.

续表

英文文本	中文文本	法文文本
Article 284 ***Conciliation***	第二八四条 调解	**Article 284** ***Conciliation***
1. A State Party which is a party to a dispute concerning the interpretation or application of this Convention may invite the other party or parties to submit the dispute to conciliation in accordance with the procedure under Annex V, section 1, or another conciliation procedure.	1. 作为有关本公约的解释或适用的争端一方的缔约国，可邀请他方按照附件五第一节规定的程序或另一种调解程序，将争端提交调解。	1. Tout Etat Partie qui est partie à un différend relatif à l'interprétation ou à l'application de la Convention peut inviter l'autre ou les autres parties à soumettre le différend à la conciliation selon la procédure prévue à la section 1 de l'annexe V ou selon une autre procédure de conciliation.
2. If the invitation is accepted and if the parties agree upon the conciliation procedure to be applied, any party may submit the dispute to that procedure.	2. 如争端他方接受邀请，而且争端各方已就适用的调解程序达成协议，任何一方可将争端提交该程序。	2. Lorsque l'invitation est acceptée et que les parties s'accordent sur la procédure de conciliation qui sera appliquée, toute partie peut soumettre le différend à la conciliation selon cette procédure.
3. If the invitation is not accepted or the parties do not agree upon the procedure, the conciliation proceedings shall be deemed to be terminated.	3. 如争端他方未接受邀请，或争端各方未就程序达成协议，调解应视为终止。	3. Lorsque l'invitation n'est pas acceptée ou que les parties ne s'accordent pas sur la procédure de conciliation, il est réputé avoir été mis fin à la conciliation.
4. Unless the parties otherwise agree, when a dispute has been submitted to conciliation, the proceedings may be terminated only in accordance with the agreed conciliation procedure.	4. 除非争端各方另有协议，争端提交调解后，调解仅可按照协议的调解程序终止。	4. Lorsqu'un différend a été soumis à la conciliation, il ne peut être mis fin à celle-ci que conformément à la procédure de conciliation convenue, sauf accord contraire entre les parties.
Article 285 ***Application of this section to disputes submitted pursuant to Part XI***	第二八五条 本节对依据第十一部分 提交的争端的适用	**Article 285** ***Application de la présente section aux différends soumis en vertu de la partie XI***
This section applies to any dispute which pursuant to Part XI, section 5, is to be settled in accordance with procedures provided for in this Part. If an entity other than a State Party is a party to such a dispute, this section applies *mutatis mutandis*.	本节适用于依据第十一部分第五节应按照本部分规定的程序解决的任何争端。缔约国以外的实体如为这种争端的一方，本节比照适用。	La présente section s'applique à tout différend qui, en vertu de la section 5 de la partie XI, doit être réglé conformément aux procédures prévues dans la présente partie. Si une entité autre qu'un Etat Partie est partie à un tel différend, la présente section s'applique *mutatis mutandis*.

续表

英文文本	中文文本	法文文本
SECTION 2. COMPULSORY PROCEDURES ENTAILING BINDING DECISIONS	第二节：导致有拘束力裁判的强制程序	**SECTION 2. PROCEDURES OBLIGATOIRES ABOUTISSANT A DES DECISIONS OBLIGATOIRES**
Article 286 ***Application of procedures under this section***	第二八六条 本节规定的程序的适用	**Article 286** ***Champ d'application de la présente section***
Subject to section 3, any dispute concerning the interpretation or application of this Convention shall, where no settlement has been reached by recourse to section 1, be submitted at the request of any party to the dispute to the court or tribunal having jurisdiction under this section.	在第三节限制下，有关本公约的解释或适用的任何争端，如已诉诸第一节而仍未得到解决，经争端任何一方请求，应提交根据本节具有管辖权的法院或法庭。	Sous réserve de la section 3, tout différend relatif à l'interprétation ou à l'application de la Convention qui n'a pas été réglé par l'application de la section 1 est soumis, à la demande d'une partie au différend, à la cour ou au tribùnal ayant compétence en vertu de la présente section.
Article 287 ***Choice of procedure***	第二八七条 程序的选择	**Article 287** ***Choix de la procédure***
1. When signing, ratifying or acceding to this Convention or at any time thereafter, a State shall be free to choose, by means of a written declaration, one or more of the following means for the settlement of disputes concerning the interpretation or application of this Convention: (a) the International Tribunal for the Law of the Sea established in accordance with Annex VI; (b) the International Court of Justice; (c) an arbitral tribunal constituted in accordance with Annex VII; (d) a special arbitral tribunal constituted in accordance with Annex VIII for one or more of the categories of disputes specified therein.	1. 一国在签署、批准或加入本公约时，或在其后任何时间，应有自由用书面声明的方式选择下列一个或一个以上方法，以解决有关本公约的解释或适用的争端： (a) 按照附件六设立的国际海洋法法庭； (b) 国际法院； (c) 按照附件七组成的仲裁法庭； (d) 按照附件八组成的处理其中所列的一类或一类以上争端的特别仲裁法庭。	1. Lorsqu'il signe ou ratifie la Convention ou y adhère, ou à n'importe quel moment par la suite, un Etat est libre de choisir, par voie de déclaration écrite, un ou plusieurs des moyens suivants pour le règlement des différends relatifs à l'interprétation ou à l'application de la Convention: a) le Tribunal international du droit de la mer constitué conformément à l'anncxc VI; b) la Cour internationale de Justice; c) un tribunal arbitral constitué conformément à l'annexe VII; d) un tribunal arbitral spécial, constitué conformément à l'annexe VIII, pour une ou plusieurs des catégories de différends qui y sont spécifiés.

续表

英文文本	中文文本	法文文本
2. A declaration made under paragraph 1 shall not affect or be affected by the obligation of a State Party to accept the jurisdiction of the Seabed Disputes Chamber of the International Tribunal for the Law of the Sea to the extent and in the manner provided for in Part XI, section 5.	2. 根据第 1 款作出的声明，不应影响缔约国在第十一部分第五节规定的范围内和以该节规定的方式，接受国际海洋法法庭海底争端分庭管辖的义务，该声明亦不受缔约国的这种义务的影响。	2. Une déclaration faite en vertu du paragraphe 1 n'affecte pas l'obligation d'un Etat Partie d'accepter, dans la mesure et selon les modalités prévues à la section 5 de la partie XI, la compétence de la Chambre pour le règlement des différends relatifs aux fonds marins du Tribunal international du droit de la mer, et n'est pas affectée par cette obligation.
3. A State Party, which is a party to a dispute not covered by a declaration in force, shall be deemed to have accepted arbitration in accordance with Annex VII.	3. 缔约国如为有效声明所未包括的争端的一方，应视为已接受附件七所规定的仲裁。	3. Un Etat Partie qui est partie à un différend non couvert par une déclaration en vigueur est réputé avoir accepté la procédure d'arbitrage prévue à l'annexe VII.
4. If the parties to a dispute have accepted the same procedure for the settlement of the dispute, it may be submitted only to that procedure, unless the parties otherwise agree.	4. 如果争端各方已接受同一程序以解决这项争端，除各方另有协议外，争端仅可提交该程序。	4. Si les parties en litige ont accepté la même procédure pour le règlement du différend, celui-ci ne peut être soumis qu'à cette procédure, à moins que les parties n'en conviennent autrement.
5. If the parties to a dispute have not accepted the same procedure for the settlement of the dispute, it may be submitted only to arbitration in accordance with Annex VII, unless the parties otherwise agree.	5. 如果争端各方未接受同一程序以解决这项争端，除各方另有协议外，争端仅可提交附件七所规定的仲裁。	5. Si les parties en litige n'ont pas accepté la même procédure pour le règlement du différend, celui-ci ne peut être soumis qu'à la procédure d'arbitrage prévue à l'annexe VII, à moins que les parties n'en conviennent autrement.
6. A declaration made under paragraph 1 shall remain in force until three months after notice of revocation has been deposited with the Secretary-General of the United Nations.	6. 根据第 1 款作出的声明，应继续有效，至撤销声明的通知交存于联合国秘书长后满三个月为止。	6. Une déclaration faite conformément au paragraphe 1 reste en vigueur pendant trois mois après le dépôt d'une notification de révocation auprès du Secrétaire général de l'Organisation des Nations Unies.
7. A new declaration, a notice of revocation or the expiry of a declaration does not in any way affect proceedings pending before a court or tribunal having jurisdiction under this article, unless the parties otherwise agree.	7. 新的声明、撤销声明的通知或声明的满期，对于根据本条具有管辖权的法院或法庭进行中的程序并无任何影响，除非争端各方另有协议。	7. Une nouvelle déclaration, une notification de révocation ou l'expiration d'une déclaration n'affecte en rien la procédure en cours devant une cour ou un tribunal ayant compétence en vertu du présent article, à moins que les parties n'en conviennent autrement.

续表

英文文本	中文文本	法文文本
8. Declarations and notices referred to in this article shall be deposited with the Secretary-General of the United Nations, who shall transmit copies thereof to the States Parties.	8. 本条所指的声明和通知应交存于联合国秘书长，秘书长应将其副本分送各缔约国。	8. Les déclarations et notifications visées au présent article sont déposées auprès du Secrétaire général de l'Organisation des Nations Unies, qui en transmet copie aux Etats Parties..
Article 288 ***Jurisdiction***	第二八八条 管辖权	**Article 288** ***Compétence***
1. A court or tribunal referred to in article 287 shall have jurisdiction over any dispute concerning the interpretation or application of this Convention which is submitted to it in accordance with this Part.	1. 第二八七条所指的法院或法庭，对于按照本部分向其提出的有关本公约的解释或适用的任何争端，应具有管辖权。	1. Une cour ou un tribunal visé à l'article 287 a compétence pour connaître de tout différend relatif à l'interprétation ou à l'application de la Convention qui lui est soumis conformément à la présente partie.
2. A court or tribunal referred to in article 287 shall also have jurisdiction over any dispute concerning the interpretation or application of an international agreement related to the purposes of this Convention, which is submitted to it in accordance with the agreement.	2. 第二八七条所指的法院或法庭，对于按照与本公约的目的有关的国际协定向其提出的有关该协议的解释或适用的任何争端，也应具有管辖权。	2. Une cour ou un tribunal visé à l'article 287 a aussi compétence pour connaître de tout différend qui est relatif à l'interprétation ou à l'application d'un accord international se rapportant aux buts de la Convention et qui lui est soumis conformément à cet accord.
3. The Seabed Disputes Chamber of the International Tribunal for the Law of the Sea established in accordance with Annex VI, and any other chamber or arbitral tribunal referred to in Part XI, section 5, shall have jurisdiction in any matter which is submitted to it in accordance therewith.	3. 按照附件六设立的国际海洋法法庭海底争端分庭的第十一部分第五节所指的任何其他分庭或仲裁法庭，对按照该节向其提出的任何事项，应具有管辖权。	3. La Chambre pour le règlement des différends relatifs aux fonds marins constituée conformément à l'annexe VI et toute autre chambre ou tout autre tribunal arbitral visé à la section 5 de la partie XI ont compétence pour connattre de toute question qui leur est soumise conformément à celle-ci.
4. In the event of a dispute as to whether a court or tribunal has jurisdiction, the matter shall be settled by decision of that court or tribunal.	4. 对于法院或法庭是否具有管辖权如果发生争端，这一问题应由该法院或法庭以裁定解决。	4. En cas de contestation sur le point de savoir si une cour ou un tribunal est compétent, la cour ou le tribunal décide.

续表

英文文本	中文文本	法文文本
Article 289 ***Experts***	第二八九条 专家	**Article 289** ***Experts***
In any dispute involving scientific or technical matters, a court or tribunal exercising jurisdiction under this section may, at the request of a party or *proprio motu*, select in consultation with the parties no fewer than two scientific or technical experts chosen preferably from the relevant list prepared in accordance with Annex VIII, article 2, to sit with the court or tribunal but without the right to vote.	对于涉及科学和技术问题的任何争端，根据本节行使管辖权的法院或法庭，可在争端一方请求下或自己主动，并同争端各方协定，最好从按照附件八第二条编制的有关名单中，推选至少两名科学或技术专家列席法院或法庭，但无表决权。	Pour tout différend portant sur des questions scientifiques ou techniques, une cour ou un tribunal exerçant sa compétence en vertu de la présente section peut, à la demande d'une partie ou d'office, et en consultation avec les parties, choisir, de préférence sur la liste appropriée établie conformément à l'article 2 de l'annexe VIII, au moins deux experts scientifiques ou techniques qui siègent à la cour ou au tribunal sans droit de vote.
Article 290 ***Provisional measures***	第二九〇条 临时措施	**Article 290** ***Mesures conservatoires***
1. If a dispute has been duly submitted to a court or tribunal which considers that prima facie it has jurisdiction under this Part or Part XI, section 5, the court or tribunal may prescribe any provisional measures which it considers appropriate under the circumstances to preserve the respective rights of the parties to the dispute or to prevent serious harm to the marine environment, pending the final decision.	1. 如果争端已经正式提交法院或法庭，而该法庭或法庭依据初步证明认为其根据本部分或第十一部分第五节具有管辖权，该法院或法庭可在最后裁判前，规定其根据情况认为适当的任何临时措施，以保全争端各方的各自权利或防止对海洋环境的严重损害。	1. Si une cour ou un tribunal dûment saisi d'un différend considère, prima facie, avoir compétence en vertu de la présente partie ou de la section 5 de la partie XI, cette cour ou ce tribunal peut prescrire toutes mesures conservatoires qu'il juge appropriées en la circonstance pour préserver les droits respectifs des parties en litige ou pour empêcher que le milieu marin ne subisse de dommages graves en attendant la décision définitive.
2. Provisional measures may be modified or revoked as soon as the circumstances justifying them have changed or ceased to exist.	2. 临时措施所根据的情况一旦改变或不复存在，即可修改或撤销。	2. Les mesures conservatoires peuvent être modifiées ou rapportées dès que les circonstances les justifiant ont changé ou cessé d'exister.
3. Provisional measures may be prescribed, modified or revoked under this article only at the request of a party to the dispute and after the parties have been given an opportunity to be heard.	3. 临时措施仅在争端一方提出请求并使争端各方有陈述意见的机会后，才可根据本条予以规定、修改或撤销。	3. Des mesures conservatoires ne peuvent être prescrites, modifiées ou rapportées en vertu du présent article qu'à la demande d'une partie au différend et après que la possibilité de se faire entendre a été donnée aux parties.

续表

英文文本	中文文本	法文文本
4. The court or tribunal shall forthwith give notice to the parties to the dispute, and to such other States Parties as it considers appropriate, of the prescription, modification or revocation of provisional measures.	4. 法院或法庭应将临时措施的规定、修改或撤销迅速通知争端各方及其认为适当的其他缔约国。	4. La cour ou le tribunal notifie immédiatement toute mesure conservatoire ou toute décision la modifiant ou la rapportant aux parties au différend et, s'il le juge approprié, à d'autres États Parties.
5. Pending the constitution of an arbitral tribunal to which a dispute is being submitted under this section, any court or tribunal agreed upon by the parties or, failing such agreement within two weeks from the date of the request for provisional measures, the International Tribunal for the Law of the Sea or, with respect to activities in the Area, the Seabed Disputes Chamber, may prescribe, modify or revoke provisional measures in accordance with this article if it considers that prima facie the tribunal which is to be constituted would have jurisdiction and that the urgency of the situation so requires. Once constituted, the tribunal to which the dispute has been submitted may modify, revoke or affirm those provisional measures, acting in conformity with paragraphs 1 to 4.	5. 在争端根据本节正向其提交的仲裁法庭组成以前，经争端各方协议的任何法院或法庭，如在请求规定临时措施之日起两周内不能达成这种协定，则为国际海洋法庭，或在关于"区域"内活动时的海底争端分庭，如果根据初步证明认为将予组成的法庭具有管辖权，而且认为情况紧急有此必要，可按照本条规定、修改或撤销临时措施。受理争端的法庭一旦组成，即可依照第 1 至第 4 款行事，对这种临时措施予以修改，撤销或确认。	5. En attendant la constitution d'un tribunal arbitral saisi d'un différend en vertu de la présente section, toute cour ou tout tribunal désigné d'un commun accord par les parties ou, à défaut d'accord dans un délai de deux semaines à compter de la date de la demande de mesures conservatoire, le Tribunal international du droit de la mer ou, dans le cas d'activités menées dans la Zone, la Chambre pour le règlement des différends relatifs aux fonds marins, peut prescrire, modifier ou rapporter des mesures conservatoires conformément au présent article s'il considère, prima facie, que le tribunal devant être constitué aurait compétence et s'il estime que l'urgence de la situation l'exige. Une fois constitué, le tribunal saisi du différend, agissant conformément aux paragraphes 1 à 4, peut modifier, rapporter ou confirmer ces mesures conservatoires.
6. The parties to the dispute shall comply promptly with any provisional measures prescribed under this article.	6. 争端各方应迅速遵从根据本条所规定的任何临时措施。	6. Les parties au différend se conforment sans retard à toutes mesures conservatoires prescrites en vertu du présent article.
Article 291 *Access*	第二九一条 使用程序的机会	**Article 291** ***Accès aux procédures de règlement des différends***
1. All the dispute settlement procedures specified in this Part shall be open to States Parties.	1. 本部分规定的所有解决争端程序应对各缔约国开放。	1. Toutes les procédures de règlement des différends prévues dans la présente partie sont ouvertes aux Etats Parties.

续表

英文文本	中文文本	法文文本
2. The dispute settlement procedures specified in this Part shall be open to entities other than States Parties only as specifically provided for in this Convention.	2. 本部分规定的解决争端程序应仅依本公约具体规定对缔约国以外的实体开放。	2. Les procédures de règlement des différends prévus dans la présente partie ne sont ouvertes à des entités autres que les Etats Parties que dans la mesure où la Convention le prévoit expressément.
Article 292 ***Prompt release of vessels and crews***	第二九二条 船只和船员的迅速释放	**Article 292** ***Prompte mainlevée de l'immobilisation du navire ou prompte libération de son équipage***
1. Where the authorities of a State Party have detained a vessel flying the flag of another State Party and it is alleged that the detaining State has not complied with the provisions of this Convention for the prompt release of the vessel or its crew upon the posting of a reasonable bond or other financial security, the question of release from detention may be submitted to any court or tribunal agreed upon by the parties or, failing such agreement within 10 days from the time of detention, to a court or tribunal accepted by the detaining State under article 287 or to the International Tribunal for the Law of the Sea, unless the parties otherwise agree.	1. 如果缔约国当局扣留了一艘悬挂另一缔约国旗帜的船只，而且据指控，扣留国在合理的保证书或其他财政担保经提供后仍然没有遵从本公约的规定，将该船只或其船员迅速释放，释放问题可向争端各方协议的任何法院或法庭提出，如从扣留时起十日内不能达成这种协议，则除争端各方另有协议外，可向扣留国根据第二八七条接受的法院或法庭，或向国际海洋法法庭提出。	1. Lorsque les autorités d'un Etat Partie ont immobilisé un navire battant pavillon d'un autre Etat Partie et qu'il est allégué que l'Etat qui a immobilisé le navire n'a pas observé les dispositions de la Convention prévoyant la prompte mainlevée de l'immobilisation du navire ou la mise en liberté de son équipage dès le dépôt d'une caution raisonnable ou d'une autre garantie financière, la question de la mainlevée ou de la mise en liberté peut être portée devant une cour ou un tribunal désigné d'un commun accord par les parties; à défaut d'accord dans un délai de dix jours à compter du moment de l'immobilisation du navire ou de l'arrestation de l'équipage, cette question peut être portée devant une cour ou un tribunal accepté conformément à l'article 287 par l'Etat qui a procédé à l'immobilisation ou à l'arrestation, ou devant le Tribunal international du droit de la mer, à moins que les parties n'en conviennent autrement.
2. The application for release may be made only by or on behalf of the flag State of the vessel.	2. 这种释放的申请，仅可由船旗国或以该国名义提出。	2. La demande de mainlevée ou de mise en liberté ne peut être faite que par l'Etat du pavillon ou en son nom.

续表

英文文本	中文文本	法文文本
3. The court or tribunal shall deal without delay with the application for release and shall deal only with the question of release, without prejudice to the merits of any case before the appropriate domestic forum against the vessel, its owner or its crew. The authorities of the detaining State remain competent to release the vessel or its crew at any time.	3. 法院或法庭应不迟延地处理关于释放的申请，并且应仅处理释放问题，而不影响在主管的国内法庭对该船只、其船主或船员的任何案件的是非曲直。扣留国当局应仍有权随时释放该船只或其船员。	3. La cour ou le tribunal examine promptement cette demande et n'a à connaître que de la question de la mainlevée ou de la mise en liberté, sans préjudice de la suite qui sera donnée à toute action dont le navire, son propriétaire ou son équipage peuvent être l'objet devant la juridiction nationale appropriée. Les autorités de l'État qui a procédé à l'immobilisation ou à l'arrestation demeurent habilitées à ordonner à tout moment la mainlevée de l'immobilisation du navire ou la mise en liberté de son équipage.
4. Upon the posting of the bond or other financial security determined by the court or tribunal, the authorities of the detaining State shall comply promptly with the decision of the court or tribunal concerning the release of the vessel or its crew.	4. 在法院或法庭裁定的保证书或其他财政担任经提供后，扣留国当局应迅速遵从法院或法庭关于释放船只或其船员的裁定。	4. Dès le dépôt de la caution ou de l'autre garantie financière déterminée par la cour ou le tribunal, les autorités de l'État qui a immobilisé le navire se conforment à la décision de la cour ou du tribunal concernant la mainlevée de l'immobilisation du navire ou de la mise en liberté de son équipage.
Article 293 ***Applicable law***	第二九三条 适用的法律	**Article 293** ***Droit applicable***
1. A court or tribunal having jurisdiction under this section shall apply this Convention and other rules of international law not incompatible with this Convention.	1. 根据本节具有管辖权的法院或法庭应适用本公约和其他与本公约不相抵触的国际法规则。	1. Une cour ou un tribunal ayant compétence en vertu de la présente section applique les dispositions de la Convention et les autres règles du droit international qui ne sont pas incompatibles avec celle-ci.
2. Paragraph 1 does not prejudice the power of the court or tribunal having jurisdiction under this section to decide a case *ex aequo et bono*, if the parties so agree.	2. 如经当事各方同意，第1款并不妨害根据本节具有管辖权的法院或法庭按照公允和善良的原则对一项案件作出裁判的权力。	2. Le paragraphe 1 ne porte pas atteinte à la faculté qu'a la cour ou le tribunal ayant compétence en vertu de la présente section de statuer ex aequo et bono si les parties sont d'accord.

续表

英文文本	中文文本	法文文本
Article 294 ***Preliminary proceedings***	第二九四条 初步程序	**Article 294** ***Procédures préliminaires***
1. A court or tribunal provided for in article 287 to which an application is made in respect of a dispute referred to in article 297 shall determine at the request of a party, or may determine *proprio motu*, whether the claim constitutes an abuse of legal process or whether *prima facie* it is well founded. If the court or tribunal determines that the claim constitutes an abuse of legal process or is *prima facie* unfounded, it shall take no further action in the case.	1. 第二八七条所规定的法院或法庭，就第二九七条所指争端向其提出的申请，应经一方请求决定，或可自己主动决定，该项权利主张是否构成滥用法律程序，或者根据初步证明是否有理由。法院或法庭如决定该项主张构成滥用法律程序或者根据初步证明并无理由，即不应对该案采取任何进一步行动。	1. La Cour ou le tribunal prévu à l'article 287 saisi d'une demande au sujet d'un différend visé à l'article 297 décide, à la requête d'une partie, ou peut décider d'office, si cette demande constitue un abus des voies de droit ou s'il est établi prima facie qu'elle est fondée. Si la cour ou le tribunal décide que la demande constitue un abus des voies de droit ou qu'elle est prima facie dénuée de fondement, il cesse d'examiner la demande.
2. Upon receipt of the application, the court or tribunal shall immediately notify the other party or parties of the application, and shall fix a reasonable time-limit within which they may request it to make a determination in accordance with paragraph 1.	2. 法院或法庭收到这种申请，应立即将这项申请通知争端他方，并应指定争端他方可请求按照第 1 款作出一项决定的合理期限。	2. A la réception de la demande, la cour ou le tribunal la notifie immédiatement à l'autre ou aux autres parties et fixe un délai raisonnable dans lequel elles peuvent lui demander de statuer sur les points visés au paragraphe 1.
3. Nothing in this article affects the right of any party to a dispute to make preliminary objections in accordance with the applicable rules of procedure.	3. 本条的任何规定不影响争端各方按照适用的程序规则提出初步反对的权利。	3. Le présent article ne porte en rien atteinte au droit d'une partie à un différend de soulever des exceptions préliminaires conformément aux règles de procédure applicables.
Article 295 ***Exhaustion of local remedies***	第二九五条 用尽当地补救办法	**Article 295** ***Épuisement des recours internes***
Any dispute between States Parties concerning the interpretation or application of this Convention may be submitted to the procedures provided for in this section only after local remedies have been exhausted where this is required by international law.	缔约国间有关本公约的解释或适用的任何争端，仅在依照国际法的要求用尽当地补救办法后，才可提交本节规定的程序。	Un différend entre Etats Parties relatif à l'interprétation ou à l'application de la Convention peut-être soumis aux procédures prévues à la présente section seulement après que les recours internes ont été épuisés selon ce que requiert le droit international.

续表

英文文本	中文文本	法文文本
Article 296 ***Finality and binding force of decisions***	第二九六条 裁判的确定性和拘束力	**Article 296** ***Caractère définitif et force obligatoire des décisions***
1. Any decision rendered by a court or tribunal having jurisdiction under this section shall be final and shall be complied with by all the parties to the dispute.	1. 根据本节具有管辖权的法院或法庭对争端所作的任何裁判应有确定性，争端所有各方均应遵从。	1. Les décisions rendues par une cour ou un tribunal ayant compétence en vertu de la présente section sont définitives, et toutes les parties au différend doivent s'y conformer.
2. Any such decision shall have no binding force except between the parties and in respect of that particular dispute.	2. 这种裁判仅在争端各方间和对该特定争端具有拘束力。	2. Ces décisions n'ont force obligatoire que pour les parties et dans le cas d'espèce considéré.
SECTION 3. LIMITATIONS AND EXCEPTIONS TO APPLICABILITY OF SECTION 2	第三节：适用第二节的限制和例外	**SECTION 3. LIMITATIONS ET EXCEPTIONS A L'APPLICATION DE LA SECTION 2**
Article 297 ***Limitations on applicability of section 2***	第二九七条 适用第二节的限制	**Article 297** ***Limitations à l'application de la section 2***
1. Disputes concerning the interpretation or application of this Convention with regard to the exercise by a coastal State of its sovereign rights or jurisdiction provided for in this Convention shall be subject to the procedures provided for in section 2 in the following cases: (a) when it is alleged that a coastal State has acted in contravention of the provisions of this Convention in regard to the freedoms and rights of navigation, overflight or the laying of submarine cables and pipelines, or in regard to other internationally lawful uses of the sea specified in article 58; (b) when it is alleged that a State in exercising the aforementioned freedoms, rights or uses has acted in contravention of this Convention or of laws or regulations adopted by the coastal State in conformity with this Convention and other rules of international law not incompatible with this Convention; or (c) when it is alleged that a coastal State has acted in contravention of	1. 关于因沿海国行使本公约规定的主权权利或管辖权而发生的对本公约的解释或适用的争端，遇有下列情形，应遵守第二节所规定的程序： (a) 据指控，沿海国在第五十八条规定的关于航行、飞越或铺设海底电缆和管道的自由和权利，或关于海洋的其他国际合法用途方面，有违反本公约的规定的行为； (b) 据指控，一国在行使上述自由、权利或用途时，有违反本公约或沿海国按照本公约和其他与本公约不相抵触的国际法规则制定的法律或规章的行为；或 (c) 据指控，沿海国有违反适用于该沿海国、并由本公约所制订或通过主管国际组织或外交会议按照本公约制定的关于保护和保全海洋环境的特定国际规则和标准的行为。	1. Les différends relatifs à l'interprétation ou à l'application de la Convention quant à l'exercice par un Etat côtier de ses droits souverains ou de sa juridiction tels que prévus dans la Convention sont soumis aux procédures de règlement prévues à la section 2 dans les cas où: a) il est allégué que l'Etat côtier a contrevenu à la Convention en ce qui concerne la liberté et le droit de navigation ou de survol ou la liberté et le droit de poser des câbles et des pipelines sous-marins, ainsi qu'en ce qui concerne les utilisations de la mer aux autres fins internationalement licites visées à l'article 58; b) il est allégué que, dans l'exercice de ces libertés et droits ou dans ces utilisations, un Etat a contrevenu à la Convention ou aux lois ou règlements adoptés par l'Etat côtier en conformité avec les dispositions de la Convention et les autres règles du droit international qui ne sont

续表

英文文本	中文文本	法文文本
specified international rules and standards for the protection and preservation of the marine environment which are applicable to the coastal State and which have been established by this Convention or through a competent international organization or diplomatic conference in accordance with this Convention.		pas incompatibles avec celle-ci; ou c) il est allégué que l'Etat côtier a contrevenu à des règles ou normes internationales déterminées visant à protéger et à préserver le milieu marin qui lui sont applicables et qui ont été établies par la Convention, ou par l'intermédiaire d'une organisation internationale compétente ou d'une conférence diplomatique agissant en conformité avec la Convention.
2. (a) Disputes concerning the interpretation or application of the provisions of this Convention with regard to marine scientific research shall be settled in accordance with section 2, except that the coastal State shall not be obliged to accept the submission to such settlement of any dispute arising out of: (i) the exercise by the coastal State of a right or discretion in accordance with article 246; or (ii) a decision by the coastal State to order suspension or cessation of a research project in accordance with article 253. (b) A dispute arising from an allegation by the researching State that with respect to a specific project the coastal State is not exercising its rights under articles 246 and 253 in a manner compatible with this Convention shall be submitted, at the request of either party, to conciliation under Annex V, section 2, provided that the conciliation commission shall not call in question the exercise by the coastal State of its discretion to designate specific areas as referred to in article 246, paragraph 6, or of its discretion to withhold consent in accordance with article 246, paragraph 5.	2. (a) 本公约关于海洋科学研究的规定在解释或适用上的争端，应按照第二节解决，但对下列情形所引起的任何争端，沿海国并无义务同意将其提交这种解决程序： (1) 沿海国按照第二四六条行使权利或斟酌决定权；或 (2) 沿海国按照第二五三条决定命令暂停或停止一项研究计划。 (b) 因进行研究国家指控沿海国对某一特定计划行使第二四六和第二五三条所规定权利的方式不符合本公约而引起的争端，经任何一方请求，应按照附件五第二节提交调解程序，但调解委员会对沿海国行使斟酌决定权指定第二四六条第 6 款所指特定区域，或按照第二四六条第 5 款行使斟酌决定权拒不同意，不应提出疑问。	2. a) Les différends relatifs à l'interprétation ou à l'application des dispositions de la Convention concernant la recherche scientifique marine sont réglés conformément à la section 2, sauf que l'Etat côtier n'est pas tenu d'accepter que soit soumis à un tel règlement un différend découlant: i) de l'exercice par cet État d'un droit ou d'un pouvoir discrétionnaire conformément à l'article. 246; ou ii) de la décision de cet État d'ordonner la suspension ou la cessation d'un projet de recherche conformément à l'article 253. b) Les différends découlant d'une allégation de l'État chercheur que l'Etat côtier n'exerce pas, dans le cas d'un projet particulier, les droits que lui confèrent les articles 246 et 253 d'une manière compatible avec la Convention sont soumis, à la demande de l'une ou l'autre partie, à la conciliation selon la procédure prévue à la section 2 de l'annexe V, étant entendu que la commission de conciliation ne doit mettre en cause ni l'exercice par l'Etat côtier de son pouvoir discrétionnaire de désigner des zones spécifiques,

续表

英文文本	中文文本	法文文本
		tel qu'il est prévu à l'article 246, paragraphe 6, ni l'exercice de son pouvoir discrétionnaire de refuser son consentement conformément au paragraphe 5 du même article.
3. (a) Disputes concerning the interpretation or application of the provisions of this Convention with regard to fisheries shall be settled in accordance with section 2, except that the coastal State shall not be obliged to accept the submission to such settlement of any dispute relating to its sovereign rights with respect to the living resources in the exclusive economic zone or their exercise, including its discretionary powers for determining the allowable catch, its harvesting capacity, the allocation of surpluses to other States and the terms and conditions established in its conservation and management laws and regulations. (b) Where no settlement has been reached by recourse to section 1 of this Part, a dispute shall be submitted to conciliation under Annex V, section 2, at the request of any party to the dispute, when it is alleged that: (i) a coastal State has manifestly failed to comply with its obligations to ensure through proper conservation and management measures that the maintenance of the living resources in the exclusive economic zone is not seriously endangered; (ii) a coastal State has arbitrarily refused to determine, at the request of another State, the allowable catch and its capacity to harvest living resources with respect to stocks which that other State is interested in fishing; or	3. (a) 对本公约关于渔业的规定在解释或适用上的争端，应按照第二节解决，但沿海国并无义务同意将任何有关其对专属经济区内生物资源的主权权利或此项权利的行使的争端，包括关于其对决定可捕量、其捕捞能力、分配剩余量给其他国家、其关于养护和管理这种资源的法律和规章中所制订的条款和条件的斟酌决定权的争端，提交这种解决程序。 (b) 据指控有下列情事时，如已诉诸第一节而仍未得到解决，经争端任何一方请求，应将争端提交附件五第二节所规定的调解程序： (1) 一个沿海国明显地没有履行其义务，通过适当的养护和管理措施，以确保专属经济区内生物资源的维持不致受到严重危害； (2) 一个沿海国，经另一国请求，对该另一国有意捕捞的种群，专断地拒绝决定可捕量及沿海国捕捞生物资源的能力；或 (3) 一个沿海国专断地拒绝根据第六十二、第六十九和第七十条以及该沿海国所制订的符合本公约的条款和条件，将其已宣布存在的剩余量的全部或一部分分配给任何国家。 (c) 在任何情形下，调解委员会不得以其斟酌决定权代替沿海国的斟酌决定权。	3. a) Les différends relatifs à l'interprétation ou à l'application des dispositions de la Convention concernant la pêche sont réglés conformément à la section 2, sauf que l'Etat côtier n'est pas tenu d'accepter que soit soumis à un tel règlement un différend relatif à ses droits souverains sur les ressources biologiques de sa zone économique exclusive ou à l'exercice de ces droits, y compris son pouvoir discrétionnaire de fixer le volume admissible des captures et sa capacité de pêche, de répartir le reliquat entre d'autres Etats et d'arrêter les modalités et conditions établies dans ses lois et règlements en matière de conservation et de gestion. b) Si le recours à la section 1 n'a pas permis d'aboutir à un règlement, le différend est soumis, à la demande de l'une quelconque des parties en litige, à la conciliation selon la procédure prévue à la section 2 de l'annexe V, lorsqu'il est allégué que l'Etat côtier: i) a manifestement failli à son obligation d'assurer, par des mesures appropriées de conservation et de gestion, que le maintien des ressources biologiques de la zone économique exclusive ne soit pas sérieusement compromis; ii) a refusé arbitrairement de fixer, à la demande d'un autre Etat, le volume admissible des captures et sa capacité d'exploiter les ressources biologiques pour ce qui est des stocks dont l'exploitation intéresse

续表

英文文本	中文文本	法文文本
(iii) a coastal State has arbitrarily refused to allocate to any State, under articles 62, 69 and 70 and under the terms and conditions established by the coastal State consistent with this Convention, the whole or part of the surplus it has declared to exist. (c) In no case shall the conciliation commission substitute its discretion for that of the coastal State. (d) The report of the conciliation commission shall be communicated to the appropriate international organizations. (e) In negotiating agreements pursuant to articles 69 and 70, States Parties, unless they otherwise agree, shall include a clause on measures which they shall take in order to minimize the possibility of a disagreement concerning the interpretation or application of the agreement, and on how they should proceed if a disagreement nevertheless arises.	(d) 调解委员会的报告应送交有关的国际组织。 (e) 各缔约国在依据第六十九和第七十条谈判协定时，除另有协议外，应列入一个条款，规定各缔约国为了尽量减少对协定的解释或适用发生争端的可能性所应采取的措施，并规定如果仍然发生争议，各缔约国应采取何种步骤。	cet autre Etat; ou iii) a refusé arbitrairement à un Etat quelconque de lui attribuer, comme le prévoient les articles 62, 69 et 70 et selon les modalités et conditions qu'il a lui-même arrêtées et qui sont compatibles avec la Convention, tout ou partie du reliquat qu'il a déclaré exister. c) En aucun cas la commission de conciliation ne substitue son pouvoir discrétionnaire à celui de l'Etat côtier. d) Le rapport de la commission de conciliation doit être communiqué aux organisations internationales appropriées. e) Lorsqu'ils négocient les accords prévus aux articles 69 et 70, les Etats Parties, à moins qu'ils n'en conviennent autrement, y incluent une clause prévoyant les mesures qu'ils doivent prendre pour réduire à un minimum les possibilités de divergence quant à l'interprétation ou à l'application de l'accord, ainsi que la procédure à suivre au cas où il y aurait néanmoins divergence.
Article 298 ***Optional exceptions to applicability of section 2***	第二九八条 适用第二节的任择性例外	**Article 298** ***Exceptions facultatives à l'application de la section 2***
1. When signing, ratifying or acceding to this Convention or at any time thereafter, a State may, without prejudice to the obligations arising under section 1, declare in writing that it does not accept any one or more of the procedures provided for in section 2 with respect to one or more of the following categories of disputes:	1. 一国在签署、批准或加入本公约时，或在其后任何时间，在不妨害根据第一节所产生的义务的情形下，可以书面声明对于下列各类争端的一类或一类以上，不接受第二节规定的一种或一种以上的程序：	1. Lorsqu'il signe ou ratifie la Convention ou y adhère, ou à n'importe quel moment par la suite, un Etat peut, sans préjudice des obligations découlant de la section 1, déclarer par écrit qu'il n'accepte pas une ou plusieurs des procédures de règlement des différends prévues à la section 2 en ce qui concerne une ou plusieurs des catégories suivantes de différends:

续表

英文文本	中文文本	法文文本
(a) (i) disputes concerning the interpretation or application of articles 15, 74 and 83 relating to sea boundary delimitations, or those involving historic bays or titles, provided that a State having made such a declaration shall, when such a dispute arises subsequent to the entry into force of this Convention and where no agreement within a reasonable period of time is reached in negotiations between the parties, at the request of any party to the dispute, accept submission of the matter to conciliation under Annex V, section 2; and provided further that any dispute that necessarily involves the concurrent consideration of any unsettled dispute concerning sovereignty or other rights over continental or insular land territory shall be excluded from such submission; (ii) after the conciliation commission has presented its report, which shall state the reasons on which it is based, the parties shall negotiate an agreement on the basis of that report; if these negotiations do not result in an agreement, the parties shall, by mutual consent, submit the question to one of the procedures provided for in section 2, unless the parties otherwise agree; (iii) this subparagraph does not apply to any sea boundary dispute finally settled by an arrangement between the parties, or to any such dispute which is to be settled in accordance with a bilateral or multilateral agreement binding upon those parties;	(a) (1) 关于划定海洋边界的第十五、第七十四、第八十三条在解释或适用上的争端，或涉及历史性海湾或所有权的争端，但如这种争端发生于本公约生效之后，经争端各方谈判仍未能在合理期间内达成协议，则作此声明的国家，经争端任何一方请求，应同意将该事项提交附件五第二节所规定的调解；此外，任何争端如果必然涉及同时审议与大陆或岛屿陆地领土的主权或其他权利有关的任何尚未解决的争端，则不应提交这一程序； (2) 在调解委员会提出其中说明所根据的理由的报告后，争端各方应根据该报告以谈判达成协议；如果谈判未能达成协议，经彼此同意，争端各方应将问题提交第二节所规定的程序之一，除非争端各方另有协议； (3) 本项不适用于争端各方已以一项安排确定解决的任何海洋边界争端，也不适用于按照对争端各方有拘束力的双边或多边协定加以解决的任何争端； (b) 关于军事活动，包括从事非商业服务的政府船只和飞机的军事活动的争端，以及根据第二九七条第2和第3款不属法院或法庭管辖的关于行使主权权利或管辖权的法律执行活动的争端；	a) i) les différends concernant l'interprétation ou l'application des articles 15, 74 et 83 relatifs à la délimitation de zones maritimes ou les différends qui portent sur des baies ou titres historiques, pourvu que l'Etat qui a fait la déclaration accepte, lorsqu'un tel différend surgit après l'entrée en vigueur de la Convention et si les parties ne parviennent à aucun accord par voie de négociations dans un délai raisonnable, de le soumettre, à la demande de l'une d'entre elles, à la conciliation selon la procédure prévue à la section 2 de l'annexe V, et étant entendu que ne peut être soumis à cette procédure aucun différend impliquant nécessairement l'examen simultané d'un différend non réglé relatif à la souveraineté ou à d'autres droits sur un territoire continental ou insulaire, ii) une fois que la commission de conciliation a présenté son rapport, qui doit être motivé, les parties négocient un accord sur la base de ce rapport; si les négociations n'aboutissent pas, les parties soumettent la question, par consentement mutuel, aux procédures prévues à la section 2, à moins qu'elles n'en conviennent autrement, iii) le présent alinéa ne s'applique ni aux différends relatifs à la délimitation de zones maritimes qui ont été définitivement réglés par un arrangement entre les parties, ni aux différends qui doivent être réglés conformément à un accord bilatéral ou multilatéral liant les parties;

续表

英文文本	中文文本	法文文本
(b) disputes concerning military activities, including military activities by government vessels and aircraft engaged in non-commercial service, and disputes concerning law enforcement activities in regard to the exercise of sovereign rights or jurisdiction excluded from the jurisdiction of a court or tribunal under article 297, paragraph 2 or 3; (c) disputes in respect of which the Security Council of the United Nations is exercising the functions assigned to it by the Charter of the United Nations, unless the Security Council decides to remove the matter from its agenda or calls upon the parties to settle it by the means provided for in this Convention.	(c) 正由联合国安全理事会执行《联合国宪章》所赋予的职务的争端，但安全理事会决定将该事项从其议程删除或要求争端各方用本公约规定的方法解决该争端者除外。	b) les différends relatifs à des activités militaires, y compris les activités militaires des navires et aéronefs d'Etat utilisés pour un service non commercial, et les différends qui concernent les actes d'exécution forcée accomplis dans l'exercice de droits souverains ou de la juridiction et que l'article 297, paragraphe 2 ou 3, exclut de la compétence d'une cour ou d'un tribunal; c) les différends pour lesquels le Conseil de sécurité de l'Organisation des Nations Unies exerce les fonctions qui lui sont conférées par la Charte des Nations Unies, à moins que le Conseil de sécurité ne décide de rayer la question de son ordre du jour ou n'invite les parties à régler leur différend par les moyens prévus dans la Convention.
2. A State Party which has made a declaration under paragraph 1 may at any time withdraw it, or agree to submit a dispute excluded by such declaration to any procedure specified in this Convention.	2. 根据第1款作出声明的缔约国，可随时撤回声明，或同意将该声明所排除的争端提交本公约规定的任何程序。	2. Un Etat Partie qui a fait une déclaration en vertu du paragraphe 1 peut à tout moment le retirer ou convenir de soumettre un différend exclu par cette déclaration à toute procédure de règlement prévue dans la Convention.
3. A State Party which has made a declaration under paragraph 1 shall not be entitled to submit any dispute falling within the excepted category of disputes to any procedure in this Convention as against another State Party, without the consent of that party.	3. 根据第1款作出声明的缔约国，应无权对另一缔约国，将属于被除外的一类争端的任何争端，未经该另一缔约国同意，提交本公约的任何程序。	3. Un Etat Partie qui a fait une déclaration en vertu du paragraphe 1 ne peut soumettre un différend entrant dans une catégorie de différends exclus à l'une quelconque des procédures prévues dans la Convention sans le consentement de l'Etat Partie avec lequel il est en litige.
4. If one of the States Parties has made a declaration under paragraph 1(a), any other State Party may submit any dispute falling within an excepted category against the declarant party to the procedure specified in such declaration.	4. 如缔约国之一已根据第1款(a)项作出声明，任何其他缔约国可对作出声明的缔约国，将属于被除外一类的任何争端提交这种声明内指明的程序。	4. Si un Etat Partie a fait une déclaration en vertu du paragraphe 1, lettre a), tout autre Etat Partie peut soumettre à la procédure spécifiée dans cette déclaration tout différend qui l'oppose à l'Etat auteur de la déclaration et qui entre dans une catégorie de différends exclus.

续表

英文文本	中文文本	法文文本
5. A new declaration, or the withdrawal of a declaration, does not in any way affect proceedings pending before a court or tribunal in accordance with this article, unless the parties otherwise agree.	5. 新的声明，或声明的撤回，对按照本条在法院或法庭进行中的程序并无任何影响，除非争端各方另有协议。	5. Une nouvelle déclaration ou une notification de retrait d'une déclaration n'affecte en rien la procédure en cours devant une cour ou un tribunal saisi conformément au présent article, à moins que les parties n'en conviennent autrement.
6. Declarations and notices of withdrawal of declarations under this article shall be deposited with the Secretary-General of the United Nations, who shall transmit copies thereof to the States Parties.	6. 根据本条作出的声明和撤回声明的通知，应交存于联合国秘书长，秘书长应将其副本分送各缔约国。	6. Les déclarations ou les notifications de leur retrait visées au présent article sont déposées auprès du Secrétaire général de l'Organisation des Nations Unies, qui en transmet copie aux Etats Parties.
Article 299 ***Right of the parties to agree upon a procedure***	第二九九条 争端各方议定程序的权利	**Article 299** ***Droit des parties de convenir de la procédure***
1. A dispute excluded under article 297 or excepted by a declaration made under article 298 from the dispute settlement procedures provided for in section 2 may be submitted to such procedures only by agreement of the parties to the dispute.	1. 根据第二九七条或以一项按照第二九八条发表的声明予以除外，不依第二节所规定的解决争端程序处理的争端，只有经争端各方协议，才可提交这种程序。	1. Tout différend qui a été exclu des procédures de règlement des différends prévues à la section 2 en vertu de l'article 297 ou par une déclaration faite conformément à l'article 298 ne peut être soumis à ces procédures que par accord des parties au différend.
2. Nothing in this section impairs the right of the parties to the dispute to agree to some other procedure for the settlement of such dispute or to reach an amicable settlement.	2. 本节的任何规定不妨害争端各方为解决这种争端或达成和睦解决而协议某种其他程序的权利。	2. Aucune disposition de la présente section ne porte atteinte au droit des parties à un différend de convenir d'une autre procédure de règlement de ce différend ou de le régler à l'amiable.
PART XVI. GENERAL PROVISIONS	第十六部分：一般规定	**PARTIE XVI . DISPOSITIONS GENERALES**
Article 300 ***Good faith and abuse of rights***	第三〇〇条 诚意和滥用权利	**Article 300** ***Bonne foi et abus de droit***
States Parties shall fulfil in good faith the obligations assumed under this Convention and shall exercise the rights, jurisdiction and freedoms recognized in this Convention in a manner which would not constitute an abuse of right.	缔约国应诚意履行根据本公约承担的义务并应以不致构成滥用权利的方式，行使本公约所承认的权利、管辖权和自由。	Les Etats Parties doivent remplir de bonne foi les obligations qu'ils ont assumées aux termes de la Convention et exercer les droits, les compétences et les libertés reconnus dans la Convention d'une manière qui ne constitue pas un abus de droit.

三、《鱼类种群协定》涉及争端解决的相关条款

英文文本	中文文本[①]	法文文本
PART VIII. PEACEFUL SETTLEMENT OF DISPUTES	第八部分：和平解决争端	**PARTIE VIII. RÈGLEMENT PACIFIQUE DES DIFFÉRENDS**
Article 27 ***Obligation to settle disputes by peaceful means***	第27条 以和平方式解决争端的义务	**Article 27** ***Obligation de régler les différends par des moyens pacifiques***
States have the obligation to settle their disputes by negotiation, inquiry, mediation, conciliation, arbitration, judicial settlement, resort to regional agencies or arrangements, or other peaceful means of their own choice.	各国有义务通过谈判、调查、调停、和解、仲裁、司法解决、诉诸区域机构或安排或自行选择的其他和平方式解决争端。	Les États ont l'obligation de régler leurs différends par voie de négociation, d'enquête, de médiation, de conciliation, d'arbitrage, de règlement judiciaire, de recours aux organismes ou accords régionaux, ou par d'autres moyens pacifiques de leur choix.
Article 28 ***Prevention of disputes***	第28条 预防争端	**Article 28** ***Prévention des différends***
States shall cooperate in order to prevent disputes. To this end, States shall agree on efficient and expeditious decision-making procedures within subregional and regional fisheries management organizations and arrangements and shall strengthen existing decision-making procedures as necessary.	各国应合作预防争端。为此目的，各国应在分区域和区域渔业管理组织和安排内议定迅速而有效的作出决定程序，并应视需要加强现有的作出决定程序。	Les États coopèrent en vue de prévenir les différends. À cette fin, ils arrêtent d'un commun accord des procédures de prise de décisions efficaces et rapides au sein des organisations et arrangements de gestion des pêcheries sous-régionaux et régionaux et renforcent le cas échéant les procédures existantes.

① 根据《鱼类种群协定》第50条，本协定阿拉伯文、中文、英文、法文、俄文和西班牙文文本具有同等效力。考虑到文本的法律效力，这里的中文文本来源于联合国官方网站。

续表

英文文本	中文文本[①]	法文文本
Article 29 ***Disputes of a technical nature***	第29条 技术性争端	**Article 29** ***Différends touchant une question technique***
Where a dispute concerns a matter of a technical nature, the States concerned may refer the dispute to an *ad hoc* expert panel established by them. The panel shall confer with the States concerned and shall endeavour to resolve the dispute expeditiously without recourse to binding procedures for the settlement of disputes.	如争端涉及技术性事项，有关各国可将争端提交他们成立的特设专家小组处理。该小组应与有关国家磋商，并设法在不采用具有约束力的解决争端程序的情况下迅速解决争端。	En cas de différend touchant une question technique, les États concernés peuvent saisir un groupe d'experts *ad hoc* créé par eux. Le groupe d'experts s'entretient avec les États concernés et s'efforce de régler rapidement le différend sans recourir à des procédures obligatoires de règlement des différends.
Article 30 ***Procedures for the settlement of disputes***	第30条 解决争端程序	**Article 30** ***Procédures de règlement des différends***
1. The provisions relating to the settlement of disputes set out in Part XV of the Convention apply *mutatis mutandis* to any dispute between States Parties to this Agreement concerning the interpretation or application of this Agreement, whether or not they are also Parties to the Convention.	1.《公约》第十五部分就解决争端订立的各项规定比照适用于本协定缔约国之间有关本协定的解释或适用的一切争端，不论他们是否也是《公约》的缔约方。	1. Les dispositions relatives au règlement des différends énoncées dans la partie XV de la Convention s'appliquent *mutatis mutandis* à tout différend entre États parties au présent Accord concernant l'interprétation ou l'application du présent Accord, que lesdits États soient ou non parties à la Convention.
2. The provisions relating to the settlement of disputes set out in Part XV of the Convention apply *mutatis mutandis* to any dispute between States Parties to this Agreement concerning the interpretation or application of a subregional, regional or global fisheries agreement relating to straddling fish stocks or highly migratory fish stocks to which they are parties, including any dispute concerning the conservation and management of such stocks, whether or not they are also Parties to the Convention.	2.《公约》第十五部分就解决争端订立的各项规定比照适用于本协定缔约国之间有关他们为当事方的有关跨界鱼类种群和高度洄游鱼类种群的分区域、区域或全球渔业协定的解释或适用的一切争端，包括有关养护和管理这些种群的任何争端，不论他们是否也是《公约》的缔约方。	2. Les dispositions relatives au règlement des différends énoncées dans la partie XV de la Convention s'appliquent mutatis mutandis à tout différend entre États parties au présent Accord concernant l'interprétation ou l'application des accords sous-régionaux, régionaux ou mondiaux de gestion des pêcheries de stocks de poissons chevauchants ou de stocks de poissons grands migrateurs auxquels ils sont parties, y compris tout différend concernant la conservation et la gestion desdits stocks, que lesdits États soient ou non parties à la Convention.

续表

英文文本	中文文本①	法文文本
3. Any procedure accepted by a State Party to this Agreement and the Convention pursuant to article 287 of the Convention shall apply to the settlement of disputes under this Part, unless that State Party, when signing, ratifying or acceding to this Agreement, or at any time thereafter, has accepted another procedure pursuant to article 287 for the settlement of disputes under this Part.	3. 本协定缔约国根据《公约》第二八七条接受的任何程序应适用于解决本部分所列的争端，除非该缔约国在签署、批准或加入本协定时，或在其后任何时间，就解决本部分所列的争端接受第二八七条所列的另一种程序。	3. Toute procédure acceptée par un État partie au présent Accord et à la Convention conformément à l'article 287 de la Convention s'applique au règlement des différends relevant de la présente partie, à moins que lorsqu'il signe ou ratifie le présent Accord ou y adhère, ou à n'importe quel moment par la suite, l'État partie intéressé accepte une autre procédure conformément à l'article 287 aux fins du règlement des différends relevant de la présente partie.
4. A State Party to this Agreement which is not a Party to the Convention, when signing, ratifying or acceding to this Agreement, or at any time thereafter, shall be free to choose, by means of a written declaration, one or more of the means set out in article 287, paragraph 1, of the Convention for the settlement of disputes under this Part. Article 287 shall apply to such a declaration, as well as to any dispute to which such State is a party which is not covered by a declaration in force. For the purposes of conciliation and arbitration in accordance with Annexes V, VII and VIII to the Convention, such State shall be entitled to nominate conciliators, arbitrators and experts to be included in the lists referred to in Annex V, article 2, Annex VII, article 2, and Annex VIII, article 2, for the settlement of disputes under this Part.	4. 不属于《公约》缔约国的本协定缔约国在签署、批准或加入本协定时，或在其后任何时间，均可通过书面声明的方式，自由选择一种或多种《公约》第二八七条第1款所列的方式以解决本部分所列的争端。第二八七条应适用于这种声明，也适用于这些国家为当事方，且未有生效声明的争端。为根据《公约》附件五、附件七和附件八进行调解和仲裁的目的，这些国家有权提名调解员、仲裁员和专家，列入第二条附件五、第二条附件七和第二条附件八所指的名单内，以解决本部分所列的争端。	4. Lorsqu'il signe ou ratifie le présent Accord ou y adhère, ou à n'importe quel moment par la suite, tout État partie au présent Accord qui n'est pas partie à la Convention est libre de choisir, par voie de déclaration écrite, un ou plusieurs des moyens prévus à l'article 287, paragraphe 1, de la Convention aux fins du règlement des différends relevant de la présente partie. L'article 287 s'applique à cette déclaration ainsi qu'à tout différend auquel ledit État est partie et qui n'est pas visé par une déclaration en vigueur. Aux fins de conciliation et d'arbitrage conformément aux annexes V, VII et VIII de la Convention, ledit État a le droit de désigner des conciliateurs, des arbitres et des experts pour inscription sur la liste visée à l'article 2 de l'annexe V, à l'article 2 de l'annexe VII et à l'article 2 de l'annexe VIII aux fins du règlement des différends relevant de la présente partie.

续表

英文文本	中文文本①	法文文本
5. Any court or tribunal to which a dispute has been submitted under this Part shall apply the relevant provisions of the Convention, of this Agreement and of any relevant subregional, regional or global fisheries agreement, as well as generally accepted standards for the conservation and management of living marine resources and other rules of international law not incompatible with the Convention, with a view to ensuring the conservation of the straddling fish stocks and highly migratory fish stocks concerned.	5. 接获根据本部分提出的争端的任何法院或法庭应适用《公约》、本协定和任何有关分区域、区域或全球渔业协定的有关规定，以及养护和管理海洋生物资源方面的公认标准和其他同《公约》无抵触的国际法规则，以确保有关的跨界鱼类种群和高度洄游鱼类种群的养护。	5. La cour ou le tribunal saisi d'un différend relevant de la présente partie applique les dispositions pertinentes de la Convention, du présent Accord et de tout accord sous-régional, régional ou mondial de gestion des pêcheries applicable ainsi que les normes généralement acceptées en matière de conservation et de gestion des ressources biologiques marines et les autres règles du droit international qui ne sont pas incompatibles avec la Convention, en vue d'assurer la conservation des stocks de poissons chevauchants et des stocks de poissons grands migrateurs concernés.
Article 31 ***Provisional measures***	第31条 临时措施	**Article 31** ***Mesures conservatoires***
1. Pending the settlement of a dispute in accordance with this Part, the parties to the dispute shall make every effort to enter into provisional arrangements of a practical nature.	1. 在按照本部分解决争端以前，争端各方应尽量达成切实可行的临时安排。	1. En attendant le règlement d'un différend conformément à la présente partie, les parties au différend font tout ce qui est en leur pouvoir pour conclure des arrangements provisoires pratiques.
2. Without prejudice to article 290 of the Convention, the court or tribunal to which the dispute has been submitted under this Part may prescribe any provisional measures which it considers appropriate under the circumstances to preserve the respective rights of the parties to the dispute or to prevent damage to the stocks in question, as well as in the circumstances referred to in article 7, paragraph 5, and article 16, paragraph 2.	2. 在不妨害《公约》第二九〇条的情况下，接获根据本部分提出的争端的法院或法庭可规定其根据情况认为适当的临时措施，以保全争端各方的各自权利，或防止有关种群受到损害，也可以在第7条第5款和第16条第2款所述情况下规定临时措施。	2. Sans préjudice de l'article 290 de la Convention, la cour ou le tribunal saisi du différend en vertu de la présente partie peut prescrire toutes mesures conservatoires qu'il juge appropriées en la circonstance pour préserver les droits respectifs des parties en litige ou prévenir tout dommage aux stocks en question, ainsi que dans les cas visés à l'article 7, paragraphe 5, et à l'article 16, paragraphe 2.

续表

英文文本	中文文本[①]	法文文本
3. A State Party to this Agreement which is not a Party to the Convention may declare that, notwithstanding article 290, paragraph 5, of the Convention, the International Tribunal for the Law of the Sea shall not be entitled to prescribe, modify or revoke provisional measures without the agreement of such State.	3. 不属于《公约》缔约国的本协定缔约国可声明，虽有《公约》第二九〇条第 5 款的规定，国际海洋法法庭无权未经该国同意即规定、修改或撤销临时措施。	3. Tout État partie au présent Accord qui n'est pas partie à la Convention peut déclarer que, nonobstant l'article 290, paragraphe 5, de la Convention, le Tribunal international du droit de la mer n'a pas le droit de prescrire, modifier ou rapporter des mesures conservatoires sans son accord.
Article 32 ***Limitations on applicability of procedures for the settlement of disputes***	第32条 对解决争端程序适用的限制	**Article 32** ***Limitations à l'application des procédures de règlement des différends***
Article 297, paragraph 3, of the Convention applies also to this Agreement.	《公约》第二九七条第 3 款也适用于本协定。	L'article 297, paragraphe 3, de la Convention s'applique également au présent Accord.

四、《海洋生物多样性协定》涉及争端解决的相关条款

英文文本	中文文本[①]	法文文本
PART VI INSTITUTIONAL ARRANGEMENTS	第六部分：体制安排	**PARTIE VI DISPOSITIF INSTITUTIONNEL**
Article 47 ***Conference of the Parties***	第四十七条 缔约方大会	**Article 47** ***Conférence des Parties***
... 7. The Conference of the Parties may decide to request the International Tribunal for the Law of the Sea to give an advisory opinion on a legal question on the conformity with this Agreement of a proposal before the Conference of the Parties on any matter within its competence. A request for an advisory opinion shall not be sought on a matter within the competences of other global, regional, subregional or sectoral bodies, or on a matter that necessarily involves the concurrent consideration of any dispute concerning sovereignty or other rights over continental or insular land territory or a claim thereto, or the legal status of an area as within national jurisdiction. The request shall indicate the scope of the legal question on which the advisory opinion is sought. The Conference of the Parties may request that such opinion be given as a matter of urgency. ...	…… 七、缔约方大会可决定就其职权范围内任何事项的提案是否符合本协定的法律问题，请求国际海洋法法庭提供咨询意见。不应就其他全球、区域、次区域或领域机构职权范围内的事项，或必然涉及同时审议关于对大陆或岛屿陆地领土的主权或其他权利或有关主张或国家管辖范围以内区域法律地位的任何争端的事项，请求提供咨询意见。该请求应说明请求提供咨询意见的法律问题的范围。缔约方大会可要求此种意见作为紧急事项提供。 ……	... 7. La Conférence des Parties peut décider de demander au Tribunal international du droit de la mer un avis consultatif sur toute question juridique relative à la conformité au présent Accord d'une proposition dont elle est saisie concernant tout sujet relevant de sa compétence. Elle ne sollicite pas d'avis consultatif sur des questions relevant de la compétence d'autres organes mondiaux, régionaux, sous-régionaux ou sectoriels ou sur des questions impliquant nécessairement l'examen simultané d'un différend relatif à la souveraineté ou à d'autres droits sur un territoire continental ou insulaire ou des revendications y relatives ou au régime juridique d'une zone relevant de la juridiction nationale. La demande indique la question juridique précise sur laquelle l'avis consultatif est sollicité. La Conférence des Parties peut demander que l'avis soit rendu dans les plus brefs délais. ...

① 根据《海洋生物多样性协定》第76条，本协定的阿拉伯文、中文、英文、法文、俄文和西班牙文文本同等作准。考虑到文本的法律效力，这里的中文文本来源于联合国官方网站。

续表

英文文本	中文文本①	法文文本
PART IX SETTLEMENT OF DISPUTES	第九部分：争端解决	**PARTIE IX RÈGLEMENT DES DIFFÉRENDS**
Article 56 ***Prevention of disputes***	第五十六条 防止争端	**Article 56** ***Prévention des différends***
Parties shall cooperate in order to prevent disputes.	缔约方应开展合作，以防止争端。	Les Parties coopèrent afin de prévenir les différends.
Article 57 ***Obligation to settle disputes by peaceful means***	第五十七条 用和平方法解决争端的义务	**Article 57** ***Obligation de régler les différends par des moyens pacifiques***
Parties have the obligation to settle their disputes concerning the interpretation or application of this Agreement by negotiation, inquiry, mediation, conciliation, arbitration, judicial settlement, resort to regional agencies or arrangements, or other peaceful means of their own choice.	缔约方有义务通过谈判、调查、调停、调解、仲裁、司法解决、诉诸区域机构或安排，或自行选择的其他和平方法来解决关于本协定解释或适用的争端。	Les Parties ont l'obligation de régler leurs différends relatifs à l'interprétation ou à l'application du présent Accord par voie de négociation, d'enquête, de médiation, de conciliation, d'arbitrage, de règlement judiciaire, de recours aux organismes ou accords régionaux, ou par d'autres moyens pacifiques de leur choix.
Article 58 ***Settlement of disputes by any peaceful means chosen by the Parties***	第五十八条 用缔约方选择的任何和平方法解决争端	**Article 58** ***Règlement des différends par tout moyen pacifique choisi par les Parties***
Nothing in this Part impairs the right of any Party to this Agreement to agree at any time to settle a dispute between them concerning the interpretation or application of this Agreement by any peaceful means of their own choice.	本部分的任何规定均不损害本协定任何缔约方在任何时候同意以自行选择的任何和平方法解决它们之间关于本协定的解释或适用的争端的权利。	Aucune disposition de la présente partie n'affecte le droit des Parties au présent Accord de convenir à tout moment de régler un différend survenu entre elles et relatif à l'interprétation ou à l'application du présent Accord par tout moyen pacifique de leur choix.
Article 59 ***Disputes of a technical nature***	第五十九条 技术性争端	**Article 59** ***Différends touchant une question technique***

续表

英文文本	中文文本[①]	法文文本
Where a dispute concerns a matter of a technical nature, the Parties concerned may refer the dispute to an ad hoc expert panel established by them. The panel shall confer with the Parties concerned and shall endeavour to resolve the dispute expeditiously without recourse to binding procedures for the settlement of disputes under article 60 of this Agreement.	如争端涉及技术性事项，则有关缔约方可将争端提交其设立的特设专家小组。专家小组应与有关缔约方协商，并应努力在不诉诸本协定第六十条规定的有约束力的争端解决程序的情况下迅速解决争端。	En cas de différend touchant une question technique, les Parties concernées peuvent saisir un groupe d'experts ad hoc créé par elles. Le groupe d'experts s'entretient avec les Parties concernées et s'efforce de régler rapidement le différend sans recourir aux procédures obligatoires de règlement des différends visées à l'article 60 du présent Accord.
Article 60 ***Settlement of disputes by any peaceful means chosen by the Parties***	第六十条 争端解决程序	**Article 60** ***Procédures de règlement des différends***
1. Disputes concerning the interpretation or application of this Agreement shall be settled in accordance with the provisions for the settlement of disputes provided for in Part XV of the Convention.	一、应按照《公约》第十五部分规定的争端解决条款，解决关于本协定解释或适用的争端。	1. Les différends relatifs à l'interprétation ou à l'application du présent Accord sont réglés conformément aux dispositions relatives au règlement des différends prévues à la partie XV de la Convention.
2. The provisions of Part XV of and Annexes V, VI, VII and VIII to the Convention shall be deemed to be replicated for the purpose of the settlement of disputes involving a Party to this Agreement that is not a Party to the Convention.	二、为解决涉及非《公约》缔约方的本协定缔约方的争端之目的，《公约》第十五部分和附件五、六、七和八的规定应被视作纳入本协定。	2. Les dispositions de la partie XV et des annexes V, VI, VII et VIII de la Convention sont réputées reproduites aux fins du règlement des différends impliquant toute Partie au présent Accord qui n'est pas partie à la Convention.
3. Any procedure accepted by a Party to this Agreement that is also a Party to the Convention pursuant to article 287 of the Convention shall apply to the settlement of disputes under this Part, unless that Party, when signing, ratifying, approving, accepting or acceding to this Agreement, or at any time thereafter, has accepted another procedure pursuant to article 287 of the Convention for the settlement of disputes under this Part.	三、同时也是《公约》缔约方的本协定缔约方根据《公约》第二八七条接受的任何程序，适用于本部分所述的争端解决，除非该缔约方在签署、批准、核准、接受或加入本协定时，或在其后任何时间，已根据《公约》第二八七条接受另一项程序，以解决本部分所述争端。	3. Toute procédure acceptée par une Partie au présent Accord qui est également partie à la Convention en application de l'article 287 de celle-ci s'applique au règlement des différends au titre de la présente partie, à moins que cette Partie, lorsqu'elle a signé, ratifié, approuvé ou accepté le présent Accord ou y a adhéré, ou à n'importe quel moment par la suite, n'ait accepté, pour le règlement des différends au titre de la présente partie, une autre procédure prévue à l'article 287 de la Convention.

续表

英文文本	中文文本①	法文文本
4. Any declaration made by a Party to this Agreement that is also a Party to the Convention pursuant to article 298 of the Convention shall apply to the settlement of disputes under this Part, unless that Party, when signing, ratifying, approving, accepting or acceding to this Agreement, or at any time thereafter, has made a different declaration pursuant to article 298 of the Convention for the settlement of disputes under this Part.	四、同时也是《公约》缔约方的本协定缔约方根据《公约》第二九八条所作任何声明，适用于本部分所述的争端解决，除非该缔约方在签署、批准、核准、接受或加入本协定时，或在其后任何时间，已根据《公约》第二九八条作出不同声明，以解决本部分所述争端。	4. Toute déclaration faite par une Partie au présent Accord qui est également partie à la Convention en application de l'article 298 de celle-ci s'applique au règlement des différends au titre de la présente partie, à moins que cette Partie, lorsqu'elle a signé, ratifié, approuvé ou accepté le présent Accord ou y a adhéré, ou à n'importe quel moment par la suite, n'ait fait, pour le règlement des différends au titre de la présente partie, une autre déclaration prévue à l'article 298 de la Convention.
5. Pursuant to paragraph 2 above, a Party to this Agreement that is not a Party to the Convention, when signing, ratifying, approving, accepting or acceding to this Agreement, or at any time thereafter, shall be free to choose, by means of a written declaration, submitted to the depositary, one or more of the following means for the settlement of disputes concerning the interpretation or application of this Agreement: (a) The International Tribunal for the Law of the Sea; (b) The International Court of Justice; (c) An Annex VII arbitral tribunal; (d) An Annex VIII special arbitral tribunal for one or more of the categories of disputes specified in said Annex.	五、依照上述第二款，非《公约》缔约方的本协定缔约方，在签署、批准、核准、接受或加入本协定时，或在其后任何时间，应有自由以向保存者提交书面声明的方式，选择下列一个或一个以上方法，以解决关于本协定解释或适用的争端： （一）国际海洋法法庭； （二）国际法院； （三）附件七仲裁法庭； （四）处理附件八规定的一类或一类以上争端的附件八特别仲裁法庭。	5. En application du paragraphe 2 ci-dessus, toute Partie au présent Accord qui n'est pas partie à la Convention, lorsqu'elle signe, ratifie, approuve ou accepte le présent Accord ou y adhère, ou à n'importe quel moment par la suite, est libre de choisir, par voie de déclaration écrite soumise au dépositaire, un ou plusieurs des moyens suivants pour le règlement des différends relatifs à l'interprétation ou à l'application du présent Accord : a) Le Tribunal international du droit de la mer ; b) La Cour internationale de Justice ; c) Un tribunal arbitral constitué conformément à l'annexe VII de la Convention ; d) Un tribunal arbitral spécial constitué conformément à l'annexe VIII de la Convention, pour une ou plusieurs des catégories de différends spécifiées dans ladite annexe.

续表

英文文本	中文文本①	法文文本
6. A Party to this Agreement that is not a Party to the Convention that has not issued a declaration shall be deemed to have accepted the option in paragraph 5 (c) above. If the parties to a dispute have accepted the same procedure for the settlement of the dispute, it may be submitted only to that procedure, unless the parties otherwise agree. If the parties to a dispute have not accepted the same procedure for the settlement of the dispute, it may be submitted only to arbitration under Annex VII to the Convention, unless the parties otherwise agree. Article 287, paragraphs 6 to 8, of the Convention shall apply to declarations made under paragraph 5 above.	六、非《公约》缔约方的本协定缔约方未作出声明的，应视为已接受上述第五款第(三)项中的选项。如果争端各方已接受同一程序以解决这项争端，除各方另有协议外，争端仅可提交该程序。如果争端各方未接受同一程序以解决这项争端，除各方另有协议外，争端仅可提交《公约》附件七所规定的仲裁。《公约》第二八七条第六款至第八款应适用于根据上述第五款作出的声明。	6. Toute Partie au présent Accord qui n'est pas partie à la Convention et qui n'a pas fait de déclaration est réputée avoir accepté le moyen visé à l'alinéa c) du paragraphe 5 ci-dessus. Si les parties en litige ont accepté la même procédure pour le règlement du différend, celui-ci ne peut être soumis qu'à cette procédure, à moins que les Parties n'en conviennent autrement. Si les parties en litige n'ont pas accepté la même procédure pour le règlement du différend, celui-ci ne peut être soumis qu'à la procédure d'arbitrage prévue à l'annexe VII de la Convention, à moins que les Parties n'en conviennent autrement. Les paragraphes 6 à 8 de l'article 287 de la Convention s'appliquent aux déclarations faites au titre du paragraphe 5 ci-dessus.
7. A Party to this Agreement that is not a Party to the Convention may, when signing, ratifying, approving, accepting or acceding to this Agreement, or at any time thereafter, without prejudice to the obligations arising under this Part, declare in writing that it does not accept any or more of the procedures provided for in Part XV, section 2, of the Convention with respect to one or more of the categories of disputes set out in article 298 of the Convention for the settlement of disputes under this Part. Article 298 of the Convention shall apply to such a declaration.	七、非《公约》缔约方的本协定缔约方，在签署、批准、核准、接受或加入本协定时，或在其后任何时间，在不妨害根据本部分所产生的义务的情形下，可以书面声明对于《公约》第二九八条规定的一类或一类以上争端，不接受《公约》第十五部分第二节规定的一种或一种以上的程序用于本部分所述的争端解决。《公约》第二九八条应适用于这种声明。	7. Toute Partie au présent Accord qui n'est pas partie à la Convention peut, lorsqu'elle signe, ratifie, approuve ou accepte le présent Accord ou y adhère, ou à n'importe quel moment par la suite, sans préjudice des obligations découlant de la présente partie, déclarer par écrit qu'elle n'accepte pas une ou plusieurs des procédures prévues à la section 2 de la partie XV de la Convention en ce qui concerne une ou plusieurs des catégories de différends spécifiées à l'article 298 de la Convention pour le règlement des différends au titre de la présente partie. L'article 298 de la Convention s'applique à cette déclaration.

续表

英文文本	中文文本①	法文文本
8. The provisions of this article shall be without prejudice to the procedures on the settlement of disputes to which Parties have agreed as participants in a relevant legal instrument or framework, or as members of a relevant global, regional, subregional or sectoral body concerning the interpretation or application of such instruments and frameworks.	八、本条的各项规定应不妨害作为相关法律文书或框架参与方或相关全球、区域、次区域或领域机构成员的缔约方，就这些文书和框架的解释或适用所同意的争端解决程序。	8. Les dispositions du présent article sont sans préjudice des procédures de règlement des différends dont les Parties sont convenues en tant que participants à un instrument ou cadre juridique pertinent, ou en tant que membres d'un organe mondial, régional, sous-régional ou sectoriel pertinent, en ce qui concerne l'interprétation ou l'application de ces instruments et cadres.
9. Nothing in this Agreement shall be interpreted as conferring jurisdiction upon a court or tribunal over any dispute that concerns or necessarily involves the concurrent consideration of the legal status of an area as within national jurisdiction, nor over any dispute concerning sovereignty or other rights over continental or insular land territory or a claim thereto of a Party to this Agreement, provided that nothing in this paragraph shall be interpreted as limiting the jurisdiction of a court or tribunal under Part XV, section 2, of the Convention.	九、本协定中的任何规定均不得解释为授予某一法院或法庭对关于或必然涉及同时审议国家管辖范围以内区域法律地位的任何争端的管辖权，或对关于本协定缔约方对大陆或岛屿陆地领土的主权或其他权利或有关主张的任何争端的管辖权，前提是本款的任何规定均不得解释为限制某一法院或法庭根据《公约》第十五部分第二节享有的管辖权。	9. Aucune disposition du présent Accord n'est interprétée comme conférant à une cour ou à un tribunal la compétence pour connaître d'un différend concernant ou impliquant nécessairement l'examen simultané du régime juridique d'une zone comme relevant de la juridiction nationale ou de tout différend relatif à la souveraineté ou à d'autres droits sur un territoire continental ou insulaire ou à une revendication y relative d'une Partie au présent Accord, sous réserve que rien dans le présent paragraphe ne soit interprété comme limitant la compétence d'une cour ou d'un tribunal prévue à la section 2 de la partie XV de la Convention.
10. For the avoidance of doubt, nothing in this Agreement shall be relied upon as a basis for asserting or denying any claims to sovereignty, sovereign rights or jurisdiction over land or maritime areas, including in respect to any disputes relating thereto.	十、为避免疑义，不得以本协定的任何规定为依据，提出或否认对陆地或海洋区域的任何主权、主权权利或管辖权主张，包括与此有关的任何争端。	10. Il est entendu qu'aucune disposition du présent Accord ne peut être invoquée pour faire valoir ou rejeter des revendications de souveraineté, de droits souverains ou de juridiction sur des zones terrestres ou maritimes, y compris en ce qui concerne tout différend en la matière.

续表

英文文本	中文文本①	法文文本
Article 61 ***Provisional arrangements***	第六十一条 临时安排	**Article 61** ***Arrangements provisoires***
Pending the settlement of a dispute in accordance with this Part, the parties to the dispute shall make every effort to enter into provisional arrangements of a practical nature.	在按照本部分解决争端之前，争端各方应尽一切努力达成实际性的临时安排。	En attendant le règlement d'un différend conformément à la présente partie, les parties en litige font tout leur possible pour conclure des arrangements provisoires de caractère pratique.

五、其他国际条约涉及海洋争端解决的条款

一、《防止倾倒废物及其他物质污染海洋的公约》及其1996年议定书

（一）《防止倾倒废物及其他物质污染海洋的公约》

英文文本	中文文本[①]	法文文本
Article X	第10条	**Article X**
In accordance with the principles of international law regarding State responsibility for damage to the environment of other States or to any other area of the environment, caused by dumping of wastes and other matter of all kinds, the Contracting Parties undertake to develop procedures for the assessment of liability and the settlement of disputes regarding dumping.	依照一国因倾倒废物和其他各种物质而损害他国环境或任何其他区域的环境而承担责任的国际法原则，各缔约国应着手制订确定责任和解决因倾倒引起的争端的程序。	En accord avec les principes du droit international relatifs à la responsabilité des Etats en matière de dommages causés à l'environnement d'autres Etats ou à tout autre secteur de l'environnement par l'immersion de déchets ou autres matières de toute sorte, les Parties contractantes entreprendront l'élaboration de procédures pour la détermination des responsabilités et pour le règlement des différends en ce qui concerne l'immersion.
Article XI	第11条	**Article XI**
The Contracting Parties shall at their first consultative meeting consider procedures for the settlement of disputes concerning the interpretation and application of this Convention.	各缔约国应在其第一次协商会议上考虑解决有关因解释及适用本公约引起的争端的程序。	Les Parties contractantes, lors de leur première réunion consultative, examineront les procédures de règlement des différends concernant l'interprétation et l'application de la présente Convention.

① 根据《防止倾倒废物及其他物质污染海洋的公约》第22条，本公约英文、法文、俄文和西班牙文文本具有同等效力，但作准文本没有提及中文文本。这里的中文文本来源于外交部条约数据库，http://treaty.mfa.gov.cn/tykfiles/20180718/1531876052533.pdf。

（二）《〈防止倾倒废物及其他物质污染海洋的公约〉1996 年议定书》

英文文本	中文文本[①]	法文文本
Article 16 ***Settlement of disputes***	第 16 条 争端的解决	**Article 16** ***Règlement des différends***
1. Any disputes regarding the interpretation or application of this Protocol shall be resolved in the first instance through negotiation, mediation or conciliation, or other peaceful means chosen by parties to the dispute.	1. 有关解释或应用本议定书的任何争端，首先应通过谈判、调停或调解或以争端各方选择的其他和平方式予以解决。	1. Les différends relatifs à l'interprétation ou à l'application du présent Protocole sont réglés en premier lieu par la négociation, la médiation ou la conciliation, ou par d'autres moyens pacifiques choisis par les parties au différend.
2. If no resolution is possible within twelve months after one Contracting Party has notified another that a dispute exists between them, the dispute shall be settled, at the request of a party to the dispute, by means of the Arbitral Procedure set forth in Annex 3, unless the parties to the dispute agree to use one of the procedures listed in paragraph 1 of Article 287 of the 1982 United Nations Convention on the Law of the Sea. The parties to the dispute may so agree, whether or not they are also States Parties to the 1982 United Nations Convention on the Law of the Sea.	2. 如在一缔约当事国向另一缔约当事国作出它们之间存在争端的通知后十二个月内不能解决争端，除非争端各方同意使用《1982 年联合国海洋法公约》第 287 条 1 款中所列的某一程序，否则在争端的一方作出请求后应使用附件III中所列的仲裁程序解决争端。争端各方，不论是否也属《1982 年联合国海洋法公约》的当事国，可以同意使用该公约的上述程序。	2. S'il ne peut être résolu dans les douze mois suivant la date à laquelle une Partie contractante a notifié à une autre l'existence d'un différend entre elles, le différend est réglé, à la requête d'une partie au différend, au moyen de la procédure d'arbitrage prévue à l'Annexe 3, à moins que les parties au différend ne conviennent d'avoir recours à l'une des procédures énumérées au paragraphe 1 de l'article 287 de la Convention des Nations Unies sur le droit de la mer (1982). Les parties au différend peuvent en convenir ainsi, qu'elles soient ou non également Etats Parties à la Convention des Nations Unies sur le droit de la mer (1982).
3. In the event an agreement to use one of the procedures listed in paragraph 1 of Article 287 of the 1982 United Nations Convention on the Law of the Sea is reached, the provisions set forth in Part XV of that Convention that are related to the chosen procedure would also apply, *mutatis mutandis*.	3. 在达成使用《1982 年联合国海洋法公约》第 287 条 1 款中所列的某一程序的协议时，该公约第XV部分有关所选程序的规定在作必要细节修改后也可适用。	3. En cas d'accord portant sur le recours à l'une des procédures énumérées au paragraphe 1 de l'article 287 de la Convention des Nations Unies sur le droit de la mer (1982), les dispositions énoncées dans la partie XV de cette convention qui se rapportent à la procédure choisie s'appliqueraient également *mutatis mutandis*.

① 根据《〈防止倾倒废物及其他物质污染海洋的公约〉1996年议定书》第29条，本议定书阿拉伯文、中文、英文、法文、俄文和西班牙文文本具有同等效力。这里的中文文本来源于外交部条约数据库，http://treaty.mfa.gov.cn/tykfiles/20180718/1531876075871.pdf。

续表

英文文本	中文文本	法文文本
4. The twelve month period referred to in paragraph 2 may be extended for another twelve months by mutual consent of the parties concerned.	4. 经有关各方彼此同意，可将第2款中所述的12个月期限延长12个月。	4. Le délai de douze mois visé au paragraphe 2 peut être prorogé de douze mois d'un commun accord entre les parties intéressées.
5. Notwithstanding paragraph 2, any State may, at the time it expresses its consent to be bound by this Protocol, notify the Secretary-General that, when it is a party to a dispute about the interpretation or application of article 3.1 or 3.2, its consent will be required before the dispute may be settled by means of the Arbitral Procedure set forth in Annex 3.	5. 虽有第2款的规定，任何国家在表示同意受本议定书约束时可以通知秘书处：当其为有关解释应用第3.1和3.2条的争端的一方时，先要征求其同意才能以附件III中所列仲裁程序解决争端。	5. Nonobstant les dispositions du paragraphe 2, tout Etat peut, au moment où il exprime son consentement à être lié par le Protocole, notifier au Secrétaire général que, lors qu'il est partie à un différend au sujet de l'interprétation ou de l'application de l'article 3.1 ou 3.2, son consentement sera requis avant que le différend puisse être réglé au moyen de la procédure d'arbitrage prévue à l'Annexe 3.

二、《南极海洋生物资源养护公约》

英文文本	中文文本①	法文文本
Article XXV	**第二十五条**	**Article XXV**
1. If any dispute arises between two or more of the Contracting Parties concerning the interpretation or application of this Convention, those Contracting Parties shall consult among themselves with a view to having the dispute resolved by negotiation, inquiry, mediation, conciliation, arbitration, judicial settlement or other peaceful means of their own choice.	一、如果两个或两个以上缔约方之间就本公约的解释或适用发生争端，这些缔约方应在其内部进行协商，以便通过谈判、调查、调停、调解、仲裁、司法解决或他们自行选择的其他和平方式加以解决。	1. En cas de différend entre deux ou plusieurs Parties contractantes sur l'interprétation ou l'application de la présente Convention, ces Parties contractantes se consulteront en vue de régler le différend par voie de négociation, d'enquête, de médiation, de conciliation, d'arbitrage, de règlement judiciaire ou par tout autre moyen pacifique de leur choix.

① 根据《南极海洋生物资源养护公约》第33条，本公约的英文、法文、俄文及西班牙文文本具有同等效力，但作准文本没有提及中文文本。这里的中文文本来源于外交部条约数据库，http://treaty.mfa.gov.cn/tykfiles/20180718/1531876075707.pdf。

续表

英文文本	中文文本	法文文本
2. Any dispute of this character not so resolved shall, with the consent in each case of all Parties to the dispute, be referred for settlement to the International Court of Justice or to arbitration; but failure to reach agreement on reference to the International Court or to arbitration shall not absolve Parties to the dispute from the responsibility of continuing to seek to resolve it by any of the various peaceful means referred to in paragraph 1 above.	二、不能如此解决的任何此类性质的争端，应经争端各方同意后提交国际法院或交付仲裁解决；但如果不能就提交国际法院或交付仲裁达成协议，争端各当事方有责任继续通过本条第一款所述的各种和平方式寻求解决。	2. Tout différend de cette nature qui n'aura pu ainsi être réglé sera, avec dans chaque cas l'assentiment de toutes les Parties en cause, porté devant la Cour Internationale de Justice ou soumis à l'arbitrage ; cependant, l'impossibilité de parvenir à un accord sur le choix de l'une ou l'autre de ces voies de recours ne dispensera pas les parties en cause de l'obligation de continuer à rechercher une solution de leur différend par l'un quelconque des modes de règlement pacifique mentionnés au paragraphe 1 du présent Article.
3. In cases where the dispute is referred to arbitration, the arbitral tribunal shall be constituted as provided in the Annex to this Convention.	三、在争端交付仲裁的情况下，应按本公约附件的规定组成仲裁法庭。	3. Lorsque le différend est soumis à l'arbitrage, le tribunal arbitral sera constitué conformément aux dispositions de l'Annexe à la présente Convention.

三、《南太平洋公海渔业资源养护和管理公约》

英文文本	中文文本①	法文文本②
Article 17 ***Implementation of commission decisions***	第 17 条 执行委员会决定	**Article 17** ***Mise en œuvre des décisions de la commission***

① 南太平洋区域渔业管理组织（SPRFMO）的官方网站仅有《南太平洋公海渔业资源养护和管理公约》的英文文本。这里的中文文本来源于外交部条约数据库，http://treaty.mfa.gov.cn/tykfiles/20180718/1531876098710.pdf。

② 南太平洋区域渔业管理组织的官方网站没有《南太平洋公海渔业资源养护和管理公约》的法文文本。这里的法文文本仅为欧盟的官方翻译，不是作准文本，仅供参考。

续表

英文文本	中文文本	法文文本
... 5. (a) When an objection is presented by a member of the Commission pursuant to paragraph 2, a Review Panel shall be established within 30 days after the end of the objection period. The Review Panel shall be established in accordance with the procedures in Annex II.	…… 五、(一)当委员会成员根据第二款提出反对意见后，委员会应在反对期满后30天内成立专家审议组。该专家审议组应根据附录二的程序成立。	... 5. a) Lorsqu'une objection est présentée par un membre de la commission conformément au paragraphe 2, un groupe de révision est mis en place dans les trente jours suivant la fin de la période d'objection. Le groupe de révision est mis en place conformément aux procédures prévues à l'annexe II.
(b) The Executive Secretary shall promptly notify all members of the Commission of the establishment of the Review Panel.	(二)专家审议组成立后，执行秘书应立即通知委员会所有成员。	b) Le secrétaire exécutif notifie dans les plus brefs délais la mise en place du groupe de révision à tous les membres de la commission.
(c) If two or more members of the Commission present objections based on the same grounds, those objections shall be dealt with by the same Review Panel, which shall have the membership specified in Annex II paragraph 2.	(三)如果委员会两个或两个以上成员基于同样理由提出反对意见，上述反对意见应由同一专家审议组处理，该专家审议组应有附录二第二条规定的成员参加。	c) Si deux ou plusieurs membres de la commission présentent des objections fondées sur les mêmes raisons, ces objections sont traitées par le même groupe de révision, dont la composition est conforme à celle précisée à l'annexe II, paragraphe 2.
(d) If two or more members of the Commission present objections on different grounds, those objections may, with the consent of the members of the Commission concerned, be dealt with by the same Review Panel, which shall have the membership specified in Annex II paragraph 2. In the absence of such consent, objections on different grounds shall be dealt with by separate Review Panels.	(四)如果两个或两个以上委员会成员以不同理由提出反对意见，经有关委员会成员同意后，这些反对意见可由同一专家审议组处理，该专家组应有附录二第二条规定的成员参加。如未获上述同意，因不同理由提出的反对意见应由不同的专家审议组处理。	d) Si deux ou plusieurs membres de la commission présentent des objections fondées sur des raisons différentes, ces objections peuvent, avec l'accord des membres de la commission concernés, être traitées par le même groupe de révision, dont la composition est conforme à celle précisée à l'annexe II, paragraphe 2. À défaut d'accord, les objections pour des raisons différentes sont traitées par des groupes de révision distincts.

续表

英文文本	中文文本	法文文本
(e) Within 45 days after its establishment, the Review Panel shall transmit to the Executive Secretary its findings and recommendations on whether the grounds specified for the objection presented by the member or members of the Commission are justified and whether the alternative measures adopted are equivalent in effect to the decision to which objection has been presented.	（五）专家审议组成立45天内，应向执行秘书提交其调查结果及建议，表明委员会成员在所提交的反对意见中提出的理由是否合理，所采取的替代措施是否与所反对的决定具有同等效果。	e) Dans les quarante-cinq jours après sa mise en place, le groupe de révision transmet au secrétaire exécutif ses conclusions et recommandations concernant la question de savoir si les raisons de l'objection présentées par le membre ou les membres de la commission sont justifiées et si les mesures de remplacement adoptées ont un effet équivalent à la décision à l'encontre de laquelle l'objection a été formulée.
(f) The Executive Secretary shall promptly notify all members of the Commission of the findings and recommendations of the Review Panel. The findings and recommendations of the Review Panel shall be dealt with and have effect as set out in Annex II. ...	（六）执行秘书应立即向所有委员会成员通报专家审议组的调查结果和建议。专家审议组的调查结果和建议应根据附录二的规定予以处理并生效。 ……	f) Le secrétaire exécutif notifie dans les plus brefs délais les conclusions et recommandations du groupe de révision à tous les membres de la commission. Les conclusions et les recommandations du groupe de révision sont traitées et exercent leur effet comme prévu à l'annexe II. ...
Article 33 ***Relation to other agreements***	**第33条** **与其他协定的关系**	**Article 33** ***Liens avec d'autres accords***
1. Nothing in this Convention shall prejudice the rights, jurisdiction and duties of Contracting Parties under relevant provisions of international law as reflected in the 1982 Convention or the 1995 Agreement.	一、本公约任何条款不损害缔约方根据1982年公约或1995年协定所体现的国际法之相关条款而享有的权利、管辖权和责任。	1. Aucune disposition de la présente convention ne porte atteinte aux droits, à la juridiction ou aux devoirs des parties contractantes en vertu des dispositions concernées du droit international figurant dans la convention de 1982 ou l'accord de 1995.
2. This Convention shall not alter the rights and obligations of Contracting Parties that arise from other agreements compatible with this Convention and that do not affect the enjoyment by other Contracting Parties of their rights or the performance of their obligations under this Convention.	二、本公约不应损害缔约方根据与本公约相容的其他协定具有的权利和义务，不影响其他缔约方依据本公约享有权利或履行义务。	2. La présente convention ne modifie en rien les droits et obligations des parties contractantes qui découlent d'autres accords compatibles avec celle-ci, et qui ne portent atteinte ni à la jouissance par les autres parties contractantes des droits qu'elles tiennent de la présente convention, ni à l'exécution de leurs obligations découlant de celle-ci.

续表

英文文本	中文文本	法文文本
Article 34 ***Settlement of disputes***	第 34 条 争端解决	**Article 34** ***Règlement des différends***
1. Contracting Parties shall cooperate in order to prevent disputes and shall use their best endeavours to resolve any disputes by amicable means which may include, where a dispute is of a technical nature, referring the dispute to an *ad hoc* expert panel.	一、缔约方应为避免争端进行合作，并应尽最大努力通过友好方式解决争端，包括当争端为技术性时，将该争端提交给特别专家小组。	1. Les parties contractantes coopèrent afin de prévenir les conflits et mettent tout en œuvre pour régler tout conflit à l'amiable et notamment, lorsqu'un différend est de nature technique, en faisant appel à un groupe d'experts *ad hoc*.
2. In any case where a dispute is not resolved through the means set out in paragraph 1, the provisions relating to the settlement of disputes set out in Part VIII of the 1995 Agreement shall apply, *mutatis mutandis*, to any dispute between the Contracting Parties.	二、在任何情况下，如果争端未能通过第一款规定的方式解决，1995 年协定第八部分确定的争端解决规定应比照适用于缔约方之间的任何争端。	2. Dans tous les cas, lorsqu'un différend n'est pas réglé selon les moyens prévus au paragraphe 1, les dispositions relatives au règlement des différends figurant dans la partie VIII de l'accord de 1995 s'appliquent *mutatis mutandis* à tout conflit entre les parties contractantes.
3. Paragraph 2 shall not affect the status of any Contracting Party in relation to the 1995 Agreement or the 1982 Convention.	三、第二款不应影响任何缔约方关于 1995 年协定或 1982 年公约的地位。	3. Le paragraphe 2 ne concerne pas le statut d'une partie contractante par rapport à l'accord de 1995 ou de la convention de 1982.

四、《保护水下文化遗产公约》

英文文本	中文文本[①]	法文文本
Article 3 ***Relationship between this Convention and the United Nations Convention on the Law of the Sea***	第 3 条 本公约与《联合国海洋法公约》之间的关系	**Article 3** ***Relation entre la présente Convention et la Convention des Nations Unies sur le droit de la mer***

① 根据《保护水下文化遗产公约》第35条，公约的阿拉伯文、中文、英文、法文、俄文和西班牙文文本均为作准文本。考虑到文本的法律效力，这里的中文文本来源于联合国教科文组织保护水下文化遗产公约资料包（CLT/CH/INS/06/12）。

续表

英文文本	中文文本	法文文本
Nothing in this Convention shall prejudice the rights, jurisdiction and duties of States under international law, including the United Nations Convention on the Law of the Sea. This Convention shall be interpreted and applied in the context of and in a manner consistent with international law, including the United Nations Convention on the Law of the Sea.	本公约中的任何条款均不得妨碍国际法，包括《联合国海洋法公约》，所赋予各国的权利、管辖权和义务。本公约应结合国际法，包括《联合国海洋法公约》，加以解释和执行，不得与之相悖。	Aucune disposition de la présente Convention ne porte atteinte aux droits, à la juridiction et aux devoirs des États en vertu du droit international, y compris la Convention des Nations Unies sur le droit de la mer. La présente Convention est interprétée et appliquée dans le contexte de et en conformité avec les dispositions du droit international, y compris la Convention des Nations Unies sur le droit de la mer.
Article 25 ***Peaceful settlement of disputes***	第25条 和平解决争端	**Article 25** ***Règlement pacifique des différends***
1. Any dispute between two or more States Parties concerning the interpretation or application of this Convention shall be subject to negotiations in good faith or other peaceful means of settlement of their own choice.	1. 两个或两个以上缔约国在解释或实施本公约时出现的任何争端，都应以诚恳的协商或它们所选择的其它和平方式加以解决。	1. Tout différend entre deux ou plusieurs États parties portant sur l'interprétation ou l'application de la présente Convention fait l'objet de négociations menées de bonne foi ou d'autres moyens de règlement pacifique de leur choix.
2. If those negotiations do not settle the dispute within a reasonable period of time, it may be submitted to UNESCO for mediation, by agreement between the States Parties concerned.	2. 如此类协商未能在合理的时间内解决争端，可经当事缔约国同意后，交由教科文组织调解。	2. Si ces négociations ne permettent pas de régler le différend dans un délai raisonnable, celui-ci peut être soumis à la médiation de l'UNESCO d'un commun accord entre les États parties concernés.
3. If mediation is not undertaken or if there is no settlement by mediation, the provisions relating to the settlement of disputes set out in Part XV of the United Nations Convention on the Law of the Sea apply *mutatis mutandis* to any dispute between States Parties to this Convention concerning the interpretation or application of this Convention, whether or not they are also Parties to the United Nations Convention on the Law of the Sea.	3. 如未进行调解或调解无效，《联合国海洋法公约》第十五部分有关解决争端的条款，经必要修改后，可适用于本公约缔约国之间在解释或实施本公约中出现的任何争端，无论这些缔约国是否也是《联合国海洋法公约》的缔约国。	3. Si aucune médiation n'est entreprise ou si la médiation ne permet pas d'aboutir à un règlement, les dispositions relatives au règlement des différends énoncées dans la Partie XV de la Convention des Nations Unies sur le droit de la mer s'appliquent mutatis mutandis à tout différend entre États parties à la présente Convention à propos de l'interprétation ou de l'application de celle-ci, que ces États soient ou non parties à la Convention des Nations Unies sur le droit de la mer.

续表

英文文本	中文文本	法文文本
4. Any procedure chosen by a State Party to this Convention and to the United Nations Convention on the Law of the Sea pursuant to Article 287 of the latter shall apply to the settlement of disputes under this Article, unless that State Party, when ratifying, accepting, approving or acceding to this Convention, or at any time thereafter, chooses another procedure pursuant to Article 287 for the purpose of the settlement of disputes arising out of this Convention.	4. 本公约及《联合国海洋法公约》的缔约国依据《联合国海洋法公约》第287条所选择的任何程序，都适用于解决本条款中所说的争端，除非该缔约国在批准、接受、赞同或加入本公约之时或其后的任何时候，依据第287条选择了其它程序来解决因本公约引起的争端。	4. Toute procédure choisie par un État partie à la présente Convention et à la Convention des Nations Unies sur le droit de la mer au titre de l'article 287 de celle-ci s'applique au règlement des différends en vertu du présent article, à moins que cet État partie, lorsqu'il a ratifié, accepté, approuvé la présente Convention ou y a adhéré, ou à n'importe quel moment par la suite, n'ait choisi une autre procédure au titre de l'article 287 pour le règlement des différends résultant de la présente Convention.
5. A State Party to this Convention which is not a Party to the United Nations Convention on the Law of the Sea, when ratifying, accepting, approving or acceding to this Convention or at any time thereafter shall be free to choose, by means of a written declaration, one or more of the means set out in Article 287, paragraph 1, of the United Nations Convention on the Law of the Sea for the purpose of settlement of disputes under this Article. Article 287 shall apply to such a declaration, as well as to any dispute to which such State is party, which is not covered by a declaration in force. For the purpose of conciliation and arbitration, in accordance with Annexes V and VII of the United Nations Convention on the Law of the Sea, such State shall be entitled to nominate conciliators and arbitrators to be included in the lists referred to in Annex V, Article 2, and Annex VII, Article 2, for the settlement of disputes arising out of this Convention.	5. 没有加入《联合国海洋法公约》的本公约缔约国，在批准、接受、赞同或加入本公约之时或其后的任何时候，可以通过书面声明的方式，由自由选择《联合国海洋法公约》第287条第1段所规定的一种或多种方式，来解决本条款中所说的争端。第287条适用于这类声明，也适用于上述缔约国为当事一方，但是不在有效声明范围内的任何争端。依据《联合国海洋法公约》附件V和附件VII，为了进行调解和仲裁，上述缔约国有权指定调解人和仲裁人，列入附件V第2条和附件VII第2条提到的名单，以解决因本公约引起的争端。	5. Lorsqu'il ratifie, accepte, approuve la présente Convention ou y adhère, ou à n'importe quel moment par la suite, un État partie à la présente Convention qui n'est pas partie à la Convention des Nations Unies sur le droit de la mer est libre de choisir, par voie de déclaration écrite, un ou plusieurs des moyens énoncés à l'article 287, paragraphe 1, de la Convention des Nations Unies sur le droit de la mer pour le règlement des différends en vertu du présent article. L'article 287 s'applique à cette déclaration ainsi qu'à tout différend auquel cet État est partie et qui n'est pas visé par une déclaration en vigueur. Aux fins de conciliation et d'arbitrage, conformément aux Annexes V et VII de la Convention des Nations Unies sur le droit de la mer, cet État est habilité à désigner des conciliateurs et des arbitres qui seront inscrits sur les listes mentionnées à l'Annexe V, article 2, et à l'Annexe VII, article 2, pour le règlement des différends résultant de la présente Convention.

五、《生物多样性公约》

英文文本	中文文本[①]	法文文本
Article 4 ***Jurisdictional Scope***	第 4 条 管辖范围	**Article 4** ***Champ d'application***
Subject to the rights of other States, and except as otherwise expressly provided in this Convention, the provisions of this Convention apply, in relation to each Contracting Party: (a) In the case of components of biological diversity, in areas within the limits of its national jurisdiction; and (b) In the case of processes and activities, regardless of where their effects occur, carried out under its jurisdiction or control, within the area of its national jurisdiction or beyond the limits of national jurisdiction.	以不妨碍其他国家权利为限，除非本公约另有明文规定，本公约规定应按下列情形对每一缔约国适用： （a）生物多样性组成部分位于该国管辖范围的地区内； （b）在该国管辖或控制下开展的过程和活动，不论其影响发生在何处，此种过程和活动可位于该国管辖区内也可在国家管辖区外。	Sous réserve des droits des autres Etats et sauf disposition contraire expresse de la présente convention, les dispositions de la Convention s'appliquent à chacune des Parties contractantes: a) Lorsqu'il s'agit des éléments de la diversité biologique de zones situées dans les limites de sa juridiction nationale; b) Lorsqu'il s'agit des processus et activités qui sont réalisés sous sa juridiction ou son contrôle, que ce soit à l'intérieur de la zone relevant de sa juridiction nationale ou en dehors des limites de sa juridiction nationale, indépendamment de l'endroit où ces processus et activités produisent leurs effets.
Article 22 ***Relationship with Other International Conventions***	第 22 条 与其他国际公约的关系	**Article 22** ***Relations avec d'autres conventions internationales***
1. The provisions of this Convention shall not affect the rights and obligations of any Contracting Party deriving from any existing international agreement, except where the exercise of those rights and obligations would cause a serious damage or threat to biological diversity.	1. 本公约的规定不得影响任何缔约国在任何现有国际协定下的权利和义务，除非行使这些权利和义务将严重破坏或威胁生物多样性。	1. Les dispositions de la présente Convention ne modifient en rien les droits et obligations découlant pour une Partie contractante d'un accord international existant, sauf si l'exercice de ces droits ou le respect de ces obligations causait de sérieux dommages à la diversité biologique ou constituait pour elle une menace.

① 根据《生物多样性公约》第42条，公约的阿拉伯文、中文、英文、法文、俄文和西班牙文文本均为作准文本。考虑到文本的法律效力，这里的中文文本来源于《生物多样性公约》官方网站。

续表

英文文本	中文文本	法文文本
2. Contracting Parties shall implement this Convention with respect to the marine environment consistently with the rights and obligations of States under the law of the sea.	2. 缔约国在海洋环境方面实施本公约不得抵触各国在海洋法下的权利和义务。	2. Les Parties contractantes appliquent la présente Convention, en ce qui concerne le milieu marin, conformément aux droits et obligations des Etats découlant du droit de la mer.
Article 27 ***Settlement of Disputes***	第 27 条 争端的解决	**Article 27** ***Règlement des différends***
1. In the event of a dispute between Contracting Parties concerning the interpretation or application of this Convention, the parties concerned shall seek solution by negotiation.	1. 缔约国之间在就公约的解释或适用方面发生争端时，有关的缔约国应通过谈判方式寻求解决。	1. En cas de différend entre Parties contractantes touchant l'interprétation ou l'application de la présente Convention, les Parties concernées recherchent une solution par voie de négociation.
2. If the parties concerned cannot reach agreement by negotiation, they may jointly seek the good offices of, or request mediation by, a third party.	2. 如果有关缔约国无法以谈判方式达成协议，它们可以联合要求第三方进行斡旋或要求第三方出面调停。	2. Si les Parties concernées ne peuvent pas parvenir à un accord par voie de négociation, elles peuvent conjointement faire appel aux bons offices ou à la médiation d'une tierce Partie.
3. When ratifying, accepting, approving or acceding to this Convention, or at any time thereafter, a State or regional economic integration organization may declare in writing to the Depositary that for a dispute not resolved in accordance with paragraph 1 or paragraph 2 above, it accepts one or both of the following means of dispute settlement as compulsory: (a) Arbitration in accordance with the procedure laid down in Part 1 of Annex II; (b) Submission of the dispute to the International Court of Justice.	3. 在批准、接受、核准或加入本公约时或其后的任何时候，一个国家或区域经济一体化组织可书面向保管者声明，对按照以上第 1 或第 2 款未能解决的争端，它接受下列一种或两种争端解决办法作为强制性办法： （a）按照附件二第 1 部分规定的程序进行仲裁；（b）将争端提交国际法院。	3. Au moment de ratifier, d'accepter ou d'approuver la présente Convention ou d'y adhérer, et à tout moment par la suite, tout Etat ou organisation régionale d'intégration économique peut déclarer par écrit auprès du Dépositaire que, dans le cas d'un différend qui n'a pas été réglé conformément aux paragraphes 1 ou 2 ci-dessus, il ou elle accepte de considérer comme obligatoire l'un ou l'autre des modes de règlement ci-après, ou les deux : a) L'arbitrage, conformément à la procédure énoncée à la première partie de l'annexe II; b) La soumission du différend à la Cour internationale de Justice.

续表

英文文本	中文文本	法文文本
4. If the parties to the dispute have not, in accordance with paragraph 3 above, accepted the same or any procedure, the dispute shall be submitted to conciliation in accordance with Part 2 of Annex II unless the parties otherwise agree.	4. 如果争端各方尚未按照以上第3款规定接受同一或任何程序，则这项争端应按照附件二第2部分规定提交调解，除非缔约国另有协议。	4. Si les Parties n'ont pas accepté la même procédure ou une procédure quelconque, conformément au paragraphe 3 ci-dessus, le différend est soumis à la conciliation conformément à la deuxième partie de l'annexe II, à moins que les Parties n'en conviennent autrement.
5. The provisions of this Article shall apply with respect to any protocol except as otherwise provided in the protocol concerned.	5. 本条规定应适用于任何议定书，除非该议定书另有规定。	5. Les dispositions du présent article s'appliquent aux différends touchant un protocole, sauf si celui-ci en dispose autrement.

参考译名表

一、国际判例表

（一）国际法院／常设国际法院案件

1. 诉讼案件

英文	参考译名	法文
Corfu Channel (United Kingdom of Great Britain and Northern Ireland v. Albania)	科孚海峡（英国诉阿尔巴尼亚）	*Détroit de Corfou (Royaume-Uni de Grande-Bretagne et d'Irlande du Nord c. Albanie)*
Fisheries (United Kingdom v. Norway)	渔业（英国诉挪威）	*Pêcheries (Royaume-Uni c. Norvège)*
Fisheries Jurisdiction (United Kingdom v. Iceland)	渔业管辖权（英国诉冰岛）	*Compétence en matière de pêcheries (Royaume-Uni c. Islande)*
Fisheries Jurisdiction (Federal Republic of Germany v. Iceland)	渔业管辖权（联邦德国诉冰岛）	*Compétence en matière de pêcheries (République fédérale d'Allemagne c. Islande)*
Fisheries Jurisdiction (Spain v. Canada)	渔业管辖权（西班牙诉加拿大）	*Compétence en matière de pêcheries (Espagne c. Canada)*
Territorial and Maritime Dispute (Nicaragua v. Colombia)	领土和海洋争端（尼加拉瓜诉哥伦比亚）	*Différend territorial et maritime (Nicaragua c. Colombie)*
Maritime Delimitation and Territorial Questions between Qatar and Bahrain (Qatar v. Bahrain)	海洋划界和领土问题（卡塔尔诉巴林）	*Délimitation maritime et questions territoriales entre Qatar et Bahreïn (Qatar c. Bahreïn)*
Land and Maritime Boundary between Cameroon and Nigeria (Cameroon v. Nigeria: Equatorial Guinea intervening)	陆地和海洋边界（喀麦隆诉尼日利亚：赤道几内亚参加）	*Frontière terrestre et maritime entre le Cameroun et le Nigéria (Cameroun c. Nigéria; Guinée Équatoriale (intervenant))*

续表

英文	参考译名	法文
Territorial and Maritime Dispute between Nicaragua and Honduras in the Caribbean Sea (Nicaragua v. Honduras)	加勒比海领土和海洋争端（尼加拉瓜诉洪都拉斯）	*Différend territorial et maritime entre le Nicaragua et le Honduras dans la mer des Caraïbes (Nicaragua c. Honduras)*
Land, Island and Maritime Frontier Dispute (El Salvador/Honduras: Nicaragua intervening)	陆地、岛屿和海上边界争端（萨尔瓦多／洪都拉斯：尼加拉瓜参加）	*Différend frontalier terrestre, insulaire et maritime (El Salvador/Honduras; Nicaragua (intervenant))*
Maritime Dispute (Peru v. Chile)	海洋争端（秘鲁诉智利）	*Différend maritime (Pérou c. Chili)*
Obligation to Negotiate Access to the Pacific Ocean (Bolivia v. Chile)	出入太平洋协谈义务案（玻利维亚诉智利）	*Obligation de négocier un accès à l'océan Pacifique (Bolivie c. Chili)*
Passage through the Great Belt (Finland v. Denmark)	大贝尔特海峡通行权（芬兰诉丹麦）	*Passage par le Grand-Belt (Finlande c. Danemark)*
Dispute regarding Navigational and Related Rights (Costa Rica v. Nicaragua)	航行权利和相关权利争端（哥斯达黎加诉尼加拉瓜）	*Différend relatif à des droits de navigation et des droits connexes (Costa Rica c. Nicaragua)*
Maritime Delimitation in the Black Sea (Romania v. Ukraine)	黑海海洋划界（罗马尼亚诉乌克兰）	*Délimitation maritime en mer Noire (Roumanie c. Ukraine)*
Maritime Delimitation in the Indian Ocean (Somalia v. Kenya)	印度洋海洋划界（索马里诉肯尼亚）	*Délimitation maritime dans l'océan Indien (Somalie c. Kenya)*
Delimitation of the Maritime Boundary in the Gulf of Maine Area (Canada/United States of America)	缅因湾区域海洋边界划界（加拿大／美国）	*Délimitation de la frontière maritime dans la région du golfe du Maine (Canada/Etats-Unis d'Amérique)*
Maritime Delimitation in the Area between Greenland and Jan Mayen (Denmark v. Norway)	格陵兰和扬马延之间区域海洋划界（丹麦诉挪威）	*Délimitation maritime dans la région située entre le Groenland et Jan Mayen (Danemark c. Norvège)*
Maritime Delimitation in the Caribbean Sea and the Pacific Ocean (Costa Rica v. Nicaragua)	太平洋和加勒比海海洋划界（哥斯达黎加诉尼加拉瓜）	*Délimitation maritime dans la mer des Caraïbes et l'océan Pacifique (Costa Rica c. Nicaragua)*
Arbitral Award of 31 July 1989 (Guinea-Bissau v. Senegal)	1989年7月31日仲裁裁决（几内亚比绍诉塞内加尔）	*Sentence arbitrale du 31 juillet 1989 (Guinée-Bissau c. Sénégal)*

续表

英文	参考译名	法文
Maritime Delimitation between Guinea-Bissau and Senegal (Guinea-Bissau v. Senegal)	几内亚比绍和塞内加尔间海洋划界（几内亚比绍诉塞内加尔）	*Délimitation maritime entre la Guinée-Bissau et le Sénégal (Guinée-Bissau c. Sénégal)*
North Sea Continental Shelf (Federal Republic of Germany/Denmark) *North Sea Continental Shelf (Federal Republic of Germany/Netherlands)*	北海大陆架（联邦德国／丹麦；联邦德国／荷兰）	*Plateau continental de la mer du Nord (République fédérale d'Allemagne/Danemark)* *Plateau continental de la mer du Nord (République fédérale d'Allemagne/Pays-Bas)*
Aegean Sea Continental Shelf (Greece v. Turkey)	爱琴海大陆架（希腊诉土耳其）	*Plateau continental de la mer Egée (Grèce c. Turquie)*
Continental Shelf (Tunisia/Libyan Arab Jamahiriya)	大陆架（突尼斯／利比亚）	*Plateau continental (Tunisie/Jamahiriya arabe libyenne)*
Continental Shelf (Libyan Arab Jamahiriya/Malta)	大陆架（利比亚／马耳他）	*Plateau continental (Jamahiriya arabe libyenne/Malte)*
Question of the Delimitation of the Continental Shelf between Nicaragua and Colombia beyond 200 nautical miles from the Nicaraguan Coast (Nicaragua v. Colombia)	尼加拉瓜与哥伦比亚在尼加拉瓜海岸200海里以外划分大陆架的问题（尼加拉瓜诉哥伦比亚）	*Question de la délimitation du plateau continental entre le Nicaragua et la Colombie au-delà de 200 milles marins de la côte nicaraguayenne (Nicaragua c. Colombie)*
Minquiers and Ecrehos (France/United Kingdom)	明基埃和埃克荷斯群岛（法国／英国）	*Minquiers et Ecréhous (France/Royaume-Uni)*
Sovereignty over Pulau Ligitan and Pulau Sipadan (Indonesia/Malaysia)	利吉丹岛和西巴丹岛的主权归属（印度尼西亚／马来西亚）	*Souveraineté sur Pulau Ligitan et Pulau Sipadan (Indonésie/Malaisie)*
Kasikili/Sedudu Island (Botswana/Namibia)	卡西基里／塞杜杜岛（博茨瓦纳／纳米比亚）	*Ile de Kasikili/Sedudu (Botswana/Namibie)*
Sovereignty over Pedra Branca/Pulau Batu Puteh, Middle Rocks and South Ledge (Malaysia/Singapore)	白礁岛、中岩礁和南礁的主权归属（马来西亚／新加坡）	*Souveraineté sur Pedra Branca/Pulau Batu Puteh, Middle Rocks et South Ledge (Malaisie/Singapour)*
Whaling in the Antarctic (Australia v. Japan: New Zealand intervening)	南极捕鲸（澳大利亚诉日本：新西兰参加）	*Chasse à la baleine dans l'Antarctique (Australie c. Japon; Nouvelle-Zélande (intervenant))*
East Timor (Portugal v. Australia)	东帝汶（葡萄牙诉澳大利亚）	*Timor oriental (Portugal c. Australie)*

续表

英文	参考译名	法文
Questions relating to the Seizure and Detention of Certain Documents and Data (Timor-Leste v. Australia)	收缴和扣押某些文件和数据的问题（东帝汶诉澳大利亚）	*Questions concernant la saisie et la détention de certains documents et données (Timor-Leste c. Australie)*
Nuclear Tests (Australia v. France) *Nuclear Tests (New Zealand v. France)*	核试验（澳大利亚诉法国；新西兰诉法国）	*Essais nucléaires (Australie c. France)* *Essais nucléaires (Nouvelle-Zélande c. France)*
South West Africa (Ethiopia v. South Africa) *South West Africa (Liberia v. South Africa)*	西南非洲（埃塞俄比亚诉南非；利比里亚诉南非）	*Sud-Ouest africain (Ethiopie c. Afrique du Sud)* *Sud-Ouest africain (Libéria c. Afrique du Sud)*
Legality of Use of Force (Serbia and Montenegro v. Belgium)	使用武力的合法性（塞尔维亚和黑山诉比利时）	*Licéité de l'emploi de la force (Serbie-et-Monténégro c. Belgique)*
Mavrommatis Palestine Concessions	马夫罗马蒂斯巴勒斯坦出租权	*Concessions Mavrommatis en Palestine*
United States Diplomatic and Consular Staff in Tehran (United States of America v. Iran)	美国驻德黑兰外交和领事人员（美国诉伊朗）	*Personnel diplomatique et consulaire des Etats-Unis à Téhéran (Etats-Unis d'Amérique c. Iran)*
Northern Cameroons (Cameroon v. United Kingdom)	北喀麦隆（喀麦隆诉英国）	*Cameroun septentrional (Cameroun c. Royaume-Uni)*
Arrest Warrant of 11 April 2000 (Democratic Republic of the Congo v. Belgium)	2000 年 4 月 11 日逮捕令（刚果诉比利时）	*Mandat d'arrêt du 11 avril 2000 (République démocratique du Congo c. Belgique)*
Pulp Mills on the River Uruguay (Argentina v. Uruguay)	乌拉圭河纸浆厂（阿根廷诉乌拉圭）	*Usines de pâte à papier sur le fleuve Uruguay (Argentine c. Uruguay)*
Gabčíkovo-Nagymaros Project (Hungary/Slovakia)	加布奇科沃－大毛罗斯项目（匈牙利／斯洛伐克）	*Projet Gabčíkovo-Nagymaros (Hongrie/Slovaquie)*
Certain Activities Carried Out by Nicaragua in the Border Area (Costa Rica v. Nicaragua)	尼加拉瓜在边界地区开展的某些活动（哥斯达黎加诉尼加拉瓜）	*Certaines activités menées par le Nicaragua dans la région frontalière (Costa Rica c. Nicaragua)*
Temple of Preah Vihear (Cambodia v. Thailand)	柏威夏寺（柬埔寨诉泰国）	*Temple de Préah Vihéar (Cambodge c. Thaïlande)*
Guatemala's Territorial, Insular and Maritime Claim (Guatemala/Belize)	危地马拉领土、岛屿与海洋主张（危地马拉／伯利兹）	*Revendication territoriale, insulaire et maritime du Guatemala (Guatemala/Belize)*

续表

英文	参考译名	法文
Frontier Dispute (Burkina Faso/ Republic of Mali)	边境争端（布基纳法索 / 马里）	*Différend frontalier (Burkina Faso/République du Mali)*
Request for Interpretation of the Judgment of 11 June 1998 in the Case concerning the Land and Maritime Boundary between Cameroon and Nigeria (Cameroon v. Nigeria), Preliminary Objections (Nigeria v. Cameroon)	请求对 1998 年 6 月 11 日喀麦隆与尼日利亚陆地和海洋边界案（喀麦隆诉尼日利亚）判决的解释，初步反对（尼日利亚诉喀麦隆）	*Demande en interprétation de l'arrêt du 11 juin 1998 en l'affaire de la Frontière terrestre et maritime entre le Cameroun et le Nigéria (Cameroun c. Nigéria), exceptions préliminaires (Nigéria c. Cameroun)*

2. 咨询案件

英文	参考译名	法文
Advisory Opinion of 8 July 1996: *Legality of the Use by a State of Nuclear Weapons in Armed Conflict*	1996 年 7 月 8 日咨询意见：武装冲突中国家使用核武器的合法性	Avis consultatif du 8 juillet 1996: *Licéité de l'utilisation des armes nucléaires par un Etat dans un conflit armé*
Obligations of States in respect of Climate Change	气候变化方面各国义务	*Obligations des États en matière de changement climatique*

（二）国际海洋法法庭案件

1. 诉讼案件

英文	参考译名	法文
Case No. 1: *The M/V "SAIGA" Case (Saint Vincent and the Grenadines v. Guinea), Prompt Release*	第 1 号案："塞加"号商船迅速释放案（圣文森特和格林纳丁斯诉几内亚）	Affaire No. 1: *Affaire du navire « SAIGA » (Saint-Vincent-et-les Grenadines c. Guinée), prompte mainlevée*
Case No. 2: *The M/V "SAIGA" (No. 2) Case (Saint Vincent and the Grenadines v. Guinea)*	第 2 号案："塞加"号商船（第 2 号）案（圣文森特和格林纳丁斯诉几内亚）	Affaire No. 2: *Affaire du navire* « SAIGA » (No. 2) (Saint-Vincent-et-les Grenadines c. Guinée)
Cases Nos 3 & 4: *Southern Bluefin Tuna Cases (New Zealand v. Japan; Australia v. Japan), Provisional Measures*	第 3 号及第 4 号案：南方蓝鳍金枪鱼临时措施案（新西兰诉日本；澳大利亚诉日本）	Affaires Nos 3 & 4: *Affaires du thon à nageoire bleue (Nouvelle-Zélande c. Japon; Australie c. Japon), mesures conservatoires*

续表

英文	参考译名	法文
Case No. 5: *The "Camouco" Case (Panama v. France), Prompt Release*	第 5 号案：“卡莫柯”号迅速释放案（巴拿马诉法国）	Affaire No. 5: *Affaire du « Camouco » (Panama c. France), prompte mainlevée*
Case No. 6: *The "Monte Confurco" Case (Seychelles v. France), Prompt Release*	第 6 号案：“蒙特·卡夫卡”号迅速释放案（塞舌尔诉法国）	Affaire No. 6: *Affaire du « Monte Confurco » (Seychelles c. France), prompte mainlevée*
Case No. 7: *Case concerning the Conservation and Sustainable Exploitation of Swordfish Stocks in the South-Eastern Pacific Ocean (Chile/European Union)*	第 7 号案：养护和可持续开发东南太平洋剑旗鱼种群案（智利／欧盟）	Affaire No. 7: *Affaire concernant la conservation et l'exploitation durable des stocks d'espadon dans l'océan Pacifique Sud-Est (Chili/Union européenne)*
Case No. 8: *The "Grand Prince" Case (Belize v. France), Prompt Release*	第 8 号案：“大王子”号迅速释放案（伯利兹诉法国）	Affaire No. 8: *Affaire du « Grand Prince » (Belize c. France), prompte mainlevée*
Case No. 9: *The "Chaisiri Reefer 2" Case (Panama v. Yemen), Prompt Release*	第 9 号案：“崔思利利佛 2 号”迅速释放案（巴拿马诉也门）	Affaire No. 9: *Affaire du « Chaisiri Reefer 2 » (Panama c. Yémen), prompte mainlevée*
Case No. 10: *The MOX Plant Case (Ireland v. United Kingdom), Provisional Measures*	第 10 号案：混合氧化物核燃料工厂临时措施案（爱尔兰诉英国）	Affaire No. 10: *Affaire de l'usine MOX (Irlande c. Royaume-Uni), mesures conservatoires*
Case No. 11: *The "Volga" Case (Russian Federation v. Australia), Prompt Release*	第 11 号案：“伏尔加河”号迅速释放案（俄罗斯诉澳大利亚）	Affaire No. 11: *Affaire du « Volga » (Fédération de Russie c. Australie), prompte mainlevée*
Case No. 12: *Case concerning Land Reclamation by Singapore in and around the Straits of Johor (Malaysia v. Singapore), Provisional Measures*	第 12 号案：新加坡在柔佛海峡及其附近填海造地临时措施案（马来西亚诉新加坡）	Affaire No. 12: *Affaire relative aux travaux de poldérisation par Singapour à l'intérieur et à proximité du détroit de Johor (Malaisie c. Singapour), mesures conservatoires*

续表

英文	参考译名	法文
Case No. 13: *The "Juno Trader" Case (Saint Vincent and the Grenadines v. Guinea-Bissau), Prompt Release*	第 13 号案："朱诺商人"号迅速释放案（圣文森特和格林纳丁斯诉几内亚比绍）	Affaire No. 13: *Affaire du « Juno Trader » (Saint-Vincent-et-les Grenadines c. Guinée-Bissau), prompte mainlevée*
Case No. 14: *The "Hoshinmaru" Case (Japan v. Russian Federation), Prompt Release*	第 14 号案："丰进丸"迅速释放案（日本诉俄罗斯）①	Affaire No. 14: *Affaire du « Hoshinmaru » (Japon c. Fédération de Russie), prompte mainlevée*
Case No. 15: *The "Tomimaru" Case (Japan v. Russian Federation), Prompt Release*	第 15 号案："富丸"迅速释放案（日本诉俄罗斯）	Affaire No. 15: *Affaire du « Tomimaru » (Japon c. Fédération de Russie), prompte mainlevée*
Case No. 16: *Dispute concerning delimitation of the maritime boundary between Bangladesh and Myanmar in the Bay of Bengal (Bangladesh/Myanmar)*	第 16 号案：孟加拉湾海洋边界划界争端（孟加拉国／缅甸）	Affaire No. 16: *Différend relatif à la délimitation de la frontière maritime entre le Bangladesh et le Myanmar dans le golfe du Bengale (Bangladesh/Myanmar)*
Case No. 18: *The M/V "Louisa" Case (Saint Vincent and the Grenadines v. Kingdom of Spain)*	第 18 号案："路易莎"号商船案（圣文森特和格林纳丁斯诉西班牙）	Affaire No. 18: *Affaire du navire « Louisa» (Saint-Vincent-et-les Grenadines c. Royaume d'Espagne)*
Case No. 19: *The M/V "Virginia G" Case (Panama/Guinea-Bissau)*	第 19 号案："弗吉尼亚·G"号商船案（巴拿马／几内亚比绍）	Affaire No. 19: *Affaire du navire «Virginia G» (Panama/Guinée-Bissau)*
Case No. 20: *The "ARA Libertad" Case (Argentina v. Ghana), Provisional Measures*	第 20 号案："自由"号护卫舰临时措施案（阿根廷诉加纳）	Affaire No. 20: *Affaire de l'«ARA Libertad» (Argentine c. Ghana), mesures conservatoires*

① 在日语中，「丸」（假名：**まる**；罗马音：maru）用于船名时本身即指"号"。因此，国际海洋法法庭第14号案、第15号案分别译为**"丰进丸"迅速释放案（日本诉俄罗斯）**、**"富丸"迅速释放案（日本诉俄罗斯）**，此处不再额外添加"号"字。

续表

英文	参考译名	法文
Case No. 22: *The "Arctic Sunrise" Case (Kingdom of the Netherlands v. Russian Federation), Provisional Measures*	第 22 号案：“北极日出”号临时措施案（荷兰诉俄罗斯）	Affaire No. 22: *Affaire de l'«Arctic Sunrise» (Royaume des Pays-Bas c. Fédération de Russie), mesures conservatoires*
Case No. 23: *Dispute concerning delimitation of the maritime boundary between Ghana and Côte d'Ivoire in the Atlantic Ocean (Ghana/Côte d'Ivoire)*	第 23 号案：大西洋海洋边界划界争端（加纳／科特迪瓦）	Affaire No. 23: *Différend relatif à la délimitation de la frontière maritime entre le Ghana et la Côte d'Ivoire dans l'océan Atlantique (Ghana/Côte d'Ivoire)*
Case No. 24: *The "Enrica Lexie" Incident (Italy v. India), Provisional Measures*	第 24 号案：“艾瑞克·莱谢”号事件临时措施案（意大利诉印度）	Affaire No. 24: *L'incident de l'« Enrica Lexie » (Italie c. Inde), mesures conservatoires*
Case No. 25: *The M/V "Norstar" Case (Panama v. Italy)*	第 25 号案：“诺斯塔”号商船案（巴拿马诉意大利）	Affaire No. 25: *Affaire du navire « Norstar » (Panama c. Italie)*
Case No. 26: *Case concerning the detention of three Ukrainian naval vessels (Ukraine v. Russian Federation), Provisional Measures*	第 26 号案：扣留三艘乌克兰海军船只临时措施案（乌克兰诉俄罗斯）	Affaire No. 26: *Affaire relative à l'immobilisation de trois navires militaires ukrainiens (Ukraine c. Fédération de Russie), mesures conservatoires*
Case No. 27: *The M/T "San Padre Pio" Case (Switzerland v. Nigeria), Provisional Measures*	第 27 号案：“圣·帕德莱·皮奥”号油轮临时措施案（瑞士诉尼日利亚）	Affaire No. 27: *Affaire du navire « San Padre Pio » (Suisse c. Nigéria), mesures conservatoires*
Case No. 28: *Dispute concerning delimitation of the maritime boundary between Mauritius and Maldives in the Indian Ocean (Mauritius/Maldives)*	第 28 号案：印度洋海洋边界划界争端（毛里求斯／马尔代夫）	Affaire No. 28: *Différend relatif à la délimitation de la frontière maritime entre Maurice et les Maldives dans l'océan Indien (Maurice/Maldives)*
Case No. 29: *The M/T "San Padre Pio" (No. 2) Case (Switzerland/Nigeria)*	第 29 号案：“圣·帕德莱·皮奥”号油轮（第 2 号）案（瑞士／尼日利亚）	Affaire No. 29: *Affaire du navire « San Padre Pio » (No. 2) (Suisse/Nigéria)*

续表

英文	参考译名	法文
Case No. 30: *The M/T "Heroic Idun" Case (Marshall Islands v. Equatorial Guinea), Prompt Release*	第 30 号案："英勇·伊登"号油轮迅速释放案（马绍尔群岛诉赤道几内亚）	Affaire No. 30: *Affaire du navire « Heroic Idun » (Îles Marshall c. Guinée équatoriale), prompte mainlevée*
Case No. 32: *The M/T "Heroic Idun" (No. 2) Case (Marshall Islands/Equatorial Guinea)*	第 32 号案："英勇·伊登"号油轮（第 2 号）案（马绍尔群岛 / 赤道几内亚）	Affaire No. 32: *Affaire du navire « Heroic Idun » (No. 2) (Îles Marshall/Guinée équatoriale)*

2. 咨询案件

英文	参考译名	法文
Case No. 17: *Responsibilities and obligations of States sponsoring persons and entities with respect to activities in the Area (Request for Advisory Opinion submitted to the Seabed Disputes Chamber)*	第 17 号案：国家担保自然人和实体在"区域"内活动的责任与义务咨询意见案（向海底争端分庭请求）	Affaire No. 17: *Responsabilités et obligations des Etats qui patronnent des personnes et des entités dans le cadre d'activités menées dans la Zone (Demande d'avis consultatif soumise à la Chambre pour le règlement des différends relatifs aux fonds marins)*
Case No. 21: *Request for an Advisory Opinion submitted by the Sub-Regional Fisheries Commission (SRFC) (Request for Advisory Opinion submitted to the Tribunal)*	第 21 号案：次区域渔业委员会请求咨询意见案（向法庭请求）	Affaire No. 21: *Demande d'avis consultatif soumise par la Commission sous-régionale des pêches (CSRP) (Demande d'avis consultatif soumise au Tribunal)*
Case No.31: *Request for an Advisory Opinion submitted by the Commission of Small Island States on Climate Change and International Law (Request for Advisory Opinion submitted to the Tribunal)*	第 31 号案：小岛屿国家气候变化与国际法委员会请求咨询意见案（向法庭请求）	Affaire No. 31: *Demande d'avis consultatif soumise par la Commission des petits États insulaires sur le changement climatique et le droit international (Demande d'avis consultatif soumise au Tribunal)*

（三）国际仲裁案件

1.《联合国海洋法公约》附件七仲裁案件

英文	参考译名
MOX Plant Case (Ireland v. United Kingdom)	混合氧化物核燃料工厂仲裁案（爱尔兰诉英国）
Barbados v. Trinidad and Tobago	巴巴多斯诉特立尼达和多巴哥仲裁案
Guyana v. Suriname	圭亚那诉苏里南仲裁案
Land Reclamation by Singapore in and around the Straits of Johor (Malaysia v. Singapore)	新加坡在柔佛海峡及其附近填海造地仲裁案（马来西亚诉新加坡）
Bay of Bengal Maritime Boundary Arbitration between Bangladesh and India	孟加拉国和印度孟加拉湾海洋边界仲裁案
Chagos Marine Protected Area Arbitration (Mauritius v. United Kingdom)	查戈斯海洋保护区仲裁案（毛里求斯诉英国）
The ARA Libertad Arbitration (Argentina v. Ghana)	自由号护卫舰仲裁案（阿根廷诉加纳）
The South China Sea Arbitration (The Republic of Philippines v. The People's Republic of China)	“南海仲裁案”（菲律宾诉中国）
The Atlanto-Scandian Herring Arbitration (The Kingdom of Denmark in respect of the Faroe Islands v. The European Union)	大西洋鲱鱼仲裁案[丹麦（法罗群岛）诉欧盟]
The Arctic Sunrise Arbitration (Netherlands v. Russia)	北极日出号仲裁案（荷兰诉俄罗斯）
The Duzgit Integrity Arbitration (Malta v. São Tomé and Príncipe)	“杜兹吉特·廉正”号仲裁案（马耳他诉圣多美和普林西比）
The "Enrica Lexie" Incident (Italy v. India)	“艾瑞克·莱谢”号事件（意大利诉印度）仲裁案
Dispute Concerning Coastal State Rights in the Black Sea, Sea of Azov, and Kerch Strait (Ukraine v. the Russian Federation)	黑海、亚速海和刻赤海峡沿海国权利争端（乌克兰诉俄罗斯）仲裁案
Dispute Concerning the Detention of Ukrainian Naval Vessels and Servicemen (Ukraine v. the Russian Federation)	扣留乌克兰海军船只及军人争端（乌克兰诉俄罗斯）仲裁案
Southern Bluefin Tuna Case between Australia and Japan and between New Zealand and Japan	南方蓝鳍金枪鱼仲裁案（澳大利亚／日本；新西兰／日本）

2. 其他涉海仲裁案件

英文	参考译名
The North Atlantic Coast Fisheries Case (Great Britain / United States of America)	北大西洋沿岸渔业仲裁案（英国／美国）
Island of Palmas (or Miangas) (The Netherlands / The United States of America)	帕尔马斯岛（或米昂阿斯岛）（荷兰／美国）仲裁案
Eritrea/Yemen - Sovereignty and Maritime Delimitation in the Red Sea	厄立特里亚／也门–红海主权与海洋划界仲裁案
Arbitration Between the Republic of Croatia and the Republic of Slovenia	克罗地亚和斯洛文尼亚仲裁案
Arbitration under the Timor Sea Treaty (Timor-Leste v. Australia) [PCA 2013-16]	常设仲裁法院第 2013-16 号帝汶海条约仲裁案（东帝汶诉澳大利亚）
Arbitration under the Timor Sea Treaty (Timor-Leste v. Australia) [PCA 2015-42]	常设仲裁法院第 2015-42 号帝汶海条约仲裁案（东帝汶诉澳大利亚）
Clipperton Island Case (France v. Mexico)	克利伯顿岛仲裁案（墨西哥诉法国）
Case concerning a dispute between Argentina and Chile concerning the Beagle Channel	阿根廷和智利比格尔海峡争端仲裁案
Delimitation of the Continental Shelf between the United Kingdom of Great Britain and Northern Ireland, and the French Republic (UK, France)	英法大陆架划界仲裁案
Case concerning the delimitation of the maritime boundary between Guinea and Guinea-Bissau	几内亚和几内亚比绍海洋边界划界仲裁案
Case concerning the delimitation of maritime boundary between Guinea-Bissau and Senegal	几内亚比绍和塞内加尔海洋边界划界仲裁案
Case concerning the delimitation of maritime areas between Canada and France	加拿大和法国海洋区域划界仲裁案
Rainbow Warrior (New Zealand v. France)	彩虹勇士号仲裁案（新西兰诉法国）

（四）国际调解案件

1. 自愿调解案件

英文	参考译名
Iceland–Norway Continental Shelf Dispute Regarding Jay Mayen Island	冰岛与挪威关于扬马延岛大陆架争端

2. 强制调解案件

英文	参考译名
Timor Sea Conciliation between Timor-Leste and Australia	东帝汶和澳大利亚帝汶海强制调解案

（五）其他机制与程序案件

英文	参考译名
Review Panel established under the Convention on the Conservation and Management of High Seas Fishery Resources in the South Pacific Ocean (objection by the Republic of Ecuador to CMM 01-2018)	依据《南太平洋公海渔业资源养护和管理公约》建立的专家审议组（厄瓜多尔反对竹筴鱼养护与管理措施）
Review Panel established under the Convention on the Conservation and Management of High Seas Fishery Resources in the South Pacific Ocean(objection by the Russian Federation to CMM 1.01)	依据《南太平洋公海渔业资源养护和管理公约》建立的专家审议组（俄罗斯反对竹筴鱼养护与管理措施）

二、文书文件表

英文	参考译名	法文
Charter of the United Nations (UN Charter)	《联合国宪章》	Charte des Nations Unies (CNU)
Statute of the International Court of Justice (Statute of the Court)	《国际法院规约》（简称《法院规约》）	Statut de la Cour internationale de Justice (Statut de la Cour)
Rules of Court	[国际法院]《法院规则》	Règlement de la Cour
United Nations Convention on the Law of the Sea (UNCLOS)	《联合国海洋法公约》（简称《海洋法公约》）	Convention des Nations Unies sur le droit de la mer (CNUDM)
Statute of the International Tribunal for the Law of the Sea (Annex VI of the UNCLOS)	《国际海洋法法庭规约》（《联合国海洋法公约》附件六）	Statut du Tribunal international du droit de la mer (annexe VI à la CNUDM)
Rules of the Tribunal	[国际海洋法法庭]《法庭规则》	Règlement du Tribunal
Agreement relating to the implementation of Part XI of the United Nations Convention on the Law of the Sea	1994 年《关于执行〈海洋法公约〉第 11 部分的协定》（简称《1994 年执行协定》）	Accord relatif à l’application de la partie XI de la Convention des Nations Unies sur le droit de la mer

续表

英文	参考译名	法文
Agreement for the Implementation of the Provisions of the United Nations Convention on the Law of the Sea of 10 December 1982 relating to the Conservation and Management of Straddling Fish Stocks and Highly Migratory Fish Stocks (UN Fish Stocks Agreement)	《执行 1982 年 12 月 10 日〈联合国海洋法公约〉有关养护和管理跨界鱼类种群和高度洄游鱼类种群的规定的协定》(简称《鱼类种群协定》)	Accord aux fins de l'application des dispositions de la Convention des Nations Unies sur le droit de la mer du 10 décembre 1982 relatives à la conservation et à la gestion des stocks de poissons dont les déplacements s'effectuent tant à l'intérieur qu'au-delà de zones économiques exclusives (stocks chevauchants) et des stocks de poissons grands migrateurs (Accord des Nations Unies sur les stocks de poissons)
Agreement under the United Nations Convention on the Law of the Sea on the Conservation and Sustainable Use of Marine Biological Diversity of Areas beyond National Jurisdiction	《〈联合国海洋法公约〉下国家管辖范围以外区域海洋生物多样性的养护和可持续利用协定》(简称《海洋生物多样性协定》或 BBNJ 协定)	Accord se rapportant à la Convention des Nations Unies sur le droit de la mer et portant sur la conservation et l'utilisation durable de la diversité biologique marine des zones ne relevant pas de la juridiction nationale
International Convention for Safety of Life at Sea (SOLAS)	[国际海事组织]《国际海上人命安全公约》	Convention internationale pour la sauvegarde de la vie humaine en mer (SOLAS)
Covenant of the League of Nations	《国际联盟盟约》	Pacte de la Société des Nations
General Treaty for Renunciation of War as an Instrument of National Policy (Kellogg-Briand Pact, or Pact of Paris)	《关于废弃战争作为国家政策工具的普遍公约》(亦称《凯洛格－白里安公约》或《巴黎非战公约》)	Traité général de renonciation à la guerre comme instrument de politique nationale (pacte Briand-Kellogg, ou pacte de Paris)
Convention on the Protection of the Underwater Cultural Heritage	[联合国教科文组织]《保护水下文化遗产公约》	Convention sur la protection du patrimoine culturel subaquatique
Convention on Biological Diversity (CBD)	[联合国]《生物多样性公约》	Convention sur la diversité biologique
Convention on the Law of the Non-navigational Uses of International Watercourses	[联合国]《国际水道非航行使用法公约》	Convention sur le droit relatif aux utilisations des cours d'eau internationaux à des fins autres que la navigation

续表

英文	参考译名	法文
Convention on the Conservation and Management of High Seas Fishery Resources in the South Pacific Ocean	《南太平洋公海渔业资源养护和管理公约》	Convention sur la conservation et la gestion des ressources halieutiques en haute mer dans le Pacifique sud
Convention on the Prevention of Marine Pollution by Dumping of Wastes and Other Matter	《防止倾倒废物及其他物质污染海洋的公约》	Convention sur la prévention de la pollution des mers résultant de l'immersion de déchets
Convention for the Pacific Settlement of International Disputes	[1899 年，1907 年]《和平解决国际争端公约》	Convention pour le règlement pacifique des conflits internationaux
Vienna Convention on the Law of Treaties	《维也纳条约法公约》	Convention de Vienne sur le droit des traités
United Nations Framework Convention on Climate Change (UNFCCC)	[联合国]《气候变化框架公约》	Convention-cadre des Nations unies sur les changements climatiques (CCNUCC)
Reports of International Arbitral Awards (RIAA)	[联合国]《国际仲裁裁决报告》	Recueil des sentences arbitrales

三、组织机构表

英文	参考译名	法文
United Nations (UN)	联合国	Organisation des Nations Unies (ONU)
Office of Legal Affairs	[联合国]法律事务厅	Bureau des affaires juridiques
Division for Ocean Affairs and the Law of the Sea (DOALOS)	海洋事务和海洋法司（简称海法司）	Division des affaires maritimes et du droit de la mer
League of Nations	国际联盟	Société des Nations
Permanent Court of Arbitration (PCA)	常设仲裁法院	Cour permanente d'arbitrage (CPA)
International Court of Justice (ICJ)	国际法院（简称法院）	Cour internationale de Justice (CIJ)
Chamber of Summary Procedure	[国际法院]简易程序分庭	Chambre de procédure sommaire
Chamber for Environmental Matters	[国际法院]环境问题分庭	Chambre pour les questions d'environnement

续表

英文	参考译名	法文
ad hoc chambers	[国际法院]特设(专案)分庭	chambres *ad hoc*
Permanent Court of International Justice (PCIJ)	常设国际法院	Cour permanente de Justice internationale (CPJI)
International Tribunal for the Law of the Sea (ITLOS)	国际海洋法法庭(简称法庭)	Tribunal international du droit de la mer (TIDM)
Seabed Disputes Chamber	[国际海洋法法庭]海底争端分庭(简称分庭)	Chambre pour le règlement des différends relatifs aux fonds marins
Commission on the Limits of the Continental Shelf (CLCS)	大陆架界限委员会(简称委员会)	Commission des limites du plateau continental (CLPC)
International Seabed Authority (ISA)	国际海底管理局(简称海管局)	Autorité internationale des fonds marins (AIFM)
International Law Commission (ILC)	国际法委员会	Commission du droit international
International Criminal Court (ICC)	国际刑事法院	Cour pénale internationale (CPI)
World Trade Organization (WTO)	世界贸易组织(简称世贸组织)	Organisation mondiale du commerce (OMC)
International Maritime Organization (IMO)	国际海事组织	Organisation maritime internationale (OMI)
Intergovernmental Oceanographic Commission (IOC)	[联合国教科文组织]政府间海洋学委员会	Commission océanographique intergouvernementale (COI)
International Union for Conservation of Nature (IUCN)	世界自然保护联盟	Union internationale pour la conservation de la nature (UICN)

四、重要术语表

英文 / 拉丁文	参考译名	法文 / 拉丁文
dispute	争端；争议	différend
difference	分歧	différend
parties to the dispute	争端当事(各)方	parties au différend
States Parties	缔约(各)国	États parties
dispute settlement	争端解决	règlement du différend

续表

英文/拉丁文	参考译名	法文/拉丁文
territorial dispute	领土争端	différend territorial
sovereign rights	主权权利	droits souverains
maritime dispute	海洋争端	différend maritime
case concerning the maritime dispute	海洋争端案件	affaire du différend maritime
legal dispute	法律性争端	différend juridique
political dispute	政治性争端	différend politique
vital interest	切身利益	intérêts vitaux
mixed dispute	混合（型）争端	différend mixte
maritime boundary	海洋边界	frontière maritime
maritime delimitation	海洋划界	délimitation maritime
three-stage approach	三阶段法	approche en trois étapes
delimitation of maritime zones	海洋区域划定	délimitation de zones maritimes
general obligation	一般性义务	oligation générale
protection and preservation of the marine environment	海洋环境的保护和保全	protection et la préservation du milieu marin
conservation and management of the living resources of the sea	海洋生物资源的养护与管理	conservation et la gestion des ressources biologiques marines
fisheries	渔业	pêcherie
maritime law enforcement	海洋执法	application du droit maritime
marine scientific research	海洋科学研究	recherche scientifique marine
navigation	航行	navigation
disputes concerning the interpretation or application of the Convention	有关公约解释或适用的争端	différends relatifs à l'interprétation ou à l'application de la Convention
negotiation	谈判；协商	négociation
good offices	斡旋	bons offices
mediation	调停	médiation
enquiry	调查	enquête
conciliation	调解；和解	conciliation
compulsory conciliation	强制调解	(procédure de) conciliation obligatoire

续表

英文 / 拉丁文	参考译名	法文 / 拉丁文
conciliation commission	调解委员会	commission de conciliation
judicial settlement	司法解决	règlement judiciaire
case	案件；判例	affaire
arbitration	仲裁	arbitrage
decision	裁决	sentence
arbitral tribunal	仲裁（法）庭	tribunal arbitral
ad hoc arbitral tribunal	特设仲裁（法）庭	tribunal arbitral spécial
resort to regional agencies or arrangements	区域机关或区域办法之利用	recours aux organismes ou accords régionaux
areas beyond the limits of national jurisdiction	国家管辖范围以外区域	zones au-delà des limites de la juridiction nationale
conservation and sustainable use of marine biological diversity of areas beyond national jurisdiction	国家管辖范围以外区域海洋生物多样性养护和可持续利用	la conservation et l'exploitation durable de la biodiversité marine dans les zones situées au-delà de la juridiction nationale
ipso facto parties	当然当事国	*ipso facto* parties
President	[国际法院]院长/[国际海洋法法庭]庭长	Président
Vice-President	[国际法院]副院长/[国际海洋法法庭]副庭长	Vice-Président
Registry	[国际法院]/[国际海洋法法庭]书记官处	Greffe
Registrar	[国际法院]/[国际海洋法法庭]书记官长	Greffier
Deputy-Registrar	[国际法院]/[国际海洋法法庭]副书记官长	Greffier adjoint
written proceedings	书面程序	procédure écrite
oral proceedings	口头程序	procédure orale
hearing	庭审	audience
applicant State	请求国	demandeur
respondent State	被告国	défendeur
Memorial	[请求国]诉状	mémoire
Counter-Memorial	[被告国]辩诉状	contre-mémoire
Reply	[请求国]答辩状	réplique
Rejoinder	[被告国]复辩状	duplique

续表

英文 / 拉丁文	参考译名	法文 / 拉丁文
provisional arrangements of a practical nature	实际性的临时安排	arrangements provisoires de caractère pratique
prescribe	规定（临时措施）	prescrire
contentious cases	诉讼案件	affaires contentieuses
contentious jurisdiction	诉讼管辖权	compétence en matière contentieuse
evidence	证据	preuve
admissibility of evidence	证据的可采性	recevabilité des preuves
witnesses	证人	témoins
experts	专家；鉴定人	experts
expert opinion	专家意见；鉴定意见	opinion d'experts
minutes	庭审记录	procès-verbal
advisory opinion	咨询意见	avis consultatif
advisory proceedings	咨询程序	procédures consultatives
advisory jurisdiction	咨询管辖权	compétence en matière consultative
pending cases	未决案件	affaires pendantes
jurisdiction	管辖权	compétence
admissibility	（案件的）可受理性	recevabilité
justiciability	可裁决性；可诉性	justiciabilité
incidental proceedings	[国际法院]/[国际海洋法法庭[附带程序	procédures incidentes
preliminary objections	初步反对意见	exceptions préliminaires
merits of the case	案件实质部分	fond de l'affaire.
Competence-Competence/ *Kompetenz-Kompetenz*①	自裁管辖权[理论][原则]	compétence de la compétence
jurisdiction *ratione materiae*	属事管辖权	compétence *ratione materiae*
jurisdiction *ratione personae*	属人管辖权	compétence *ratione personae*
jurisdiction *ratione temporis*	属时管辖权	compétence *ratione temporis*

① "自裁管辖（Competence-Competence）"理论起源于德语文献（German origin），而德语表达Kompetenz-Kompetenz有时也直接用于英语文献。

续表

英文 / 拉丁文	参考译名	法文 / 拉丁文
jurisdiction *ratione voluntatis*	自愿管辖权	compétence *ratione voluntatis*
application instituting proceedings	程序启动申请书；起诉书	requête introductive d'instance
judgment	判决（书）	arrêt
order	命令	ordonnance
declaration	声明	déclaration
separate opinion	个别意见	opinion individuelle
dissenting opinion	反对意见	opinion dissidente
provisional measures	临时措施	mesures conservatoires
prompt release	迅速释放	prompte mainlevée
critical date	关键日期	date critique
obligation *erga omnes*	对世义务	obligation *erga omnes*
due diligence	审慎义务	diligence raisonnable
good faith	善意；诚意	bonne foi
binding	（具有）拘束力；约束力	(de caractère) obligatoire
sui generis	自成一类	*sui generis*
non liquet	（法律适用）不明确	*non liquet*
ex aequo et bono	公允及善良	*ex aequo et bono*
mutatis mutandis	比照（适用）	*mutatis mutandis*
forum prorogatum	应诉管辖（默示管辖）	*forum prorogatum*
prima facie	根据初步证明	*prima facie*
proprio motu	自己主动决定	*proprio motu*

参考文献

一、中文文献

[1] 王铁崖.国际法[M].北京:法律出版社,1995.

[2] 邵津.国际法:第5版[M].北京:北京大学出版社,2014.

[3] 程晓霞,余民才.国际法:第6版[M].北京:中国人民大学出版社,2021.

[4] 克拉彭.布赖尔利万国公法:第7版[M].朱利江,译.北京:中国政法大学出版社,2018.

[5] 布朗利.国际公法原理:第5版[M].曾令良,余敏友,等,译.北京:法律出版社,2007.

[6] 段洁龙.中国国际法实践与案例[M].北京:法律出版社,2011.

[7] 中华人民共和国外交部条约法律司.中国国际法实践案例选编[M].北京:世界知识出版社,2018.

[8] 黄惠康.中国特色大国外交与国际法[M].北京:法律出版社,2019.

[9] 梅里尔斯.国际争端解决:第5版[M].韩秀丽,等,译.北京:法律出版社,2013.

[10] 陈德恭.现代国际海洋法[M].北京:海洋出版社,2009.

[11] 高健军.国际海洋法[M].北京:法律出版社,2022.

[12] 薛桂芳,刘新山.海洋法学[M].北京:海洋出版社,2018.

[13] 宋恩,朱罗,诺依斯,等.海洋法精要:第2版[M].傅崐成,等,译.上海:上海交通大学出版社,2014.

[14] 张海文,李海清.《联合国海洋法公约》释义集[M].北京:海洋出版社,2006.
[15] 张海文,张新军,徐贺云,罗刚.领土与海洋争端国际案例评析(1994—2019)[M].北京:知识产权出版社,2023.
[16] 诺德奎斯特.1982年《联合国海洋法公约》评注:第五卷[M].吕文正,毛彬,唐勇,贾宇,等,译.北京:海洋出版社,2022.
[17] 国际海道测量组织,国际大地测量协会.1982年《联合国海洋法公约》技术手册:第6版[M].公衍芬,毕文璐,张建辉,等,译.北京:海洋出版社,2021.
[18] 吴慧.国际海洋法法庭研究[M].北京:海洋出版社,2002.
[19] 贾兵兵.《联合国海洋法公约》争端解决机制研究:附件七仲裁实践[M].北京:清华大学出版社,2018.
[20] 郝雅烨子.《联合国海洋法公约》争端解决机制下的临时措施制度研究[M].北京:法律出版社,2019.
[21] 普雷斯科特,斯科菲尔德.世界海洋政治边界:第2版[M].吴继陆,张海文,译.北京:海洋出版社,2014.
[22] 詹宁斯.国际法上的领土取得[M].孔令杰,译.北京:商务印书馆,2018.
[23] 中国国际法学会.南海仲裁案裁决之批判[M].北京:外文出版社,2018.
[24] 高之国,贾兵兵.论南海九段线的历史地位和作用[M].北京:海洋出版社,2014.
[25] 吴士存.南沙争端的由来与发展——南海纷争史国别研究[M].北京:中华书局,2022.
[26] 摩根索.国家间政治:权力斗争与和平:第7版[M].徐昕,郝望,李保平,等,译.北京:北京大学出版社,2006.
[27] 科恩.地缘政治学:国际关系的地理学:第2版[M].严春松,译.上海:上海社会科学院出版社,2014.
[28] 陈鹰.海洋技术基础[M].北京:海洋出版社,2018.
[29] 冯士筰,李凤歧,李少菁.海洋科学导论[M].北京:高等教育出版社,1999.

[30] 侍茂崇,高郭平,鲍献文.海洋调查方法[M].青岛:中国海洋大学出版社, 2016.

[31] 贾宇.塑造国际海洋法律秩序的中国贡献——纪念《联合国海洋法公约》开放签署 40 周年[J].亚太安全与海洋研究, 2022, No.149(05):1-21.

[32] 贾宇.以《联合国海洋法公约》促进海洋及其资源的养护和可持续利用[J]. 太平洋学报,2022,30(08):96-98.

[33] 高之国,贾宇,密晨曦.浅析国际海洋法法庭首例咨询意见案[J].环境保护, 2012,No.498(16):51-53.

[34] 易显河,郝雅烨子.《联合国海洋法公约》下的自愿与强制调解[J].法治研究,2013,No.76(04):41-47.

[35] 张新军.裁判条约中一方不出庭下的"查明管辖权"条款的意义——程序分立视角下对不出庭应对及其法律效果的再考察[J].清华法学,2017,11(02):176-188.

[36] 高健军.《联合国海洋法公约》第 298 条中的"军事活动例外"——评国际海洋法法庭在"扣留三艘乌克兰海军船只案"中的临时措施命令[J]. 国际法研究,2019,No.34(06):3-12+27.

[37] 吴继陆.海洋划界中的"灰区"问题[J]. 国际法研究, 2017, No.17(01):84-93.

[38] 吴继陆,郑雷.论国际海洋划界中的成比例检验问题[J].太平洋学报,2015, 23(07):1-8.

[39] 张新军.划界前争议水域油气开发的国家责任问题——以加纳/科特迪瓦海域划界案为素材[J].国际法研究,2018,No.25(03):18-34.

[40] 高健军.谁解决了查戈斯群岛的主权争端?——"毛里求斯与马尔代夫海洋划界案"初步反对主张判决评析[J].国际法研究, 2021, No.45(05):4-17.

[41] 高健军."克罗地亚/斯洛文尼亚仲裁案"中的海洋划界问题[J].边界与海洋研究,2018,3(03):18-30.

[42] 疏震娅.国际法上关键日期问题的理论研究考察[J].边界与海洋研究,2018, 3(03):66-77.

[43] 罗刚.论国际法上领土取得的“实际统治”原则:一个批判性的视角[J].边界与海洋研究,2018,3(03):54-65.

[44] 张海文.中国的海洋法实践：历史与现状[J].国际法研究, 2022, No.52(06): 19-35.

[45] 贾宇.改革开放 40 年中国海洋法治的发展[J].边界与海洋研究, 2019, 4(04):5-33.

[46] 杨力.中国周边海洋问题:本质、构成与应对思路[J].边界与海洋研究, 2018, 3(06):45-51.

[47] 张文显,马新民,吴慧,等.关于菲律宾提起的“南海仲裁案”的法理分析[J]. 中国法学,2016,No.193(05):25-50.

[48] 马新民.南海仲裁案庭外法理斗争:回顾与展望[J].边界与海洋研究, 2017, 2(04):17-43.

[49] 马新民.菲律宾南海仲裁案裁决程序问题评析[J].吉林大学社会科学学报, 2017, 57(02): 5-31.

[50] 周健.中越北部湾划界的国际法实践[J].边界与海洋研究, 2019, 4(05): 6-37.

[51] 张新军.国际法上的争端和钓鱼诸岛问题[J].中国法学, 2011, No.161(03): 176-190.

[52] 张海文.地缘政治与全球海洋秩序[J].世界知识, 2021, No.1788(01): 14-16.

二、外文文献

[53] SHAW M. N. International Law[M]. 5th ed. Cambridge: Cambridge University Press, 2003.

[54] DUPUY P-M. Droit international public[M]. 9e éd. Paris: DALLOZ, 2008.

[55] DELBEZ L. Les principes généraux du droit international public : Droit de la paix, droit préventif de la guerre, droit de la guerre[M]. 3e éd. Paris: L. G. D. J., 1964.

[56] LISZT F v. Das Völkerrecht: systematisch Dargestellt[M]. 10. Aufl. Berlin,

Heidelberg: Verlag von Julius Springer, 1915.

[57] BRIERLY J L, The Outlook for International Law[M], Oxford: Clarendon Press, 1944.

[58] LAUTERPACHT H. The Function of Law in the International Community[M]. Oxford: Clarendon Press, 1933.

[59] KELSEN H. Peace Through Law[M]. Chapel Hill: The University of North Carolina Press, 1944.

[60] MELLINKOFF D. The Language of the Law[M]. Boston: Little, Brown & Co., 1963.

[61] KAUFMANN E. Das Wesen de Vo̍lkerrechts und die clausula rebus sic stantibus: rechtsphilosophische Studie zum Rechtsstaats- und Vertragsbegriffe[M]. Tübingen: J. C. B. Mohr (Paul Siebeck), 1911.

[62] JENNINGS R. Y. The Acquisition of Territory in International Law[M]. Manchester: Manchester University Press, 1963.

[63] MERRILLS J G. International Dispute Settlement[M]. 5th ed. Cambridge: Cambridge University Press, 2011.

[64] SANTULLI, C. Droit du contentieux international[M]. 2e éd. Paris: LGDJ Éditions, 2015.

[65] BJORGE E, MILES C. Landmark Cases in Public International Law[M], Oxford, Portland: Bloomsbury Publishing/Hart Publishing, 2017.

[66] ROBERTS A, STEPHAN P B, et al. Comparative International Law[M]. Oxford: Oxford University Press, 2018.

[67] MACKENZIE R, ROMANO C P R, et al. Manual on International Courts and Tribunals[M], 2nd ed. Oxford: OUP, 2010.

[68] ROSENNE S. The Law and Practice of the International Court, 1920—1996: Volume II Jurisdiction[M]. The Hague: Martinus Nijhoff, 1997.

[69] CHINKIN C. Third Parties in International Law[M]. Oxford: Clarendon Press, 1993.

[70] PEAT D. Comparative Reasoning in International Courts and Tribunals[M],

Cambridge: Cambridge University Press, 2019.

[71] SCOTT J B. The reports to the Hague Conferences of 1899 and 1907[M], Oxford: Clarendon Press, 1917.

[72] ROSENNE S. The Hague Peace Conferences of 1899 and 1907 and International Arbitration:Reports and Documents[M], The Hague: T.M.C. Asser Press, 2001.

[73] NORDQUIST M H. United Nations Convention on the Law of the Sea 1982: A Commentary: Vol. 5[M]. Dordrecht, Boston, London: Martinus Nijhoff Publishers, 1989.

[74] PROELSS A. The United Nations Convention on the Law of the Sea: A Commentary[M]. München, Oxford, Baden-Baden: Verlag C. H. Beck/ Hart Publishing/Nomos, 2017.

[75] ROTHWELL D R, OUDE A G, et al. The Oxford Handbook of the Law of the Sea[M], Oxford: OUP, 2015.

[76] FORTEAU M, THOUVENIN J-M.Traité de Droit International de la Mer[M]. Paris: Éditions A. Pedone, 2017.

[77] VITZTHUM W G. Handbuch des Seerechts[M]. München: Verlag C.H. Beck, 2006.

[78] BEURIER J-P. Droits maritimes[M]. 3e éd. Paris: DALLOZ, 2014.

[79] BECKERT E, BREUER G. Öffentliches Seerecht[M]. Berlin, New York: Walter de Gruyter & Co., 1991.

[80] SOHN L, JURAS K, et al. Law of the Sea in a Nutshell[M]. 2nd ed. St. Paul: West Academic Publishing, 2010.

[81] KLEIN N. Dispute Settlement in the UN Convention on the Law of the Sea[M]. Cambridge: Cambridge University Press, 2005.

[82] YIALLOURIDES C. Maritime Disputes and International Law: Disputed Waters and Seabed Resources in Asia and Europe[M], London, New York: Routledge, 2019.

[83] FIETTA S, CLEVERLY R. Practitioner's Guide to Maritime Boundary

Delimitation[M]. Oxford: Oxford University Press, 2016.

[84] RAYFUSE R. Research Handbook on International Marine Environmental Law[M], Cheltenham, Northampton: Edward Elgar, 2015.

[85] STRATI A, GAVOUNELI M, SKOURTOS N. Unresolved Issues And New Challenges to the Law of the Sea: Time Before And Time After[M]. Leiden, Boston: Martinus Nijhoff Publishers, 2016.

[86] HENKIN L. How Nations Behave: Law and Foreign Policy[M]. 2nd ed. New York: Columbia University Press, 1979.

[87] KOLB R. La bonne foi en droit international public[J]. Revue belge de droit international, 1998, 2: 661-732.

[88] POSNER E A, FIGUEIREDO M F P d. Is the International Court of Justice Biased?[J]. The Journal of Legal Studies, 2005, 34(2): 599-630.

[89] EISEMANN P M. Qu'est-ce qu'un rocher au sens de la Convention de Montego Bay de 1982?. Observations sur la sentence arbitrale du 12 juillet 2016 relative à la mer de Chine méridionale[J]. Revue générale de droit international public, 2020, Vol.124, No.1: 7-38.

[90] SOARES M d S. Statement at High-Level Commemorative Meeting of the General Assembly to mark the 40th Anniversary of the Adoption of the United Nations Convention on the Law the Sea (UNCLOS) [C/OL].(2022-04-29)[2022-09-05]. https://www.un.org/ola/sites/www.un.org.ola/files/documents/2022/05/29042022-mss-statement-40-anniversary-unclos.pdf.

[91] HIGGINS R. Speech to the General Assembly of the United Nations [C/OL].(2007-11-01)[2022-10-12]. https://www.icj-cij.org/public/files/press-releases/3/14113.pdf.

[92] Maritime Boundary Office. New Frontiers: Timor-Leste's Historic Conciliation on Maritime Boundaries in the Timor Sea by Council for the Final Delimitation of Maritime Boundaries [R/OL].(2018-08-30)[2022-12-05]. http://www.gfm.tl/wp-content/uploads/2021/01/16592-Maritime-Boundary-Conciliation-PP2_v13-FINAL.pdf.